U0516135

GREEN BOOK

智 库 成 果 出 版 与 传 播 平 台

中国社会科学院创新工程学术出版资助项目

农村绿皮书
GREEN BOOK OF RURAL AREA

中国农村经济形势分析与预测
（2024~2025）

ANALYSIS AND FORECAST ON CHINA'S RURAL
ECONOMY (2024-2025)

主　编／魏后凯　魏锋华

副主编／张海鹏　韩　磊

社会科学文献出版社
SOCIAL SCIENCES ACADEMIC PRESS（CHINA）

图书在版编目(CIP)数据

中国农村经济形势分析与预测 . 2024~2025 / 魏后凯，魏锋华主编 . --北京：社会科学文献出版社，2025.4.--（农村绿皮书）. --ISBN 978-7-5228-5235-5

Ⅰ. F323

中国国家版本馆 CIP 数据核字第 2025CU3209 号

农村绿皮书
中国农村经济形势分析与预测（2024~2025）

主　　编／魏后凯　魏锋华
副 主 编／张海鹏　韩　磊

出 版 人／冀祥德
责任编辑／宋　静
责任印制／岳　阳

出　　版／社会科学文献出版社·皮书分社（010）59367127
　　　　　地址：北京市北三环中路甲 29 号院华龙大厦　邮编：100029
　　　　　网址：www.ssap.com.cn
发　　行／社会科学文献出版社（010）59367028
印　　装／三河市东方印刷有限公司

规　　格／开　本：787mm×1092mm　1/16
　　　　　印　张：21　字　数：312 千字
版　　次／2025 年 4 月第 1 版　2025 年 4 月第 1 次印刷
书　　号／ISBN 978-7-5228-5235-5
定　　价／128.00 元

读者服务电话：4008918866

主要编撰者简介

魏后凯 经济学博士，中国社会科学院学部委员，农村发展研究所所长、研究员，十三届、十四届全国人大农业与农村委员会委员，国务院学位委员会农林经济管理学科评议组成员，中国社会科学院大学特聘课程主讲教授、博士生导师。兼任中国社会科学院城乡发展一体化智库常务副理事长，中国农村发展学会会长，中国林牧渔业经济学会会长，农业农村部乡村振兴专家咨询委员会、国家粮食和物资储备安全政策专家咨询委员会委员，研究领域为区域经济、城镇化与农村发展。

魏锋华 国家统计局农村社会经济调查司副司长（主持工作）、二级巡视员。长期从事农村统计调查和农村经济形势分析工作，全面主持开展农业农村统计现代化改革和信息化建设，多次参与起草中央一号文件，组织开展国家粮食安全、乡村振兴统计监测、粮食和大食物统计监测、粮食供需平衡、农业新质生产力等研究工作，先后发表多篇论文和研究报告。

张海鹏 管理学博士，中国社会科学院农村发展研究所副所长、研究员，中国社会科学院大学应用经济学院教授、博士生导师。兼任中国国外农业经济研究会会长、中国农村发展学会副会长等。主要研究领域为农村发展、城乡关系、林业经济理论与政策等。

韩　磊　管理学博士，中国社会科学院农村发展研究所副研究员、农村产业经济研究室副主任，兼任中国林牧渔业经济学会副秘书长。主要研究领域为粮食安全、农产品市场、奶业经济等。

前　言

《中国农村经济形势分析与预测》（以下简称"农村绿皮书"）初版于1993年，是由中国社会科学院农村发展研究所和国家统计局农村社会经济调查司共同组织编撰的年度系列研究报告，2025年出版的是第33本。"农村绿皮书"以年度农村经济形势分析与预测为主要内容，重点对上一年度农业农村经济运行和市场状况进行客观评价分析，并对当年农业农村经济形势和发展趋势进行展望，在此基础上根据国家战略和社会需求对一些重大和热点问题开展专题研究，以期为中国农业农村经济研究、决策和实践提供重要参考。

《中国农村经济形势分析与预测（2024~2025）》秉承客观、科学的宗旨和原则，聚焦中国农业农村经济发展中的重大和热点问题，基于翔实的数据分析，力求得出深刻且具有前瞻性、指导性的观点和结论。全书包括总报告、专题篇和热点篇三大部分。总报告重点分析2024年中国农业农村经济的运行特点、市场状况和重要进展，并对2025年发展趋势和主要指标进行预测，在此基础上提出促进乡村全面振兴、加快建设农业强国的相关建议。专题篇共有7篇研究报告，着重对2024年农业农村经济重要领域的变化和2025年走势进行深入评价分析，内容涵盖农村居民收入与消费状况、主要农产品生产与市场状况、种植业与林牧渔业经济的发展状况以及农业对外开放形势等。热点篇共有7篇研究报告，主要对挖掘粮食等重要农产品生产潜力、缓解农业企业发展困境、加强农村集体"三资"管理、提高农业气候韧性、建立农村低收入人口分层分类帮扶制度、发展乡村数字经济、健全推进乡村全面振兴长效机制等进行深入探讨。需要说明的是，本报告中提出的各种观点均为作者个人观点，不代表作者所在机构或部门。

本报告的总体框架结构经过多次集体讨论，并广泛征求相关方面意见。参与报告撰写的作者中，除了中国社会科学院农村发展研究所和国家统计局农村社会经济调查司、住户调查司的人员之外，还有国家林业和草原局发展研究中心、中国水产科学研究院、农业农村部规划设计研究院、清华大学、中国人民大学、中国社会科学院大学、中国海洋大学等机构的研究人员。在全书编撰和出版的过程中，魏后凯、张海鹏、李国祥、于法稳、孙同全对报告的修改提出宝贵意见，魏后凯、张海鹏、韩磊分别对报告进行了审校，赵黎翻译并校核了全书英文部分，韩磊承担了具体组织协调工作，彭华、孔银花参与了支持协调等工作。全部书稿由张海鹏、韩磊统稿，由魏后凯最后审定。

本报告的编辑出版，得到了中国社会科学院科研局、社会科学文献出版社以及国家有关部门的大力支持和帮助，在此表示衷心感谢！

魏后凯

2025 年 3 月 16 日

摘　要

2024年，农业农村经济保持总体平稳、稳中向好的发展态势，为经济社会高质量发展提供了有力支撑。其中，第一产业增加值91414亿元，比上年实际增长3.5%，在GDP中占比为6.8%，对GDP实际增长贡献率为5.3%，拉动GDP实际增长0.27%。农业农村经济延续高质量发展态势，农林牧渔业固定资产投资增长6.4%，农副食品加工业和食品制造业固定资产投资分别增长18.0%和22.9%。乡村社会消费品零售总额比上年增长4.3%，在社会消费品零售总额中的占比上升到13.7%。

2024年，粮食总产量达到70649.9万吨，比上年增长1.6%，首次迈上7亿吨新台阶。粮食播种面积为11931.9万公顷，增长0.3%，实现连续五年增长。粮食单产达到5921.1公斤/公顷，增长1.3%。其中，小麦、玉米产量增幅最大，分别增长2.6%、2.1%。受播种面积减少影响，大豆总产量较上年下降0.9%。单产提高对粮食增产的贡献持续提高。2024年，肉禽蛋奶生产基本稳定。生猪产能调控取得积极成效，生猪出栏量比上年下降3.3%。肉牛奶牛养殖经历了产业寒冬，多方共同努力稳住了牛肉和牛奶产能。牛肉产量779万吨，增长3.5%；牛奶产量4079万吨，下降2.8%。其他重要农产品供应充足。

2024年，农产品贸易逆差缩小，进口农产品结构发生明显变化。农产品贸易逆差1121.5亿美元，比上年下降16.7%。玉米进口大幅下降到1364万吨，降幅达49.7%；稻米进口166万吨，下降37.1%；小麦进口1118万吨，下降7.6%。大豆进口量突破1亿吨，达到10503万吨，比上年增长

6.5%，创年度进口量历史新高。大麦进口 1424 万吨，增长 25.8%，成为进口量最大的谷物品种。高粱进口增长 66.0%。

2024 年，农产品和食品价格发生结构性变动。农产品生产者价格下降 0.9%。除生猪、蔬菜和糖类外，大多数农产品生产者价格有不同程度下降。粮食作物中，玉米、小麦、大豆价格降幅较大。畜产品中，活牛、活羊、奶类价格降幅较大。在多数农产品价格下降的情况下，生猪生产者价格回升对全年农产品生产者价格保持稳定发挥了支撑作用。2024 年，城镇居民和农村居民恩格尔系数分别为 28.8% 和 32.3%。

2024 年，涉农工业增速全面恢复。涉农工业增长动力主要源于出口复苏和固定资产投资增速加快。农产品物流总额 5.5 万亿元，增长 4.0%。冷链物流总量达到 3.65 亿吨，增长 4.3%。餐饮收入 55718 亿元，增长 5.3%，但人均餐饮消费支出有所下降，餐饮业利润空间收窄。2024 年，乡村旅游市场接待人数及收入均创历史新高。

2024 年，农村居民各项收入稳步增长。农村居民人均可支配收入 23119 元，实际增长 6.3%，其中，脱贫县农村居民人均可支配收入 17522 元，实际增长 6.5%。城乡居民收入比下降到 2.34，比上年下降 0.05。但是，城乡居民人均可支配收入的绝对差距仍在扩大。农村居民各项收入都有所增长，其中，经营净收入增长幅度最小，在总收入中的占比下降到 33.9%。农民工总量 29973 万人，较上年增长 0.7%；农民工月均收入 4961 元，增长 3.8%。外出农民工省内就近就业趋势依然明显。农村居民人均消费支出 19280 元，实际增长 5.8%，高于城镇居民 1.3 个百分点。

展望 2025 年，国际环境仍然复杂严峻，宏观经济发展面临诸多不确定、难预料因素，农业农村经济支撑国民经济高质量发展的作用将进一步凸显。2025 年是"十四五"规划的收官之年，也是进一步全面深化改革起步之年，强农惠农富农支持制度改革将加快推进，财政支农力度持续加大，农业科技与装备支撑进一步强化，农业补贴政策体系不断优化，种粮农民收益保障机制加快健全。预计农业农村经济保持稳定发展。粮食继续稳产丰收，粮食产量达到 7 亿吨左右。畜牧业保持稳定向好发展，重要农产品供给充足。预计生猪出栏量小幅下降，肉牛、奶牛养殖亏损情况有所缓解。农产品进口结构进一步调整，粮食进口总体保持低位，玉米、牛肉进口有所下降。受美国贸易政策变化影响，大豆进口面临较大不确定性。预计重要农产品与食品价格保持基本稳定。玉米价格小幅回升，小麦、稻米价格保持稳定，大豆价格小幅下降。猪肉价格小幅回落。牛羊肉价格企稳回升。生鲜乳价格有望在下半年触底反弹。涉农产业发展进入提质增效的动能转换阶段。涉农工业增速达到5%左右，涉农服务业市场集中度、连锁化水平有所提升。伴随农民工就业渠道拓宽，强农惠农富农支持政策落地，农村居民收入增长的趋势将进一步巩固。预计农村居民人均可支配收入增加到2.4万元左右，城乡居民收入比进一步下降到2.30左右。

关键词： 农业经济 农村经济 农民收入 粮食安全 乡村全面振兴

目 录 ▷ᢃ

Ⅰ 总报告

Ⅱ 专题篇

Ⅲ 热点篇

皮书数据库阅读使用指南

总 报 告

G.1
2024年中国农业农村经济形势分析及2025年展望

总报告课题组*

摘　要：　2024年是实现"十四五"规划目标任务的关键一年，农业农村经济保持总体平稳、稳中向好的发展态势，为经济社会高质量发展提供了有力支撑。第一产业增加值91414亿元，实际增长3.5%，在GDP中占比6.8%，对GDP增长贡献率为5.3%。农副食品加工业和食品制造业固定资产投资分别增长18.0%和22.9%。乡村消费品零售额66729亿元，增长4.3%。粮食总产量70649.9万吨，比上年增长1.6%，首次迈上7亿吨新台阶；小麦、玉米产量分别增长2.6%和2.1%。生猪产能有序调控，取得良

* 本报告执笔人：张海鹏、全世文、朱文博、杨鑫、乔慧、史雨星。张海鹏，管理学博士，中国社会科学院农村发展研究所研究员，研究方向为农村发展、城乡关系、林业经济理论与政策。全世文，中国社会科学院农村发展研究所副研究员，研究方向为食物经济管理、农业政策分析。朱文博、杨鑫、乔慧、史雨星，管理学博士，中国社会科学院农村发展研究所助理研究员，研究方向分别为食物消费与营养健康、粮食安全、食物经济、畜牧业经济。本报告仅代表执笔人观点，与课题组成员所属机构及研究资料来源部门无关。本报告审定：魏后凯。

好效果，全年生猪出栏 70256 万头，比上年下降 3.3%。牛羊禽生产总体稳定，其他重要农产品供应充足。大豆进口 10503 万吨，创年度进口量历史新高。玉米、小麦、大豆、牛羊等畜产品价格有不同程度下降，生猪价格回升对农产品价格整体稳定发挥了支撑作用。涉农工业增加值增长 4%。农产品流通体系更加高质高效。餐饮收入突破 5.5 万亿元。乡村旅游市场规模创历史新高。全年农村居民人均可支配收入 23119 元，实际增长 6.3%，城乡居民收入比收窄到 2.34。农村居民消费结构持续优化。展望 2025 年，随着农村改革进一步深化，乡村全面振兴扎实推进，强农惠农富农支持制度进一步完善，农业农村经济将保持稳中有进。预计粮食稳产丰收，畜牧业发展企稳向好，重要农产品与食品价格保持基本稳定，农产品进口结构持续优化，涉农产业进入提质增效的动能转换阶段，城乡居民收入比下降到 2.30 左右。

关键词： 农业农村经济　农产品生产　食品价格　农民收入　农产品贸易

一　2024年中国农业农村经济形势分析

2024 年是实现"十四五"规划目标任务的关键一年。面对严峻复杂的内外部环境和较为严重的自然灾害，各地区各部门深入贯彻落实党的二十大精神，以学习运用"千万工程"经验为引领，紧紧围绕推进乡村全面振兴、加快建设农业强国的工作主线，积极应对各种风险挑战，扎实做好"三农"工作。2024 年，中国农业农村经济保持总体平稳、稳中向好的发展态势。粮食产量首次迈上 7 亿吨新台阶，脱贫攻坚成果持续巩固拓展，涉农产业蓬勃发展，农民收入稳步增长，农村社会和谐稳定，为推动经济社会高质量发展提供了有力支撑。

（一）农业农村经济有效发挥支撑作用

第一产业增加值稳定增长。2024 年，第一产业名义增加值 91414 亿元，较上年增长2.52%，实际增加值93761亿元，较上年增长3.50%，实际增长率较上年下降0.55个百分点，低于GDP实际增长率1.5个百分点。按当年价格计算，第一产业增加值在GDP中的占比为6.78%，较上年略有下降。2024年，第一产业对GDP的贡献率为5.32%，较上年下降0.62个百分点。第一产业拉动GDP实际增长0.27%，较上年略有下降（见表1）。第一产业增加值的相对比重回归到缓慢下行的通道，符合经济结构转型的一般规律，反映了国民经济稳中有进、持续向好的态势，农业农村经济有效发挥了支撑作用。

表1　2020~2024年第一产业增加值增长及其贡献率情况

单位：%

年份	GDP 实际增长率	第一产业增加值			
		实际增长率	占 GDP 比重	贡献率	拉动 GDP 增长
2020	2.24	3.13	7.54	10.39	0.23
2021	8.45	7.07	7.09	6.45	0.54
2022	2.95	4.20	7.15	10.83	0.32
2023	5.25	4.05	6.89	5.94	0.31
2024	5.00	3.50	6.78	5.32	0.27

注："贡献率"指第一产业增加值增量（不变价）与GDP增量（不变价）之比，"拉动GDP增长"指GDP实际增长速度与第一产业贡献率之乘积。

资料来源：国家统计局年度数据库。

农业农村固定资产投资小幅增长。2024年，第一产业固定资产投资（不含农户）9543亿元，比上年增长2.6%[①]，在全国固定资产投资中的占比为1.86%。第一产业固定资产投资增速延续上年低于第一产业增加值增速的态势，反映出农业经济延续高质量发展路径，对大规模固定资产投资的依赖降低，经济资源向高附加值领域倾斜。分行业看，农林牧渔业固定资产投资较上年增长6.4%，农副食品加工业和食品制造业固定资产投资分别较上年增长18.0%和22.9%。食品工业投资增长符合居民消费升级趋

① 《2024年全国固定资产投资增长3.2%》，国家统计局，2025年1月17日，https://www.stats.gov.cn/sj/zxfb/202501/t20250117_ 1958329.html。

势，表明第一产业与第二产业融合加深，农业从单纯提供原材料转向参与深加工环节。

农村消费持续增长。2024 年，社会消费品零售总额比上年增长 3.5%①，增速较上年下降 3.7 个百分点。受总需求增长放缓影响，居民消费结构向基础需求倾斜。其中，餐饮收入 52889.7 亿元，比上年增长 5.3%；粮油、食品类商品零售额 21737 亿元，比上年增长 9.9%。分城乡看，乡村社会消费品零售总额 66729 亿元，比上年增长 4.3%，增速比上年收窄 3.7 个百分点，但仍高于城镇 0.9 个百分点。乡村社会消费品零售总额在社会消费品零售总额中的占比达到 13.7%，比上年提高 0.1 个百分点，乡村消费市场仍然具有较大潜力。

乡村人口流出趋缓。2024 年末，中国乡村常住人口 46478 万人，比上年减少 1222 万人，流出人口较上年减少 182 万人。常住人口城镇化率为 67.0%，比 2023 年提高 0.84 个百分点②，中国城镇化进程步入提质减速阶段，城乡融合发展扎实推进。全国农民工总量 29973 万人，比上年增长 0.7%。其中，外出农民工 17871 万人，增长 1.2%，增幅比上年下降 1.5 个百分点；本地农民工 12102 万人，增长 0.1%，扭转了上年的下降趋势，反映出区域产业梯度转移效应开始显现，外出务工与本地务工的成本收益发生变化。乡村人口减量收窄与农民工本地化务工趋势共同指向城乡要素双向流动格局开始形成。

（二）粮食产量迈上新台阶，重要农产品供应充足

粮食产量首次迈上 7 亿吨新台阶。2024 年，全国粮食总产量达到 70649.9 万吨，比上年增长 1.6%。在连续九年稳定在 6.5 亿吨以上的基础上，首次突破 7 亿吨（见表 2）。全国粮食播种面积为 11931.9 万公顷，

---

① 《2024 年 12 月份社会消费品零售总额增长 3.7%》，国家统计局，2025 年 1 月 17 日，https：//www.stats.gov.cn/sj/zxfb/202401/t20240116_ 1946619.html。
② 《2024 年经济运行稳中有进 主要发展目标顺利实现》，国家统计局，2025 年 1 月 17 日，https：//www.stats.gov.cn/sj/zxfb/202501/t20250117_ 1958332.html。

增长 0.3%，实现连续五年增长；粮食单产达到 5921.1 公斤/公顷，增长 1.3%。粮食增产一方面得益于 2024 年全国农业气象条件总体较好，且局部地区发生的高温干旱、极端洪涝、超强台风等自然灾害得到有效应对；另一方面得益于中央和地方各部门对粮食生产工作的思想重视、责任落实和政策保障。2024 年，中央持续加大粮食生产支持力度，多措并举提高农民种粮积极性，各地区严格落实粮食安全党政同责，加强耕地保护和用途管控，充分挖掘种植面积潜力，持续推进高标准农田建设，深入推进粮油等主要作物大面积单产提升行动。粮食产量迈上新台阶，进一步夯实了国家粮食安全根基，为推进乡村全面振兴、建设农业强国奠定了坚实基础①。

以小麦为主的夏粮增产幅度最大，七省（区）粮食增产超 50 万吨（10亿斤）。分季节看，夏粮、早稻和秋粮产量分别为 14989.0 万吨、2817.4 万吨和 52843.4 万吨，分别比上年增长 2.6%、下降 0.6%、增长 1.4%。分品种看，谷物产量 65228.7 万吨，比上年增长 1.7%。其中，稻谷、小麦、玉米均实现增产，产量分别比上年增长 0.5%、2.6% 和 2.1%；大豆产量稳中略降，比上年下降 0.9%；薯类产量比上年增长 1.5%。值得注意的是，小麦产量增长主要得益于单产提升。部分小麦主产区在 2023 年因"烂场雨"影响严重，2024 年实现恢复性增长。若剔除该影响，与 2022 年相比，2024年小麦增产幅度仍可达 1.7%。大豆产量下降主要受种植比较收益偏低的影响，导致播种面积略有减少，但大豆播种面积仍连续三年稳定在 1000 万公顷以上。从地区来看，全国 31 个省（区、市）中有 26 个实现粮食增产。其中，黑龙江受玉米大豆种植结构调整等因素推动，粮食增产 213.5 万吨（42.7 亿斤）；新疆因粮经作物种植结构调整及有利气候条件，粮食增产211.0 万吨（42.2 亿斤）；此外，内蒙古、河北、河南、吉林、山东等粮食主产区的增产均超过 50 万吨（10 亿斤）。

---

① 《国家统计局农村司副司长魏锋华解读粮食生产情况》，国家统计局，2024 年 12 月 13 日，https://www.stats.gov.cn/sj/sjjd/202412/t20241213_ 1957743.html。

表 2　2024 年粮食生产情况

类别	总产量		播种面积		单产	
	水平值（万吨）	变化率（%）	水平值（万公顷）	变化率（%）	水平值（公斤/公顷）	变化率（%）
全年粮食	70649.9	1.6	11931.9	0.3	5921.1	1.3
分季节						
夏粮	14989.0	2.6	2661.3	0.0	5632.2	2.5
早稻	2817.4	-0.6	475.5	0.5	5925.4	-1.0
秋粮	52843.4	1.4	8795.1	0.4	6008.3	1.1
分品种						
谷物	65228.7	1.7	10045.8	0.5	6493.1	1.2
稻谷	20753.5	0.5	2900.7	0.2	7154.7	0.3
小麦	14009.9	2.6	2358.7	-0.2	5939.6	2.7
玉米	29491.7	2.1	4474.1	1.2	6591.7	0.9
豆类	2362.8	-0.9	1182.2	-1.4	1998.6	0.5
大豆	2065.0	-0.9	1033.3	-1.4	1999.5	0.5
薯类	3058.4	1.5	703.9	-0.1	4344.8	1.6

注：谷物主要包括稻谷、小麦、玉米及谷子、高粱、大麦、燕麦和荞麦等。豆类包括大豆和其他杂豆。部分数据因四舍五入的原因，存在总计与分项合计不等的情况。

资料来源：根据《国家统计局关于 2023 年粮食产量数据的公告》和《国家统计局关于 2024 年粮食产量数据的公告》中的数据计算。

单产提升对粮食增产的贡献率持续提高。2024 年，全国粮食产量较上年增加 1108.9 万吨，其中单产提升的贡献达到 904.4 万吨，占粮食增产总量的 81.6%，较 2023 年（58.4%）提高 23.2 个百分点。分季节来看，单产提升对夏粮和秋粮增产的贡献率分别为 99.3% 和 74.3%。分品种来看，单产提升对稻谷和玉米增产的贡献率分别为 55.7% 和 43.9%，同时，单产提升有效弥补了小麦、大豆和薯类种植面积下降对增产的不利影响。分区域来看，单产提升对东部、中部、西部和东北地区粮食增产的贡献率分别为 72.9%、91.9%、79.8% 和 90.0%，较 2023 年分别提高 20.5 个、88.0 个、17.0 个和 23.4 个百分点。分产销区来看，主产区单产提升贡献率最高（88.1%），较 2023 年提高 11.2 个百分点，产销平衡区次之（75.4%），主销区最低（50.7%）。前五大产粮省份黑龙江、河南、山东、吉林和安徽的单产提升对粮食增产的贡献率分别达到97.3%、105.2%、69.7%、74.4%和82.7%（见表3）。

单产提升贡献率提高得益于高水平农业科技创新的强力支撑。2024年，全国农业科技进步贡献率超过63%，特别是以良田良种良机良法协同融合创新为核心的粮油作物大面积单产提升行动发挥了关键作用。长期以来，中国粮食生产主要依赖"单项技术主导、小规模示范"的传统推广模式，尽管在百亩方、千亩片的高产示范区取得良好成效，但大田生产技术的普及率仍然较低，尚未形成"多技术集成、大面积推广"的均衡增产模式①。2022年中央农村工作会议提出实施新一轮千亿斤粮食产能提升行动，以突破资源制约、提升稳产保供能力和增强国际竞争力为核心目标，强调大面积单产提升应成为主攻方向。2023年，农业农村部启动粮油等主要农作物大面积单产提升行动。经过两年推进，该行动已取得初步成效，单产提升已成为中国粮食稳产增产的核心驱动力，为粮食等重要农产品的稳定供给提供了有力保障。然而，农业科技创新在推动单产提升过程中仍面临诸多挑战，如部分关键核心技术突破难度大，部分先进技术尚未实现大规模推广应用。此外，智慧农业技术成本较高、专业人才短缺，以及农业科技企业发展受限等问题仍较为突出。

表3 单产提升对粮食产量变化的贡献率^a

单位：万吨，%

项目		2024年			2023年		
		总产量变化	单产变化的贡献^b	单产变化的贡献率^c	总产量变化	单产变化的贡献	单产变化的贡献率
全国	粮食	1108.9	904.4	81.6	888.2	518.7	58.4
按季节分	夏粮	373.8	371.3	99.3	−125.1	−168.7	—
	早稻	−16.3	−29.3	—	21.4	34.4	160.8#
	秋粮	751.4	558.5	74.3	991.9	651.9	65.7
按品种分	谷物	1085.7	744.4	68.6	818.7	398.7	48.7
	稻谷	93.2	51.9	55.7	−189.2	165.6	−87.5*

① 《粮油等主要作物大面积单产提升行动，重点工作解读来了》，《农民日报》2023年5月8日。

续表

项目		2024 年			2023 年		
		总产量变化	单产变化的贡献b	单产变化的贡献率c	总产量变化	单产变化的贡献	单产变化的贡献率
按品种分	小麦	350.9	374.1	106.6#	−113.3	−177.2	—
	玉米	607.5	266.7	43.9	1163.9	424.5	36.5
	豆类	−21.3	12.9	−60.5*	33.1	10.1	30.4
	薯类	44.5	48.3	108.5#	36.5	93.4	255.9#
四大区域	东部地区	225.7	164.6	72.9	107.3	56.2	52.4
	中部地区	135.3	124.4	91.9	31.7	1.3	3.9
	西部地区	517.8	413.2	79.8	539.9	339.3	62.8
	东北地区	229.9	206.9	90.0	209.7	139.8	66.6
粮食产销区	主产区	723.5	637.6	88.1	453.0	348.4	76.9
	主销区	59.5	30.1	50.7	22.4	−0.5	—
	产销平衡区	325.7	245.7	75.4	413.2	204.4	49.5
2024 年粮食产量排名前五的省份	黑龙江	213.5	207.7	97.3	25.1	−6.6	—
	河南	95.1	100.0	105.2#	−165.1	−169.4	—
	山东	54.9	38.3	69.7	111.5	101.2	90.7
	吉林	79.5	59.2	74.4	105.7	77.2	73.0
	安徽	33.5	27.7	82.7	50.7	39.2	77.4

注：a 在计算方法上采用因素分析法中的连环替代法，假设面积变化的影响以基期单产计算，单产变化的影响以报告期面积计算，从而避免对于面积与单产交叉影响的忽视。b 单产变化的贡献 =（报告期单产−基期单产）×报告期面积。c 单产变化的贡献率＝单产变化的贡献/总产量变化×100%。# 贡献率高于100%，表明总产量增长全靠单产的拉动，面积出现下降。* 表示总产量变化为负但单产变化的贡献为正的情况，表示单产提升的正面影响不足以抵消面积减少的负面影响，因此单产贡献率表现为负，换言之，若没有单产提升，总产量下降幅度会更大。"—"表示不考虑单产下降情况下的贡献率。

资料来源：根据《国家统计局关于 2023 年粮食产量数据的公告》和《国家统计局关于 2024 年粮食产量数据的公告》中的数据计算。

生猪产能有序调控，猪肉供应充足。2024 年，农业农村部将能繁母猪保有量目标从 4100 万头调减到 3900 万头①，推动生猪产能有序调控。2024 年

---

① 按照《生猪产能调控实施方案（2024 年修订）》，全国能繁母猪存栏正常保有量为 3900 万头，能繁母猪存栏量处于正常保有量的 92%~105%（含 92% 和 105% 两个临界值）为绿色区域，表示产能正常波动；能繁母猪存栏量处于正常保有量的 85%~92% 或 105%~110%（含 85% 和 110% 两个临界值）为黄色区域，表示产能大幅波动（减少/增加）；能繁母猪存栏量低于正常保有量的 85% 或高于正常保有量的 110% 为红色区域，表示产能过度波动（减少/增加）。

12 月末，全国能繁母猪存栏量为 4078 万头①，同比下降 1.6%，相当于正常保有量的 104.6%。分季度来看，第一至第四季度末全国能繁母猪存栏量分别为 3992 万头、4038 万头、4062 万头和 4078 万头。自 2024 年 2 月新保有量目标确立以来，能繁母猪存栏水平连续 12 个月处于合理区间，未触发过度波动预警，表明生猪产能调控稳步推进、效果显著。2024 年，全国生猪出栏 70256 万头，比上年下降 3.3%。分季度来看，第一至第四季度生猪出栏量同比分别下降 2.2%、4.0%、3.3%和 3.8%。年末全国生猪存栏量为 42743 万头，同比下降 1.6%。2024 年，全国规模以上生猪定点屠宰企业全年屠宰量为 33773 万头，比上年下降 1.7%。全年猪肉产量达到 5706 万吨，尽管比上年下降 1.5%（见表4），但仍位列历史年度产量前三，猪肉市场供需总体平衡，供应充裕。

牛羊禽生产总体稳定，其他重要农产品供应充足。牛羊生产基本稳定，2024 年，全国肉牛出栏 5099 万头，比上年增长 1.5%；牛肉产量 779 万吨，增长 3.5%；牛奶产量 4079 万吨，下降 2.8%。2024 年末，全国牛存栏 10047 万头，比上年末下降 4.4%。2024 年，全国羊出栏 32359 万只，比上年下降 4.4%；羊肉产量 518 万吨，下降 2.5%。2024 年末，全国羊存栏 30049 万只，比上年末下降 6.8%。2024 年，国内肉牛、奶牛养殖经历了产业寒冬，养殖行情低迷，农业农村部和地方政府及时出台肉牛、奶牛产业纾困政策，商务部对进口牛肉进行保障措施立案调查，协力稳住了牛肉和牛奶产能。家禽生产平稳发展。2024 年，全国家禽出栏 173.4 亿只，比上年增长 3.1%；禽肉产量 2660 万吨，增长 3.8%；禽蛋产量 3588 万吨，增长 0.7%。2024 年末，全国家禽存栏 64.8 亿只，比上年末下降 4.5%。水产品总产量 7366 万吨，比上年增长 3.5%。蔬菜供给充足，全国蔬菜面积和产量实现"双增"，2025 年 1 月，在田蔬菜面积 8020 万亩，比上年同期增加 80 万亩左右②。棉花产量

① 《由农业农村部、发展改革委、商务部、海关总署、统计局联合发布生猪产品数据（2024 年 12 月）》，农业农村部，2025 年 1 月发布，http：//www.moa.gov.cn/ztzl/szcpxx/。
② 《国新办举行"中国经济高质量发展成效"系列新闻发布会 介绍"夯实'三农'基本盘，扎实推进乡村全面振兴"有关情况图文实录》，国新网，2025 年 1 月 20 日，http://www.scio.gov.cn/live/2025/35431/tw/。

表4　2024年畜牧业生产情况

类别	年(季)出栏量	同比变化（%）	年(季)末存栏量	同比变化（%）	主产品产量	同比变化（%）
能繁母猪（万头）	—	—	4078（104.6%）	-1.6	—	—
第一季度			3992（102.4%）	-7.3	—	—
第二季度			4038（103.5%）	-6.0	—	—
第三季度			4062（104.2%）	-4.2	—	—
第四季度			4078（104.6%）	-1.6	—	—
生猪（万头）	70256	-3.3	42743	-1.6		
第一季度	19455	-2.2	40850	-5.2		
第二季度	16940	-4.0	41533	-4.6		
第三季度	15635	-3.3	42694	-3.5		
第四季度	18226	-3.8	42743	-1.6		
猪肉（万吨）	—	—	—		5706	-1.5
肉牛（万头）	5099	1.5	10047	-4.4	—	—
牛肉（万吨）	—	—	—		779	3.5
牛奶（万吨）	—	—	—		4079	-2.8
羊（万只）	32359	-4.4	30049	-6.8	—	—
羊肉（万吨）	—	—	—		518	-2.5
家禽（亿只）	173.4	3.1	64.8	-4.5	—	—
禽肉（万吨）	—	—	—		2660	3.8
禽蛋（万吨）	—	—	—		3588	0.7

注："—"表示无数据。括号中的数值表示能繁母猪存栏量占3900万头正常保有量的百分比（《生猪产能调控实施方案（2024年修订）》的设定）。

资料来源：根据国家统计局、农业农村部公布数据整理。

616万吨，比上年增长9.7%。油料产量3979万吨，增长3.0%。糖料产量11870万吨，增长4.3%。茶叶产量374万吨，增长5.5%。

（三）农产品贸易逆差缩小，部分农产品进口较快增长

农产品进出口总规模稳中略降且贸易逆差缩小。2024年，全球贸易环

境更加复杂严峻，全球贸易保护加剧，主要市场增长动能弱、债务负担重，不确定、不稳定因素增多。全球经济呈现企稳回暖趋势，中国农产品贸易呈现"规模稳中略降，逆差有所收窄，结构持续优化"的发展格局。2024年，农产品进出口总额3181.6亿美元①，比上年下降4.3%，占进出口商品总额的5.2%，下降0.4个百分点。其中，出口1030.0亿美元，比上年增长4.1%，占出口商品总额的2.9%，与上年持平；进口2151.6亿美元（见表5），比上年下降7.9%，占进口商品总额的8.3%，下降0.8个百分点；贸易逆差1121.5亿美元，比上年下降16.7%。

粮食进出口均呈现下降趋势。2024年，粮食进口15753万吨，比上年下降2.3%，进口额690.2亿美元，下降15.6%，占全部农产品进口额的32.1%。粮食出口226万吨，比上年下降13.7%，出口额14.3亿美元，下降18.9%，占全部农产品出口额的1.4%。粮食进出口总额为704.5亿美元，比上年下降15.7%，占全部农产品进出口总额的22.1%，粮食贸易逆差达到675.9亿美元。

大豆进口再创新高，大麦和高粱进口大幅增长，小麦、玉米和稻谷进口下降。2024年，大豆进口量突破1亿吨，达到10503万吨，比上年增长6.5%，创年度进口量历史新高。大豆进口量占粮食进口总量的66.7%，大豆进口额占粮食进口额和农产品进口总额的76.4%和24.5%。大豆进口增长的主要原因包括：①全球大豆丰产叠加国际价格下降使进口成本降低；②受特朗普2.0阶段贸易政策预期影响，国内进口商提前采购美国大豆。大麦和高粱进口量大幅增长，分别比上年增长25.8%和66.0%，延续年初高位进口态势。特别是大麦进口量达1424万吨，超过玉米，成为进口量最大的谷物品种。大麦进口量增长的主要原因是国际价格较低，且中国终止了对澳大利亚大麦的"反倾销、反补贴"政策。小麦进口1118万吨，比上年下降7.6%，来自澳大利亚的小麦进口量下降一半，来自法国和美国的小麦进口量增长超过1倍。玉米进口大幅下降至1364万吨，比上年下降49.7%。

---

① 除特别标注外，总报告中的农产品贸易数据均来源于中华人民共和国海关总署。

玉米进口大幅下降的主要原因是国内生猪、家禽存栏量下降，饲料需求处于低位，同时，大麦和高粱发挥了进口替代效应。稻谷及大米进口量下降至166万吨，比上年下降37.1%。全年稻米进口下降主要受国际大米价格高企及部分国家出口限制政策的影响，但随着相关限制政策逐步解除，从2024年11月起，稻米进口量已呈现回升趋势。

肉类进口下降，出口增长。2024年，肉类（包括杂碎）进口667万吨，比上年下降9.7%，进口额233.8亿美元，下降15.1%。肉类（包括杂碎）进口额占全部农产品进口额的10.9%。肉类（包括杂碎）出口63万吨，比上年增长45.7%，出口额21.6亿美元，增长13.5%。肉类（包括杂碎）出口额占全部农产品出口额的2.1%。肉类（包括杂碎）进出口总额为255.4亿美元，比上年下降13.3%，占全部农产品进出口总额的8.0%，肉类（包括杂碎）贸易逆差达到212.2亿美元。

从主要肉类品种来看，猪肉、羊肉和禽肉进口下降较多，牛肉进口有所增长。2024年，猪肉及猪杂碎进口228万吨，比上年下降15.7%；猪肉进口107万吨，比上年下降30.8%。猪肉进口减少可归因于两方面因素：一是国内市场供应充足，价格稳定，有效缓解了进口依赖；二是中国针对欧盟发起的猪肉反倾销调查制约了来自西班牙、荷兰等重点输华国的猪肉进口。羊肉和禽肉进口量分别为37万吨和41万吨，比上年分别下降15.5%和40.7%。禽肉进口大幅下降主要受国内产能充裕、价格低位以及国际禽流感疫情影响，部分国家出口禁令与中国进口限制措施进一步抑制了进口需求。牛肉及牛杂碎进口量达到291万吨，比上年增长5.1%；牛肉进口量达到287万吨，比上年增长5.0%。牛肉进口增长主要受国际价格优势推动，尤其是来自南美洲的牛肉进口量显著增加，但需关注进口快速增长对国内肉牛产业安全及农民收入带来的潜在冲击。

食用植物油进口大幅下降，水产品进口下降、出口增长，乳品进口下降，食糖进口增长，蔬菜出口较快增长，水果进出口均呈现增长趋势。2024年，食用植物油进口716万吨，比上年下降26.8%。其中，进口规模较大的棕榈油进口降幅较大，比上年下降35.4%，豆油、菜籽油及芥子油进口量

表5 2024年主要农产品贸易变动

类别	进口				出口			
	数量（万吨）	较上年变化（%）	金额（亿美元）	占农产品比重（%）	数量（万吨）	较上年变化（%）	金额（亿美元）	占农产品比重（%）
农产品	—	—	2151.6	100.0	—	—	1030.0	100.0
粮食	15753	-2.3	690.2	32.1	226	-13.7	14.3	1.4
谷物及谷物粉	5019	-15.0	149.7	7.0	—	—	—	—
小麦	1118	-7.6	35.7	1.7	—	—	—	—
玉米	1364	-49.7	37.2	1.7	—	—	—	—
稻谷及大米	166	-37.1	9.5	0.4	111	-30.8	6.4	0.6
大豆	10503	6.5	527.5	24.5	—	—	—	—
肉类（包括杂碎）	667	-9.7	233.8	10.9	63	45.7	21.6	2.1
牛肉及牛杂碎	291	5.1	138.6	6.4	—	—	—	—
牛肉	287	5.0	136.9	6.4	—	—	—	—
猪肉及猪杂碎	228	-15.7	48.2	2.2	—	—	—	—
猪肉	107	-30.8	21.5	1.0	—	—	—	—
羊肉	37	-15.5	11.9	0.6	—	—	—	—
禽肉	41	-40.7	11.5	0.5	—	—	—	—
水产品	484	-3.6	185.4	8.6	417	12.6	201.4	19.6
乳品	262	-9.0	112.3	5.2	—	—	—	—
食用植物油	716	-26.8	74.2	3.4	—	—	—	—
豆油	28	-23.6	2.7	0.1	—	—	—	—
棕榈油	280	-35.4	25.5	1.2	—	—	—	—
菜籽油及芥子油	188	-20.3	18.8	0.9	—	—	—	—
食糖	435	9.4	23.9	1.1	—	—	—	—
干鲜瓜果及坚果	801	3.5	191.7	8.9	527	30.3	69.4	6.7
蔬菜及食用菌	—	—	—	—	1207	14.1	147.7	14.3

注：参照中华人民共和国海关总署《海关统计月报进口主要商品目录（2024年）》《海关统计月报出口主要商品目录（2024年）》制表，由于部分农产品出（进）口量和出（进）口额较小，大幅低于进（出）口规模，小量级数据不再展示，用"—"代替，但并不表示数据值为0。部分数据因四舍五入的缘故，存在总计与分项合计不等的情况。

资料来源：根据中华人民共和国海关总署数据整理。

分别下降23.6%和20.3%。食用植物油进口减少的主要原因是国际食用油价格高企导致进口倒挂、部分主产国实施生物燃料新政导致出口减少，以及健康消费趋势下大宗食用油需求下降。水产品进口484万吨，比上年下降3.6%，出口417万吨，比上年增长12.6%。乳品进口继续收缩，比上年下降9.0%，其中，鲜奶和奶粉进口量分别下降13.4%和15.0%。食糖进口435万吨，比上年增长9.4%。蔬菜及食用菌出口1207万吨，比上年增长14.1%。干鲜瓜果及坚果进口801万吨，比上年增长3.5%，出口527万吨，比上年增长30.3%。

重要农产品进口安全是国家粮食安全的重要组成部分。随着全球贸易环境的不确定性增加，中国农产品进口面临的外部风险日益突出。以下从对外依存度①、进口集中度②和进口偏离度③ 3个维度对中国重要农产品的进口风险进行分析。其中，对外依存度主要衡量中国粮食和重要农产品对国际市场的依赖程度，进口集中度反映进口来源国的分布情况及供应链稳定性，进口偏离度用于刻画进口量相较于近十年平均进口水平的波动情况。

重要农产品对外依存度总体较低，但大豆和牛肉对外依存度仍然较高。2024年，粮食和肉类的对外依存度分别为18.2%和4.6%，较上年均下降0.7个百分点，整体呈下降趋势。其中，大豆对外依存度高达83.6%，较2023年增长0.9个百分点。牛肉对外依存度达到26.9%，比上年增长0.2个百分点。小麦（7.4%）、玉米（4.4%）、稻谷（0.8%）以及猪肉（1.8%）、羊肉（6.6%）、禽肉（1.5%）对外依存度均低于10%，显示出较强的国内供给能力。尽管中国整体粮食和肉类进口依存度相对可控，但大

---

① 对外依存度=进口量/（产量+进口量）×100%。由于中国粮食和肉类出口量的数量级远低于进口量，因此，计算对外依存度时未考虑出口，同时因库存数据缺失也未考虑库存变化的影响。

② 进口集中度=CR（3），即进口量由高及低排序后前三名国家或地区的进口量之和占中国总进口量的比重。

③ 进口偏离度=（进口量-近十年平均进口量）/近十年平均进口量×100%。其中，近十年平均进口量为2015~2024年的加权平均进口量。进口偏离度为正数表示可能存在进口过量风险，负数表示可能存在进口不足风险。

豆和牛肉对国际市场的高度依赖仍然构成潜在风险。特别是大豆，其进口受国际市场供需、主要出口国政策调整以及全球气候变化等多重因素影响，国际市场供应的不确定性较大。

重要农产品进口集中度较高，部分品类来源趋于多元化。2024年，粮食和肉类进口集中度分别为78.6%和51.3%，分别比上年下降0.7个、0.5个百分点，整体来看，进口来源仍比较集中。其中，大豆进口集中度最高，达到96.1%，较上年下降0.6个百分点，但大豆进口仍高度依赖巴西和美国。玉米（95.7%）、羊肉（99.3%）和禽肉（95.3%）进口集中度同样处在较高水平。值得注意的是，小麦进口集中度显著下降，由2023年的86.2%降至73.2%，下降13个百分点。中国小麦进口逐步实现来源国多元化。整体来看，中国粮食和肉类进口集中度仍然较高，供应链稳定性有待提高。

重要农产品进口偏离度总体较低，但部分品类进口波动较大。2024年，粮食和肉类进口偏离度分别为6.4%和-7.9%，表明整体进口量相对稳定。其中，稻谷进口偏离度最高，相较于近十年平均进口量向下偏离45.8%，猪肉和禽肉进口偏离度同样较高，分别向下偏离39.4%和40.1%；相比之下，牛肉进口呈现过度增长态势，相较于近十年平均进口量向上偏离24.2%。与2023年相比，猪肉、禽肉和牛肉的进口偏离度明显加剧。中国部分农产品进口波动较大，尤其是稻谷、猪肉和禽肉，其进口量大幅低于近十年平均进口量（见表6）。进口波动性提高可能会加剧市场不确定性，影响国内价格稳定，给相关产业链安全带来冲击。

表6 2024年重要农产品进口风险情况

单位：%

类别	2024年			2023年		
	对外依存度	进口集中度	进口偏离度	对外依存度	进口集中度	进口偏离度
粮食*	18.2	78.6	6.4	18.9	79.3	9.4
小麦	7.4	73.2	21.6	8.1	86.2	31.6
玉米	4.4	95.7	-13.0	8.6	93.8	73.1

续表

类别	2024 年			2023 年		
	对外依存度	进口集中度	进口偏离度	对外依存度	进口集中度	进口偏离度
稻谷	0.8	79.0	−45.8	1.3	75.0	−14.1
大豆	83.6	96.1	7.5	82.7	96.7	1.8
肉类**	4.6	51.3	−7.9	5.3	51.8	5.7
牛肉	26.9	75.8	24.2	26.7	72.3	18.6
猪肉	1.8	56.9	−39.4	2.6	59.0	−12.2
羊肉	6.6	99.3	0.6	7.5	99.2	19.0
禽肉	1.5	95.3	−40.1	2.6	89.2	0.9

注：*粮食是广义概念，包括小麦、玉米、稻谷、大豆、薯类及其他粮食。**受数据可得性限制，肉类是狭义概念，仅包含牛肉、猪肉、羊肉和禽肉，不包含内脏杂碎及其他肉类。部分数据因四舍五入的缘故，存在总计与分项合计不等的情况。

资料来源：作者根据中华人民共和国海关总署、国家统计局等来源数据整理计算。

（四）农产品和食品价格发生结构性变动

农产品生产者价格呈现结构性下降态势。2024 年，全国农产品生产者价格下降 0.9%，下降幅度比上年收窄 1.4 个百分点。其中，第一、二季度同比分别下降 3.9%、2.9%，第三、四季度同比分别上涨 2.4%、0.5%。农产品生产者价格下降主要源于粮食、水果和牛羊等多数畜产品价格下降。在多数农产品价格下降的情况下，生猪生产者价格回升对全年农产品生产者价格综合指数保持基本稳定发挥了重要作用。农产品生产者价格指数的季度变化与生猪生产者价格指数的季度变化保持同步。在畜产品中，生猪价格大幅回升，较上年上涨 9.0%；牛、羊、奶类价格降幅较大，分别下降 16.7%、9.6%、10.5%；禽蛋价格也有所下降。在粮食作物中，玉米、小麦、大豆价格降幅较大，分别达 14.1%、6.5% 和 4.3%，稻谷价格基本维持稳定。在其他重要农产品中，水果价格下降 4.2%，渔业产品下降 1.6%，油料价格下降 2.8%。蔬菜价格和糖类价格有不同程度上涨。

玉米生产者价格转涨为跌，稻谷生产者价格保持稳定。2024 年，玉米生产者价格较上年下降 14.1%，结束了 2018 年以来的六连涨。玉米价格年内整体震荡下行，主要原因是国内玉米市场形成阶段性供过于求局面。从需求侧看，生猪养殖规模下降压低饲料需求；从供给侧看，国内玉米产量再创新高、整体供应宽松，且进口低价粮源对国内玉米形成替代。此外，年内小麦价格下跌对玉米价格形成顶部压制。2024 年，稻谷生产者价格较上年下降 0.1%，基本保持稳定。除第四季度新稻上市导致稻谷价格小幅下降以外，其余时期稻谷价格相比上年同期均维持稳定或小幅上涨。稻谷价格保持稳定一方面是因为进口量有所下降，另一方面是因为最低收购价提供了底部支撑。

小麦和大豆价格延续跌势。2024 年，小麦和大豆生产者价格较上年分别下降 6.5% 和 4.3%，跌幅较上年分别扩大 3.8 个和 2.4 个百分点。年内小麦价格整体震荡下行。从需求侧看，小麦制粉需求下降，而且，玉米价格大幅回落挤压了小麦饲用需求；从供给侧看，国内小麦产量创下历史新高，同时，小麦进口量超过 1100 万吨，总体供应充裕。在供需失衡下，上半年小麦价格大幅下跌，跌幅达 12%。新麦上市后，政策增储托市使跌势放缓，下半年跌幅收窄至 4%。总体来看，丰产与需求疲软共同导致小麦价格下行，政策干预虽缓解部分压力，但未能扭转供过于求格局。大豆价格整体承压、震荡下行。2024 年，巴西、美国等主要大豆出口国丰产，导致国际市场大豆供应宽松、国际大豆价格持续走低，中国大豆进口量再创新高，对国内大豆价格形成顶部压制。在大豆扩种和产能提升行动的影响下，国内大豆丰产，产区库存高企；但是，榨油、养殖等需求疲软，货源消化缓慢。在供需失衡下，全年大豆价格整体下行。年末，中储粮增开库点收购新季大豆短期内提振了市场信心，对大豆价格形成一定支撑。

油料生产者价格下降，糖料生产者价格保持较快增长。2024 年，油料生产者价格较上年下降 2.8%，结束了 2019 年以来的五连涨。油料价格延续2023 年第四季度以来的跌势，年内持续下跌。外部价格冲击、阶段性供强需弱是油料生产者价格下跌的主要原因。2024 年，中国食用油籽进口继续增加，进口单价下行；食用植物油进口虽然减少，但价格仍然走低。国内油料作物稳产，油料供应充足，但榨油需求偏弱。2024年，糖料生产者价格继续维持高位，上涨3.3%，涨幅与上年基本持平。其中，第一、二季度生产者价格延续2023年第四季度的涨势，第四季度价格涨幅有所回落。全年糖料生产者价格上升，主要是因为上半年国内糖料供应偏紧、国际市场价格高位支撑以及国内消费旺季需求增加。

表7　2019~2024年主要农产品生产者价格较上年涨幅情况

单位：%

类别	2019年	2020年	2021年	2022年	2023年	2024年
农产品	14.5	15.0	-2.2	0.4	-2.3	-0.9
谷物	0.3	4.1	13.8	4.3	0.6	-6.8
油料	5.2	7.9	7.2	5.0	4.4	-2.8
糖料	-2.3	3.1	0.9	4.5	3.5	3.3
蔬菜	1.2	5.2	5.6	1.4	-4.1	3.9
畜牧业产品	33.5	32.4	-17.9	-4.3	-8.3	0.2
蛋类	2.1	-14.1	15.5	7.3	-0.6	-6.4
奶类	5.6	1.5	7.8	0.0	-5.1	-10.5

注：蛋类、奶类生产者价格年度数据暂未公布，表中数据为季度平均值。
资料来源：国家统计局年度数据库。

表8　2023年和2024年分季度部分农产品生产者价格同比涨幅

单位：%

类别	2024年				2023年			
	第四季度	第三季度	第二季度	第一季度	第四季度	第三季度	第二季度	第一季度
农产品	0.5	2.4	-2.9	-3.9	-6	-3.8	-0.4	1.2
小麦	-11	-8.3	-2.4	-2.8	-3	-3.9	-7.6	7.1
稻谷	-4.6	0.8	1.7	3.5	4.2	0.8	0.1	2.8
玉米	-17.7	-14.4	-12.7	-11.9	-3.1	3.6	0.7	6.1
大豆	-7.6	-1.8	-4.4	-4.1	-6.5	-0.4	-2	1.6
油料	-3.9	-1.9	-2.6	-2.9	-1.4	4.5	4.3	11.2

续表

类别	2024 年				2023 年			
	第四季度	第三季度	第二季度	第一季度	第四季度	第三季度	第二季度	第一季度
糖料	1.5	—	5	4.3	4.4	—	5.7	1.2
蔬菜	9.6	12.8	-2.3	-1	-5	-4.9	-1.2	-3.7
水果	2.1	-0.8	-7.1	-14.1	-5	-3.3	4.6	7.3
生猪	12.9	19.6	8.7	-5.4	-31	-21.5	0	8.3
牛	-22.7	-12	-14.5	-17.3	-7.9	-14	-8.1	-1.2
羊	-9	-10.2	-11.3	-7.2	-8	-3.6	-2.9	-4.3
肉禽	-2.3	-3	-5.3	-1.4	-3.9	-1.6	3.1	3.7
禽蛋	-0.4	-3.9	-11.2	-10	-8.2	0.4	-0.8	7.5
奶类	-10.2	-11.4	-11.9	-8.5	-6.1	-5.7	-5.2	-3

注：糖料生产者价格受生产季节性影响，第三季度无数据。

资料来源：国家统计局季度数据库。

生猪生产者价格回暖，养殖收益提高。2024 年，生猪生产者价格较上年提高9.0%，结束自2021年以来的三连降。生猪价格年内波动幅度较大。第一季度生猪产能尚未调减到位，生猪价格继续下行，同比下降5.4%。第二季度以来，生猪去产能效果显现、生猪出栏量减少，第二、三、四季度生产者价格同比分别上涨8.7%、19.6%和12.9%。受第二、三季度猪肉价格上涨影响，第三季度后期和第四季度生猪产能有所回升，生猪价格小幅回落。全年养殖利润呈现前低后高特征，生猪养殖行业逐步走出亏损周期。生猪价格上涨与玉米成本下降形成"剪刀差"，推动猪粮比由1月的5.82攀升至12月的8.30。生猪与玉米价格背离的本质是两类商品供需周期错配。受生猪产能调控影响，生猪处于"供应回调→价格冲高"阶段；受国内丰收和进口冲击影响，玉米处于"供应宽松→价格探底"阶段。猪粮比显著上升短期内利好养殖业，但长期需警惕后续生猪产能过剩和玉米价格波动风险，做好政策调控与市场调节协同。

牛、羊、肉禽、禽蛋、奶类生产者价格继续下跌。2024 年，活牛、活羊生产者价格延续前两年下降趋势，分别下降16.7%、9.6%。在国内活牛存栏保持高位、肉牛消费不振和进口牛肉低价冲击的影响下，活牛价格跌幅创近三年新高，肉牛养殖户普遍亏损。2024 年，奶类生产者价格延续跌势。受国内生鲜乳产量居高不下和进口奶制品价格较低的影响，全国主产省份生鲜乳收购价年内连续 12 个月环比下降。面对肉牛、奶牛养殖主体普遍亏损的情况，政府出台了一系列促进肉牛、奶牛养殖行业恢复的产业和金融政策，一定程度上稳定了下半年牛肉、生鲜乳价格。2024 年，肉禽、禽蛋生产者价格也有所下降，分别较上年下降 2.9%、6.4%。其中，禽蛋价格在第一、二季度同比下降分别为 10%、11.2%，第三、四季度同比下降幅度逐渐收窄。考虑到年内禽类养殖饲料价格较上年下降，饲料成本走低，禽类养殖保有一定利润空间。由于生猪产值占畜牧业产值比重较大，在多数畜产品价格指数下跌的情况下，生猪价格走高仍然带动全年畜牧业生产者价格上涨 0.2%。

城乡居民食品消费价格总体稳中有降。2024 年，食品消费价格延续 2023 年的缓降趋势，较上年下降 0.6%，降幅扩大 0.3 个百分点。其中，蛋类、奶类价格较上年均有不同程度下降，粮食类、畜肉类价格与上年基本持平，水产类、鲜菜类价格较上年有不同程度上升。鲜菜类价格上涨幅度最高（5.0%），蛋类下降幅度最大（-4.4%）。不同畜肉产品消费价格走势存在明显差异。牛肉、羊肉价格较上年大幅下降，猪肉价格较上年大幅提升。分月度来看，食品价格波动幅度低于上年同期；除 1 月和 9 月鲜菜价格季节性下跌/上涨带动食品价格较大幅度波动外，全年食品价格在 2% 左右保持小幅波动。2024 年上半年，食品价格延续 2023 年下半年以来的下降趋势；下半年，在猪肉价格回暖、鲜菜类价格上涨的拉升作用和牛肉、羊肉价格止跌趋稳的支撑作用下，食品价格止跌转涨。

粮食类消费价格稳定运行，与上年基本持平。2024 年，粮食类消费价格较上年下降 0.1%，结束过去 10 年稳定上涨的趋势。受国内粮食丰产、国际粮食市场供应宽松、国际粮价大幅下降影响，国内粮食生产者价格承压下行，并向后传导至居民粮食消费价格。政府综合使用稻谷和小麦托市、增加玉米收储、调节粮食进口等政策工具，支撑全年粮食消费市场价格保持稳定；年内，各月粮食价格同比波动幅度保持在 1.5% 以内，有力地保障了居民口粮供应。

　　畜肉类消费价格保持稳定，水产品类消费价格小幅上行。2024年，畜肉类消费价格较上年下降0.2%，降幅收窄7.1个百分点。不同畜肉类产品的消费价格走势存在明显差异。牛肉、羊肉价格持续下跌，猪肉价格先升后降。畜肉类消费价格走势受猪肉价格影响较大。猪肉价格回升在一定程度上对冲了牛肉、羊肉价格大幅下降的影响，维持了畜肉消费价格的总体稳定。结合近年行情来看，畜肉类价格仍处于上一轮价格周期性上涨后的回调期，2024年价格仍高于2017年至2019年上半年波谷价格水平。2024年，水产品消费价格比上年上涨1.0%。

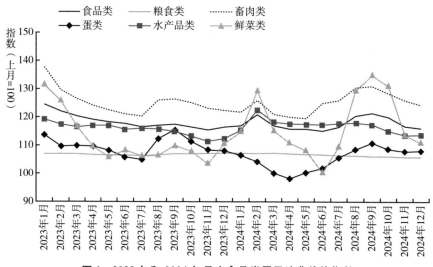

图1　2023年和2024年月度食品类居民消费价格指数

注：消费价格指数以2019年1月为基期。
资料来源：国家统计局月度数据库。

　　蛋类、奶类消费价格下降明显，鲜菜类消费价格波动上涨。2024年，蛋类消费价格较上年下降4.4%，结束了过去3年连续上涨的趋势。蛋类消费价格转涨为跌，主要是因为市场消费疲软和生产成本降低。2024年，禽蛋产量较上年增长0.7%，供应基本维持稳定；饲料成本下降，鸡蛋价格下调空间扩大。餐饮业收入增速回落，对鸡蛋消费带动乏力，导致鸡蛋消费价格走低。2024年，奶类消费价格较上年下降1.6%，结束2017年以来的七连涨。奶类

消费价格下降，一方面是因为生鲜乳收购价持续走低，乳制品加工业生产成本降低；另一方面是因为乳制品消费恢复不及预期，且进口低价乳制品持续冲击国内消费市场。2024年，鲜菜类消费价格较上年上涨5.0%。年内鲜菜价格季节性波动幅度较大，整体表现为秋、冬价格上涨，春、夏价格回落；鲜菜价格月平均涨跌幅度超过11%，较上年增长7.6个百分点。

城乡居民恩格尔系数保持稳定。2024年，全国居民恩格尔系数为29.8%，与上年保持一致。居民食品烟酒消费支出较上年增长5.4%，人均消费支出总额较上年增长5.1%，分别较上年收窄1.3个和3.9个百分点。恩格尔系数未能延续下降势头，主要是因为消费总支出与食品烟酒消费支出增速同步放缓，且消费总支出增速放缓更为明显。2024年，城镇居民恩格尔系数为28.8%，与上年持平；农村居民恩格尔系数为32.3%，较上年下降0.1个百分点。值得注意的是，由于居民食品消费支出提高，食品消费价格小幅下降，所以，居民食品消费总量有所提高。城镇居民恩格尔系数维持稳定和农村居民恩格尔系数小幅下降，总体符合食品消费支出比重随城乡居民收入增长到一定程度而下降放缓的一般规律，表明城乡居民生活水平和品质均处于稳定改善阶段。

（五）涉农产业蓬勃发展

涉农工业增速全面恢复。2024年，涉农工业增加值增长4%，脱离2022年以来的低速增长区间。食品工业方面，农副食品加工业、食品制造业以及酒饮茶业（酒、饮料和精制茶制造业的简称）增加值分别增长2.2%、5.8%、4.8%，涨幅较上年分别提升2个、2.5个、4个百分点。在非食品工业领域，纺织业、木材加工业、造纸业以及医药制造业的增加值分别增长5.1%、0.1%、8.2%和3.6%，涨幅较上年分别提高5.7个、2.9个、5.1个和9.4个百分点。2024年，涉农工业企业营业利润总额增长2.5%，与上年相比实现扭亏为盈，也高于多数制造业利润总额增长率，反映了涉农工业发展基础坚实。涉农工业增长动力主要源于出口复苏和固定资产投资增速加快。2024年，食品工业和非食品工业的出口额分别增长5.4%和7.0%，纺织业和医药制造业出口额也保持较快增长，预制菜出口企业境外营收增幅普遍超过10%。2024年，农副食品加工业、食品制造业、纺织业、医药制造业固定资产投资分别增长18%、22.9%、15.6%、6.9%，平均增速较上年大幅提高。不过，涉农工业增加值与农林牧渔业增加值之比由2018年的0.645下滑至2024年的0.538（见图2），涉农工业带动农产品增值的能力有待提升。

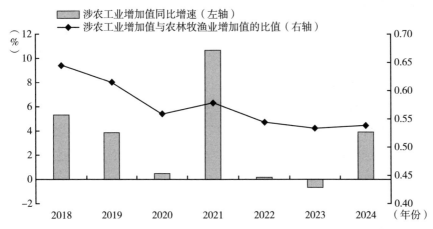

图2　2018~2024年涉农工业增加值增速及与农林牧渔业增加值的比值

资料来源：根据国家统计局数据整理计算。

农产品流通体系更加高质高效。2024年，农产品物流总额为5.5万亿元，增长4.0%①。农产品流通空间不断扩大，物流费率持续下降。2024年，全国范围内改造5856个县城和乡镇商贸中心、5.3万个村级便民服务商店②，累计建成33.78万个村级寄递物流综合服务站③，有效缓解了"农产品上行"的"最后一公里"问题。中国85%以上的冷链货品为食用农产品，

---

① 《2024年全国物流运行情况通报》，国家发展和改革委员会，https：//www.ndrc.gov.cn/xwdt/ztzl/shwltj/qgsj/202502/t20250214_1396183.html。

② 《我国连续12年成为全球最大网络零售市场》，中国政府网，https：//www.gov.cn/lianbo/bumen/202501/content_7001116.htm。

③ 《农村寄递物流体系日益完善》，中国政府网，https：//www.gov.cn/lianbo/bumen/202411/content_6984835.htm。

2024 年，全国冷链物流总额为 3.65 亿吨，增长 4.3%，增速较上年提高 0.4 个百分点；冷链物流市场收入为 5361 亿元，增长 3.7%，增速较上年提高 0.3 个百分点①。在食品类型方面，蔬果、肉类、水产、乳制品、速冻食品的冷链流通量比例为 10：3：2：1：1，各类食品冷链流通率稳步上升。居民食物消费保持升级态势，食物零售渠道趋于多元化。按照近六年平均增速，2024 年，中国有机产品销售额将达到 1110 亿元，稳居全球第三大有机产品消费市场。2024 年，限额以上单位粮油食品类、饮料类零售额分别增长 9.9% 和 5.6%，以追求高品质食品和消费体验的山姆、盒马鲜生等会员制超市加速发展；吃类实物商品网上零售额增长 16.0%，其中生鲜食品零售额份额进一步扩大。

餐饮收入突破 5.5 万亿元。餐饮业是依赖农产品及其初级加工品的服务业，也是吸纳农民工就业的重要行业，对农业农村发展具有显著的拉动作用。2024 年，餐饮收入为 55718 亿元，增长 5.3%，7 月后保持在 3% 左右的增速水平。限额以上单位餐饮收入为 15298 亿元，增长 3.0%。餐饮食材消费规模保持在 2 万亿元以上，食材供应链中产地直采比例有所提高。2024 年，重点监测的在线餐饮平台销售额增长 17.4%，无人机外卖配送成为新兴模式②。随着餐饮供应链出海加速，2024 年中国农产品和食品出口额分别增长 5.3%、4.7%（以人民币计）。2020 年以来，餐饮收入与农林牧渔业增加值的比值从 0.486 增长到 2024 年的 0.578（见图 3），餐饮业已成为拉动农业发展的关键动力。

涉农产业助力农村市场消费活力释放。2024 年，农业产业融合发展水平继续提升，新建 40 个优势特色产业集群、50 个国家现代农业产业园和 200 个农业产业强镇。农村市场规范化和品牌化程度有所提升，2024 年，主要农产品例行监测合格率首次达到 98%，全国绿色、有机、名特优新和地

---

① 《2024 年冷链物流需求总量 3.65 亿吨　新能源冷藏车销量爆发式增长 350%》，央视网，https：//news.cnr.cn/native/gd/kx/20250120/t20250120_ 527046526.shtml。

② 第 55 次《中国互联网络发展状况统计报告》，中国互联网络信息中心，https：//www. cnnic.net.cn/n4/2025/0117/c88-11229.html。

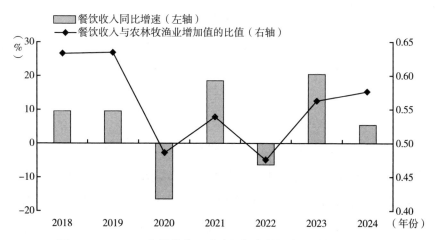

图3 2018~2024年餐饮收入增速及与农林牧渔业增加值的比值

资料来源：根据国家统计局数据整理计算。

理标志农产品认定总数达到 8.1 万个，增长 6%①。2024 年，乡村消费市场显著扩大，农村网络零售额增长 6.4%②，农产品网络零售额增长 15.8%，其中水果、奶类、水产品、肉禽蛋、蔬菜等生鲜产品的交易额占比小幅提高。2024 年，乡村旅游市场接待人数及收入均创历史新高。根据联合国公布的 2024 年"最佳旅游乡村"名单，中国 7 个乡村成功入选，成为累计入选该名单数量最多的国家。2024 年，全国累计建设 240 个全国休闲农业重点县、1597 个全国乡村旅游重点村镇、1953 个中国美丽休闲乡村。2024 年前三季度，全国乡村旅游接待人次为 22.48 亿，同比增长 15.5%；接待总收入为 1.32 万亿元，同比增长 9.8%③，该指标值已超过《全国乡村产业发展规划（2020—2025 年）》设定的目标水平。

涉农产业普遍面临提质增效转型的挑战。一是涉农工业产量普遍下降，

---

① 《农产品质量安全例行监测合格率首次达到 98%》，农业农村部，https：//www. moa. gov. cn/ztzl/2024fzcj/202412/t20241219_ 6468220. htm。

② 《2024 年我国电子商务发展情况》，全国电子商务公共服务网，https：//dzswgf. mofcom. gov. cn/news/5/2025/3/1741656544282. html。

③ 《"最佳旅游乡村"总数第一！中国乡村惊艳世界》，中国政府网，https：//www. gov. cn/ yaowen//liebiao/202411/content_ 6987411. htm。

企业利润总额出现分化。2024年，涉农工业增加值增长率（4%）低于制造业总体增加值增长率（6.1%）。饲料产量几乎没有增长，中成药、乳制品、白酒、鲜冷藏肉和啤酒的产量分别下降7.7%、1.9%、1.8%、0.7%和0.6%。2024年，食品制造业、纺织业、医药制造业的工业产能利用率累计值分别为69.8%、78.5%、75.3%，较上年变化-0.5个、2.1个、0.4个百分点，说明涉农工业产能并未随产量下降而同步缩减。2024年，酒饮茶业、食品制造业、造纸业、纺织业企业利润总额分别增长7.1%、6.3%、5.2%和3.4%，而医药制造业、农副食品加工业、木材业企业利润总额分别下降1.1%、0.2%、12.3%，涉农产业内部盈利能力差异扩大。二是食品流通行业集中度相对较低，市场发展不均衡。由于行业规范程度不高、龙头企业市场占有率较低，冷链物流主体呈现"散、小、杂"的格局，局部过剩、冷链设施不合规问题亟待解决。2024年，全国冷库总量约为2.5亿立方米，但是冷库求租量远低于冷库出租量，冷库供需比总体有扩大趋势，存在显著的区域供需不平衡问题。不同农产品冷链物流水平也存在差异。根据《中国农产品产地冷链物流发展报告（2024）》，2023年全国农产品产地综合低温处理率为32.0%，而果蔬低温处理率仅为24%。三是餐饮业利润空间收窄。随着餐饮消费回归理性，2024年8月以来餐饮业表现指数连续低于50，行业呈现微收缩态势[①]，餐饮人均消费支出持续下降。根据11家主要上市餐饮企业披露的2024年半年报，3家出现亏损，8家净利润相比上年同期有明显下降。经营成本上涨、价格战和同质化竞争是造成当前餐饮业"增收不增利"的主要原因。

（六）城乡居民收入相对差距收窄，农村居民消费支出稳步增长

城乡居民收入相对差距继续缩小，但绝对差距仍在扩大。2024年，城镇居民人均可支配收入54188元，比上年名义增长4.6%，实际增长4.4%；

---

① 《12月份中国餐饮业表现指数报告》，中国烹饪协会，https://www.ccas.com.cn/site/content/207416.html。

农村居民人均可支配收入23119元，比上年名义增长6.6%（以下如无特别说明，均为名义同比增长），实际增长6.3%。城乡居民人均可支配收入比为2.34，比上年降低0.05。城乡居民人均可支配收入绝对差距为31069元，比上年增加939元。在宏观经济承压的背景下，城乡居民收入增速均有所放缓。农村居民人均可支配收入名义增速和实际增速分别比上年下降1.1个和1.3个百分点，比城镇居民收入的降幅分别高出0.6个和0.9个百分点，反映出农村经济韧性存在不足。深化分配制度改革的一项重点任务是破解农村经济韧性不足的瓶颈，保障发展成果可持续共享。

农村居民各项收入稳步增长，经营净收入增幅最小。2024年，农村居民人均可支配收入中，工资性收入9799元，比上年增长6.9%，占比42.4%；经营净收入7845元，比上年增长5.6%，占比33.9%；财产净收入580元，比上年增长7.5%，占比2.5%；转移净收入4895元，比上年增长7.4%，占比21.2%。与上年相比，除财产净收入外，工资性收入、经营净收入、转移净收入增速均有所降低（见表9）。经营净收入涨幅最小，反映出农产品价格下行给农村居民经营净收入持续增长带来较大压力。

表9 2023年和2024年农村居民人均可支配收入情况

单位：元，%

收入类别	金额		名义增长率		占比	
	2023年	2024年	2023年	2024年	2023年	2024年
可支配收入	21691	23119	7.7	6.6	100.0	100.0
工资性收入	9163	9799	8.4	6.9	42.2	42.4
经营净收入	7431	7845	6.6	5.6	34.3	33.9
财产净收入	540	580	6.0	7.5	2.5	2.5
转移净收入	4557	4895	8.4	7.4	21.0	21.2

资料来源：根据国家统计局数据整理和计算。

农村居民财产净收入的增收贡献依然较弱。农村居民各项收入增长对总收入增长的贡献率从高到低依次为：工资性收入（44.5%）、经营净收入（29.0%）、转移净收入（23.7%）、财产净收入（2.8%）。农村居民财产净

收入虽有所增长,但绝对水平仍然较低,城乡居民财产净收入比高达 9.4。农村"沉睡资产"难以转换为促进农民持续增收的动能。农村居民财产净收入长期处于偏低状态,是进一步缩小城乡居民收入差距的主要障碍。2024 年农产品价格偏弱运行给农村居民经营净收入提高带来不利影响。与上年相比,工资性收入和经营净收入增收贡献率分别降低 1.3 个和 0.5 个百分点,转移净收入和财产净收入的增收贡献率分别提高 0.9 个和 0.8 个百分点。

不同收入组家庭农村居民收入增速存在明显差异。2024 年,不同收入组家庭农村居民人均可支配收入均有所提升,但提升幅度存在明显差异。高收入组家庭人均可支配收入水平提升幅度最大,达到 7.3%;低收入组家庭人均可支配收入水平提升幅度最小,仅为 2.8%。高收入组和低收入组家庭人均可支配收入比为 9.9,比上一年提高 0.4。各收入组家庭农村居民收入增速普遍回落,其中,中间偏下收入组家庭的收入增速降幅最大,降低 4.1 个百分点。低收入组、中间收入组、中间偏上收入组、高收入组家庭人均可支配收入增速分别降低 2.0 个、1.2 个、1.3 个、1.5 个百分点。中间偏下收入组家庭面临结构性劣势:既存在资产积累不足的约束,又处在专项帮扶政策覆盖范围之外,更容易受到宏观经济不利条件的冲击。

农民工规模扩大、收入增加。2024 年,农民工总量 29973 万人,比上年增加 220 万人,增长 0.7%。其中,本地农民工 12102 万人,增长 0.1%;外出农民工 17871 万人,增长 1.2%。跨省流动农民工规模结束两年负增长,但由于产业梯度转移和县域经济发展持续吸纳就业,劳动力区域配置仍具"黏性",外出农民工省内就近就业趋势依然明显。2024 年,跨省流动农民工 6840 万人,比上年增加 89 万人,占外出农民工增量的 41.8%;在乡镇外省内就业的农民工 11031 万人,比上年增长 124 万人,占外出农民工增量的 58.2%(见图 4)。2024 年,农民工月均收入 4961 元,比上年增长 3.8%,增速比上年提高 0.2 个百分点。

农民工就业总体保持稳定。2024 年,外来农业户籍劳动力调查失业率平均值为 4.6%,较上年下降 0.3 个百分点,低于全国城镇调查失业率平均值 0.5 个百分点。年内,外来农业户籍劳动力调查失业率走势较为平稳,各

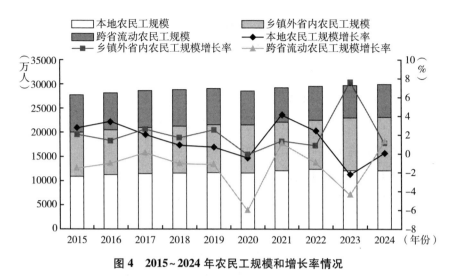

图4 2015~2024年农民工规模和增长率情况

注：本地农民工指在本乡镇内从事非农产业6个月及以上的农民工，外出农民工指在本乡镇以外从业6个月及以上的农民工，包括乡镇外省内农民工和跨省流动农民工。

资料来源：根据国家统计局数据整理计算。

月失业率均低于全国城镇整体水平。除个别月份因季节性因素导致失业率上升外，多数月份失业率处于较低水平。受春节后劳动力集中供给影响，3月外来农业户籍劳动力失业率达到5.0%的年内高点。随着求职者陆续实现就业，4~6月，外来农业户籍劳动力失业率回落至4.5%~4.7%。7月，受高温天气和户外工作岗位数量减少等因素叠加影响，失业率上升至4.9%，随后迅速回落并保持平稳，11~12月，失业率进一步降至4.4%、4.5%。

脱贫人口务工就业规模稳中有增。2024年10月底，全国脱贫人口务工就业总规模达到3307.9万人，较上年同期增加9.7万人。进入过渡期以来，全国脱贫人口务工就业规模连续4年稳定在3000万以上。2024年10月，全国有劳动能力的脱贫人口中，61.4%实现务工就业，较上年同期增加0.7个百分点。160个国家乡村振兴重点帮扶县脱贫人口务工规模671.8万人，全国易地搬迁脱贫人口实现务工就业408.3万人[①]。2024年，脱贫县农村居

---

① 《脱贫劳动力务工规模和就业质量实现"双提升"》，农业农村部，2024年12月17日，https://www.moa.gov.cn/xw/zwdt/202412/t20241217_6468080.htm。

民人均可支配收入 17522 元，比上年名义增长 6.9%，实际增长 6.5%①，分别快于全国农村居民收入增速 0.3 个、0.2 个百分点。

农村居民消费需求继续释放，城乡居民消费差距继续收窄。2024 年，城镇居民人均消费支出 34557 元，比上年名义增长 4.7%，实际增长 4.5%；农村居民人均消费支出 19280 元，比上年名义增长 6.1%，实际增长 5.8%，分别高于城镇居民 1.4 个和 1.3 个百分点。城乡居民消费支出比为 1.79，比上年降低 0.02。城乡居民消费增速与收入增速变化趋势相同，均有所放缓。农村居民人均消费支出名义增速和实际增速分别比上年降低 3.2 个和 3.4 个百分点，高于收入增速降幅，但是，分别低于城镇居民消费降幅 0.7 个和 0.4 个百分点。农村居民消费支出降幅更小反映出农村居民消费的刚性特征：一是农村居民需求收入弹性较低，二是农村居民消费选择的空间相对有限。

农村居民消费结构持续优化，服务性消费支出增长较快。2024 年，食品烟酒和居住支出是农村居民的主要支出，两者占比合计超过 50%，但此类传统生活消费支出的增速和份额呈现下降趋势。农村居民人均食品烟酒、衣着支出、居住支出分别为 6226 元、966 元、3801 元，增速分别为 5.9%、5.0%、2.9%，较上年分别回落 1.3 个、1.6 个、2.6 个百分点，在总支出中的占比分别下降 0.1 个、0.1 个、0.6 个百分点。相比之下，服务性消费支出增长较快，占比上升。农村居民人均服务性消费支出 7767 元，比上年增长 8.4%；在农村居民消费总支出中的占比为 40.3%，比上年提升 0.9 个百分点。农村居民人均交通通信、教育文化娱乐、医疗保健支出增速分别为 9.0%、9.9%、5.0%，增速虽有所回落，但是，除医疗保健支出占比微降外，交通通信和教育文化娱乐支出占比均增加 0.4 个百分点（见表 10）。农村居民旅游需求也不断增长。2024 年，农村居民国内出游 12.45 亿人次，同比增长 9.9%，农村居民出游花费 0.83 万亿元，同比增长 12.2%②。

---

① 《中华人民共和国 2024 年国民经济和社会发展统计公报》，国家统计局，2025 年 2 月 28 日，https：//www.stats.gov.cn/zwfwck/sjfb/202502/t20250228_1958817.html。

② 《2024 年度国内旅游数据情况》，中华人民共和国文化和旅游部，2025 年 1 月 22 日，https：//zwgk.mct.gov.cn/zfxxgkml/tjxx/202501/t20250121_958012.html。

表10 2023年和2024年农村居民人均消费支出情况

单位：元，%

支出类别	金额		名义增长率		占比	
	2023年	2024年	2023年	2024年	2023年	2024年
服务性消费	7164	7767	12.7	8.4	39.4	40.3
食品烟酒	5880	6226	7.2	5.9	32.4	32.3
衣着支出	921	966	6.6	5.0	5.1	5.0
居住支出	3694	3801	5.5	2.9	20.3	19.7
生活用品及服务	992	1044	6.2	5.2	5.5	5.4
交通通信	2480	2702	11.2	9.0	13.6	14.0
教育文化娱乐	1951	2144	15.9	9.9	10.7	11.1
医疗保健	1916	2012	17.4	5.0	10.5	10.4
其他用品及服务	341	385	13.5	12.8	1.9	2.0

资料来源：根据国家统计局数据整理和计算。

（七）乡村建设扎实推进，农村全要素配置效率持续提升

农村公共基础设施更加完备。2024年，全国农村公路增量提质，新建和改建农村公路达13万公里，具备条件的乡镇和建制村实现硬化路全通[①]。农村网络纵深覆盖，农村地区互联网普及率达到67.4%，全国行政村实现"村村通宽带"，通5G行政村占比超过90%。农村物流市场更加活跃，国家邮政局建成县级邮件处理中心1273处、乡镇级6841处，累计开通交邮联运邮路5248条，合作场站达到3.4万处，建制村投递汽车化率提高至66%，全国有七成建制村每周投递5次及以上。中西部地区邮政基础网络进一步完善，9个省份3357个边境自然村基本实现每周至少3次投递[②]，中部、西部

[①]《国务院新闻办就进一步深化农村改革，扎实推进乡村全面振兴有关情况举行发布会》，国务院新闻办网站，2025年2月25日，https://www.gov.cn/lianbo/fabu/202502/content_7005589.htm。

[②]《2024年全国快递业务量首次突破1700亿件——"物畅其流"美好愿景加速实现》，《人民日报》（海外版）2025年2月22日，https://www.gov.cn/lianbo/bumen/202502/content_7005007.htm。

快递业务量增长 30%、35%①。

农村基本公共服务水平稳步提升。2024 年，全国城乡居民基础养老金月最低标准提高 20 元，城乡居民医保人均财政补助增加 30~670 元，住院费用报销比例稳定在 70% 左右。义务教育阶段困难学生生活补助标准提高，惠及全国 2000 余万学生；高等教育奖助学金和助学贷款政策调整，惠及学生 2300 万人次。2024 年，全国共 362 万人享受农村低保，439 万人享受特困救助，低保标准达到每人每月 594 元，1153.9 万困难群众获得每人 1000 元的一次性生活补助②。以工代赈政策带动 332 万低收入群众就业，发放劳务报酬 478 亿元，增长 32%；专项投资、重点工程和农业农村基础设施项目分别吸纳 36 万农村低收入群众、246 万和 50 万群众就近就业，全年培训以工代赈务工群众 20 余万人③。

农业面源污染治理成效显著。2024 年，化肥农药施用持续减量增效，化肥、农药利用率均超过 41%。三大粮食作物化肥利用率达 42.6%，测土配方施肥技术覆盖率超过 95%④；病虫害等统防统治面积达 10.3 亿亩次，统防统治覆盖率和绿色防控覆盖率分别超过 46%、56%，较上年提高 1 个、2 个百分点⑤。农业废弃物资源化利用率稳步提高，畜禽粪污综合利用率、秸秆综合利用率、农膜处置率分别超过 79%、88%、80%⑥。农兽药残留国家标准总数提高到 13755 项，覆盖主要食用农产品和常用农兽药品种。但食

① 《焦点访谈｜快递业"跑"出加速度，"货畅其流"展现中国经济蓬勃活力》，央视网，2025 年 3 月 1 日，https：//m.gmw.cn/2025-03/01/content_ 37880481.htm。
② 《财政部：积极回应代表委员关切，加力保障和改善民生》，中国政府网，2025 年 2 月 28 日，https：//www.gov.cn/zccfh/2025zccfh/20250228/jdzc/202502/content_ 7008734.htm。
③ 《2024 年以工代赈带动 332 万低收入群众就近务工　发放劳务报酬 478 亿元》，国家发展改革委网站，2025 年 1 月 26 日，https：//www.gov.cn/lianbo/bumen/202501/content_ 7001343.htm。
④ 《三大粮食作物化肥利用率稳步提升》，农业农村部新闻办公室，2025 年 1 月 14 日，http：//www.moa.gov.cn/xw/zwdt/202501/t20250114_ 6469150.htm。
⑤ 《农业农村部办公厅关于印发〈2024 年"虫口夺粮"保丰收行动方案〉的通知》，农业农村部，2024 年 3 月 7 日，http：//www.moa.gov.cn/nybgb/2024/202404/202404/t20240418_ 6453866.htm。
⑥ 《国新办举行"中国经济高质量发展成效"系列新闻发布会》，农业农村部，2025 年 1 月 20 日，http：//www.moa.gov.cn/hd/zbft_ news/zgjjgzlfzcx/。

品类消费者投诉量占比较上年提升约 0.3 个百分点①，食品安全监管有待巩固。

宜居宜业和美乡村建设扎实推进。2024 年，全国农村卫生厕所普及率为 75% 左右，生活垃圾进行收运处理的行政村比例稳定保持在 90% 以上，生活污水治理率达到 45% 以上②。全年共完成 2 万多处农村供水工程，提升 1 亿多农村人口供水保障水平；全国农村自来水普及率达到 94%，规模化供水工程覆盖农村人口比例达到 65%。农村住房质量进一步提升，农村低收入群体等重点对象农村危房改造和农房抗震改造开工达 23.9 万户③。

农村产业用地保障基础更加夯实。2024 年，"三块地"管理制度进一步完善，农村集体资产资源进一步盘活。国家启动实施了第二轮土地承包到期后再延长 30 年整省试点；稳慎推进农村宅基地制度改革，明确允许农户合法拥有的住房通过出租、入股、合作等方式盘活利用；深入推进农村集体经营性建设用地入市改革，健全收益分配和权益保护机制。

涉农贷款增量降费，财政支农力度大幅强化。2024 年，全国年末主要农村金融机构人民币贷款余额 31.5 万亿元，比年初增加 2.1 万亿元；普惠型涉农贷款余额 14.4 万亿元，较上年增长 14.4%；粮食重点领域贷款余额 4.46 万亿元，较上年增长 20%。普惠型涉农贷款平均利率降至 4.9%，较上年下降 0.5 个百分点，较 5 年前下降 2.5 个百分点④。财政支农方面，全国农林水支出 27045 亿元，较上年增长 12.4%⑤，增速显著高于其他一般公共

① 《2024 年全国消协组织受理投诉情况分析》，中国消费者协会，2025 年 2 月 6 日，https://www.cca.cn/Detail？catalogId = 475800865030213&contentType = article&contentId = 641443215953989。
② 《国新办举行"中国经济高质量发展成效"系列新闻发布会》，农业农村部，2025 年 1 月 20 日，http://www.moa.gov.cn/hd/zbft_news/zgjjgzlfzcx/。
③ 《国新办举行"中国经济高质量发展成效"系列新闻发布会 介绍"推动水利高质量发展、保障我国水安全"有关情况》，水利部网站，2024 年 12 月 31 日，http://www.mwr.gov.cn/hd/zxft/zxzb/fbh20241231/。
④ 《2024 年末全国普惠型涉农贷款余额同比增长 14.4%》，光明网，2025 年 2 月 3 日，https://m.gmw.cn/2025-02/03/content1303961241.htm。
⑤ 《2024 年财政收支情况》，财政部网站，2025 年 1 月 24 日，https://www.gov.cn/lianbo/bumen/202501/content_7001088.htm。

预算支出科目。农业保险质效不断提升，中央财政下达农业保险保费补贴资金 547.5 亿元①，三大主粮完全成本保险和种植收入保险实现全国覆盖，大豆完全成本保险和种植收入保险政策覆盖内蒙古、黑龙江全域及部分省份 50% 种植面积。全年农业保险累计为 1.48 亿户次农户提供风险保障 5.22 万亿元，有效发挥防灾减损和灾后补偿作用。

新型农业经营主体和农村人才发展势头良好。截至 2024 年 10 月底，纳入全国家庭农场名录系统的家庭农场近 400 万个，半数以上家庭农场年经营收入在 10 万~50 万元。依法登记的农民合作社达 214 万家、联合社 1.5 万家，实行产加销一体化服务的达 104.3 万家，12.1 万家创办了加工、流通、销售等实体，开展电子商务、休闲农业和乡村旅游的农民合作社分别达 6.5 万家、1.9 万家。全国有 109.4 万个经营性主体开展社会化服务，年服务面积超过 21.4 亿亩次，服务小农户 9400 多万户②。2024 年，全国返乡入乡创业人员突破 1200 万人，"新农人""农创客"等群体为乡村产业发展注入技术、资本与创新理念，激活电商、文旅等新业态，提高了乡村发展活力。

二 2025年中国农业农村经济形势展望

2025 年是"十四五"规划的收官之年，也是党的二十届三中全会提出进一步全面深化改革的起步之年，强农惠农富农支持制度改革将加快推进，财政支农力度持续加大，农业科技与装备支撑进一步强化，农业补贴政策体系不断优化，种粮农民收益保障机制加快健全。预计 2025 年粮食生产保持稳产丰收，畜牧业发展企稳向好，重要农产品与食品价格继续保持基本稳定，农产品进口结构持续优化，涉农产业进入提质增效的动能转换阶段，农村居民收入稳步增长。

---

① 《2024 年中央财政农业保险保费补贴情况表》，财政部，2024 年 11 月 22 日，https：// m. mof. gov. cn/czxw/202411/P020241122347489010239. pdf。

② 《农业经营体系不断完善》，农业农村部新闻办公室，2024 年 12 月 25 日，https：//www. moa. gov. cn/ztzl/2024fzcj/202412/t20241225_ 6468532. htm。

（一）粮食等重要农产品供给保障能力继续提高

预计2025年粮食生产继续保持稳产丰收，全年粮食产量为7亿吨左右。2025年，各地将重点实施粮油种植专项贷款贴息、主产区奖补激励、产销区横向利益补偿等新增政策，同时加强耕地保护和质量提升。粮食增产的核心方向在于大面积单产提升，重点推广水稻集中育秧、机械化栽插，优化玉米种植密度，并强化小麦冬春田间管理。针对2025年夏粮生产，国家发展改革委等部门已提前释放小麦最低收购价上调的政策信号，农业农村部同步制定并发布了播种技术指导意见，并开展"双晚"技术培训，重点落实病虫害防控措施，提高单产水平。2024年下半年，冬小麦秋冬种进展顺利，种植面积继续保持稳定。2025年以来，冬小麦苗情长势总体正常，种子和化肥供应充足，春耕春播进展顺利，为2025年夏粮丰收奠定了坚实基础。综合判断，2025年全年粮食产量预计为7亿吨左右。

预计2025年畜牧业保持稳定向好发展，重要农产品供给充足。2025年，国家将深入推进大食物观，全方位、多途径开发食物资源，构建多元化食物供给体系，扶持畜牧业稳定发展，保障各类食物有效供给，以更高质量满足人民群众多元化食物消费和营养健康需求。农业农村部也将"菜篮子"产品的稳产保供作为2025年"三农"工作的重点任务，积极稳生产、促销售、保供应。2024年，全国能繁母猪存栏量逐步回调，保持在产能调控绿色合理区间内，市场供需总体稳定。但考虑到生猪生产的滞后效应，预计2025年生猪出栏量小幅下降。不过，由于市场库存调整，整体供应仍可保持平稳。2024年下半年，肉牛、奶业各项纾困政策逐步落实，肉牛和牛奶价格降幅收窄，加之饲草料成本降低，肉牛、奶牛养殖亏损情况有所缓解。随着技术指导服务的进一步强化和产业纾困政策的持续推进，预计2025年肉牛和奶牛产业的产能保持稳定，国内市场上的牛肉和牛奶供应充足。

（二）农产品贸易稳中有进，出口承压但进口结构持续优化

预计2025年农产品进出口面临挑战。2024年，国际环境复杂严峻，全

球经济增速低于 21 世纪前 20 年的平均水平,主要经济体增长动力不足,美联储、欧央行均下调了 2025 年各自的经济增长预期,全球需求低迷的态势预计将持续至 2025 年。同时,特朗普 2.0 阶段的贸易政策进一步加重贸易市场悲观预期,不利于中国农产品进出口扩大,尤其是,大豆、玉米等品类可能面临更严格的贸易限制。但相比 2018~2019 年中美贸易摩擦时期,中国已通过进口多元化战略降低了对美国的依赖,因此,整体影响可能小于此前的贸易摩擦时期。

预计 2025 年特色优势农产品进出口双向增长,粮食进口总体处于低位。中国经济发展向好的基本面没有改变,尤其是,房地产政策放松等利好信号有助于加快国内经济复苏。未来居民收入增速有望加快,消费能力提升,对国外多样化特色农产品的进口需求会进一步增加。此外,2024 年以来,金砖国家合作机制迎来首次扩员,高质量共建"一带一路"扎实推进,中国与东盟的务实合作持续深化。商务部将扩大特色农产品等商品出口作为促进外贸稳定增长的重要措施,将在 2025 年为中国农产品贸易带来更多机遇,有利于进一步推动中国水产品、热带水果等特色优势农产品出口增长。随着全球稻米增产,印度放宽部分大米出口限制,国际稻米价格在 2024 年高位运行后逐步回归常态水平,但国内稻米供需宽松、进口动力不足。小麦、玉米和大豆的国内供给充足,叠加国际价格高位、中美贸易摩擦影响以及国内饲用需求趋稳,预计 2025 年粮食进口整体处于低位。

(三)重要农产品与食品价格继续保持基本稳定

预计 2025 年粮食价格整体趋稳。玉米价格小幅上行。从供给侧看,2024 年国内玉米丰产导致 2025 年前期玉米供应宽松,但政府不断增储,支撑玉米价格上涨;全球玉米供应总量预期下调、供应收紧,利好玉米价格上涨。从需求侧看,国内玉米加工和饲用需求回暖迹象显现,支撑玉米价格回弹。全年玉米供过于求状况将小幅改善,支撑玉米价格小幅上行。小麦价格保持稳定。从供给侧看,2024 年,小麦丰产,库存高企;2025 年,小麦丰产预期较强,总体供应偏宽松。从需求侧看,国内制粉和工业需求基本保持稳定，小麦饲用需求因玉米、小麦价差难有起色。综合来看，全年小麦将呈现供大于求格局。政策方面，政府上调小麦最低收购价，托市收购将筑牢价格底部支撑。总体上，小麦价格以稳为主，受阶段性供需格局变化存在小幅波动。稻米价格低位承压。从供给侧看，2024年晚稻丰收，2025年国内稻谷预期丰产，稻米整体供应宽松；全球大米增产，印度大米出口解禁，国际米价下行在一定程度上压低了国内稻谷收购价格。从需求侧看，国内稻米以食用为主，需求基本维持稳定。稻米供需整体宽松，优质稻谷价格波动较小，抗跌性较强；普通稻谷在最低收购价上调的支撑下，维持基本稳定。大豆价格小幅下降。从供给侧看，大豆扩种和单产提升工程持续发力，大豆供应预计继续增长。2025年，美国、巴西大豆预期丰产，国产大豆价格承压走低风险较高。从需求侧看，国内豆油压榨消费量已处高位，增速放缓；但是，进入2025年后，豆粕、豆油市场回暖，大豆压榨利润趋于好转。此外，大豆价格目前已在低位，接近农户种植成本，农户惜售将支撑大豆底部行情。

预计2025年畜产品价格结构性回暖。猪肉全年均价小幅回落。从供给侧看，2024年后三个季度能繁母猪存栏量环比持续回升，但增幅弱于往年；预计2025年猪肉供应量增幅小于往年，但超过2024年。从需求侧看，居民膳食结构向猪肉减量调整，预计2025年猪肉消费量下降；2025年春节期间猪肉消费旺盛，小幅扭转了2024年三季度末以来的猪肉价格跌势；但节后猪肉消费疲软，价格已进入季节性下行通道。猪肉价格将随传统消费淡季、旺季涨跌互现，震荡调整；但是，预计全年猪肉均价较2024年小幅回落。牛肉、羊肉、奶类价格企稳回升。2024年，国内肉牛年末存栏量下降，商务部启动了对进口牛肉的保障措施调查。2025年，预计牛肉价格在产能缩减和进口减少的情况下全年温和上涨。羊肉价格此前经历连续三轮下跌，已至低位。2025年，预计羊肉价格与牛肉价格保持同步增长。生鲜乳价格连续16个月环比下降后已至低位。随着2025年生鲜乳产能和喷粉存量去化，政府消费提振行动带动乳制品消费回弹，生鲜乳供过于求的局面将有所好转，奶类价格预计在下半年企稳回升。

总体来看，预计 2025 年重要农产品和食品价格保持基本稳定。粮食作物和畜产品、奶类等价格重心仍然偏低，价格大幅回升迹象不明显。

（四）涉农产业进入提质增效的动能转换阶段

预计 2025 年涉农工业增速为 5% 左右，农产品原料进厂价格和工业成品出厂价格的价差缩小。中国纺织业、造纸业、医药制造业、食品制造业将延续"制造强国"战略下的出口优势，特别是预制菜产业可能是拉动中国农产品"出海"的新力量。经过多年发展，中国食品行业已经涌现出一批百亿级甚至是千亿级食品企业，具备了拓展海外市场的能力。在国内预制菜市场扩张阶段受阻的情况下，部分预制菜和餐饮企业开始面向 6000 万华人华侨，与国内市场同步开发中式预制菜巨大的需求潜力。根据《中国外资统计公报 2024》，2023 年，中国在住宿和餐饮业的对外投资达到 9.5 亿美元，是 2022 年的 96 倍。从不利因素看，2024 年，制造业 PMI 基本在 50 上下波动，经过三个月在临界点上方的状态后，2025 年 1 月又进入波动区间。2024 年下半年食品、衣服等商品需求出现恢复迹象。然而，市场需求回暖并不意味着涉农工业企业的定价能力必然提升，原因是企业主体既要加速去库存以优化资金周转效率，又要着力提高市场渗透率。若 2025 年农产品原料价格变化进入上行周期，在涉农产业产品上涨幅度有限的情况下，进出厂价格差缩小将实质性压缩涉农工业企业的盈利空间。在履行"以工补农"社会责任的同时，这可能对涉农工业盈利能力和动能转换造成不利影响。

预计 2025 年涉农服务业市场集中度和农村市场消费活力继续提高，产业链后端对涉农产业发展的驱动作用增强。2024 年中央经济工作会议将"大力提振消费、提高投资效益，全方位扩大国内需求"列在 2025 年重点任务之首，涉农产业发展将受到扩大内需政策的全面拉动。经过多年投资，中国基础设施建设从最前端产业的农村"最先一公里"到区域的集配中心建设再到大区域的冷链骨干网络覆盖，配合全国性的冷链物流运输建设，全国农产品冷链网络初步形成。作为"十四五"规划收官之年，2025 年冷链物流规模可能出现爆发增长，预计需求总量突破 4 万亿吨，生鲜农产品流通损失可能大幅下降，顺丰冷运、运荔枝等龙头企业将成为农产品流通业的主导力量。餐饮业与农产品生产流通深度联通，更是2025年内需政策支持的重要领域。预计2025年餐饮业收入将突破6万亿元，平均营业利润有望改善，同时餐饮业面临追求质价比和服务质量的转型阶段，大量与市场需求不符、过度装修的存量主体将被淘汰，地域食材将被进一步挖掘，食材供应链"出海"速度将加快，连锁餐饮企业全面下沉至县域市场。伴随《提振消费专项行动方案》出台，乡村消费市场将展现出更大活力，2025年农村消费增速预计在4%~4.5%。在大力发展庭院经济、林下经济、民宿经济的情况下，乡村旅游市场将涌现一批热门线路和景点，预计2025年可以实现《全国乡村产业发展规划（2020—2025年）》的规划目标，全年营业收入超过1.2万亿元，接待人次达到40亿。

（五）农村居民收入和消费支出继续稳步增长

预计农村居民增收趋势进一步巩固。宏观经济层面，尽管2024年第二、三季度经济运行面临较大压力，但是，受一系列积极宏观政策影响，第四季度经济显著回升，市场活力与预期得到提振，为2025年经济发展和农村居民收入增长提供了基础保障。就业层面，就业优先政策持续发力，各地区各部门通过发展吸纳就业能力强的产业，积极拓宽农民工就业渠道。同时，随着经济总量扩大、服务业就业容量持续增长，新业态、新模式快速发展，农村居民就业选择将更加丰富，农民工等重点群体的就业将保持稳定。生产经营层面，农业农村部全面部署并有力有序推进春耕春管工作，农资供应充足、价格稳定，春耕生产开局良好，为全年丰收奠定坚实基础。随着市场监测调度加强，市场化收购和政策性收储持续优化，农产品贸易及生产协调机制不断完善，农产品价格总体有望逐步企稳回升并保持在合理区间。电商平台与现代物流体系的深度布局，休闲农业、乡村旅游等新业态的蓬勃兴起，将有力推动农村居民经营策略多元化发展，拓宽经营性收入的增长空间。随着惠农政策落地见效及农村改革红利持续释放，预计城乡居民收入比将进一步下降至2.30左右。

预计农村居民消费进入存量优化与增量扩张并存阶段。收入提升将促进农村居民消费意愿与消费能力同步提升。农村居民的日常耐用品，如洗衣机、彩色电视机等的拥有量已经趋于饱和，微波炉、空调、排油烟机等耐用品拥有量还具有较大追赶空间，"两新"政策将从存量和增量两方面共同激发农村居民消费需求。在基本物质需求得到满足后，农村居民对服务和精神文化需求的支出比例会持续提高。农村电商、乡村旅游等消费模式兴起，农村消费环境不断完善，也将为农村居民提供更加丰富的消费选择。

三 对策建议

2024年，农业农村经济在多重挑战中保持稳健发展，粮食生产再获丰收，重要农产品供给安全基础进一步夯实，农业科技创新效能持续释放，产业融合升级步伐加快，农民收入增速与宏观经济增速同步提升。面对复杂的外部环境，农业"压舱石"作用更加凸显，为稳大局、应变局、开新局提供了坚实支撑。2025年要锚定推进乡村全面振兴、建设农业强国目标，坚持稳中求进工作总基调，聚焦粮食产能提升和全产业链建设，深化种业创新和数字技术应用，推动加工流通体系转型升级，培育壮大县域特色产业。守牢粮食安全和不发生规模性返贫底线，强化联农带农机制创新，加快构建现代乡村产业体系，为推进中国式现代化筑牢根基。

（一）发展农业新质生产力，确保粮食和重要农产品稳产保供

粮食和重要农产品稳产保供面临着资源约束加剧、极端天气频发、生产成本上升等多重挑战。发展农业新质生产力，提升农业科技创新能力是破解这些难题的关键动力。应加快农业科技自主创新，优化科技推广体系，完善政策支持体系，全面强化农业新质生产力对国家粮食安全保障的支撑。

加快农业科技自主创新。推进农业科技力量协同攻关，聚焦种业、生物育种、精准栽培、智能农机等关键领域，突破核心技术瓶颈。强化基础研究和技术储备，强化科研院所、高校、农业企业等主体协同创新与力量统筹，

培育农业科技领军企业，形成高效的产学研融合机制。

优化农业科技推广体系。加快科技成果大面积推广应用，加强基层农技推广体系建设，强化科技示范基地作用，提升农民对现代农业技术的认知和应用能力，确保科技创新真正转化为农业生产力。根据不同地区的资源禀赋，引导科技创新与区域特色农业实践深度结合，打造农业科技创新示范区。支持发展智慧农业，加快人工智能等技术在农业领域的深度应用，拓展技术应用场景。

完善农业科技创新政策支持体系。加大财政投入，设立专项资金支持农业科技攻关、成果转化和示范推广。健全农业科技创新激励机制，完善科技成果评价体系和收益分配制度，激发农业科技人员的创新活力。推动"科技—产业—金融"协同发展，引导社会资本加大对农业科技创新的长期投入，提升农业科技创新的产业化水平。

（二）多途径强化农民增收，提升农村居民收入增长韧性

尽管农村居民收入增长总体稳定，但收入增速有所放缓，农村居民持续增收面临压力，需要多途径强化农民增收。

加快构建种粮农民收益保障体系。统筹抓好市场化收购和政策性收购，确保粮食等重要农产品价格维持在合理区间，推动建立粮食产销区省际横向利益补偿机制取得实质性进展，通过财政转移支付与跨区协作相结合的方式，推动粮食主产区和主销区形成利益共享的补偿机制。

着力做好"土特产"文章。提高生产者组织化程度，因地制宜探寻开拓"土特产"市场的营销路径和可持续发展的保障机制，推动"土特产"生产转变为以区域资源优势和历史渊源为依托，以生产为基础，以市场需求为导向，以附加值提升为核心的商业经营模式，形成具有地域特色和历史文化内涵的垄断性、持续性竞争优势，发展成为带动农民增收致富的支柱型产业。

开发农业多种功能和乡村多元价值。通过整合农业资源和生态资源，打造集农业生产、休闲观光、科普教育、康养度假等功能于一体的综合性农业

产业链，推动乡村生态资源价值转化。保护和传承乡村文化遗产，挖掘乡土文化、民俗风情、传统技艺等资源，打造具有地方特色的文化品牌，开发具有文化内涵的文创产品和本地特色的传统食品，举办民俗和文化节庆活动，增强乡村文化影响力和吸引力，推动乡村文化资源转化为乡村经济发展动力。

实施新型农业经营主体"扶持—带动"挂钩制度。将新型农业经营主体财政补贴、用地指标、税收优惠等扶持政策与其带动农户数量、收益分配比例等量化指标直接挂钩，以强化产业增值收益共享机制。

推动农村土地资源高效利用和集体经济发展。明晰农村土地权属，强化物权保障，探索农村集体经济混合经营等多种模式，完善农村土地流转制度，探索农村集体经营性建设用地入市改革，持续拓展农村居民财产性收入增长空间。

（三）分散化解进口贸易风险，促进特色优势农产品出口

中国粮食和重要农产品的国际贸易发展总体稳定，但出口承压较大，部分品类对外依存度较高、进口来源集中、进口波动性较大，仍面临一定的外部风险。需要统筹利用国际国内两个市场、两种资源，优化农产品进出口结构，提升农产品进口稳定性，增强农产品国际竞争力，为国家粮食安全和农业强国建设提供有力保障。

降低农产品进口断链风险。依托自由贸易协定和"一带一路"合作机制，拓展农产品多元化进口渠道，优化进口来源国结构，确保供应链安全可控，防范"买得贵""买不到"等风险，提高农产品进口的稳定性和可持续性。

科学调控农产品进口节奏。强化农产品供需平衡分析，加强国际市场监测预警，建立更加精准的市场跟踪机制，动态评估进口变化趋势，科学合理调控谷物、大豆、牛肉等重要农产品的进口规模和节奏，防止进口过快增长冲击国内市场，确保国内农民利益和农业产业安全。

促进特色优势农产品出口。依托自由贸易区建设和区域经济合作，优化

农产品出口结构，培育优质贸易主体，推动农业全产业链标准化，提高出口产品的质量和国际竞争力。充分发挥我国特色优势农产品的国际竞争力，扩大优质稻米、水果、茶叶、水产品等高附加值品类的国际市场份额，推动中国农产品贸易朝更加均衡、高质量方向发展。

（四）完善农产品贸易与生产协调机制，推动农产品价格回归合理区间

2024年，中国粮食、肉类等重要农产品供应保持稳定增长。但是，受国际低价农产品进口冲击，农产品生产者价格结构性下降，农村居民经营净收入增速放缓，不利于提高生产积极性和实现持续增收。为此，亟须完善农产品贸易与生产协调机制，推动农产品价格回归合理区间，增强农民种粮、养殖信心，稳定农村居民经营性收入。

健全农产品动态供需预警与配额调节机制。在农产品贸易方面，应完善动态供需预警与进口配额调节机制，针对大豆、牛肉等高进口依赖度农产品，构建全链条动态监测体系，依托物联网和大数据技术实时预警超量供给风险，动态调整进口配额和关税政策，科学调控农产品进口节奏，降低国内外农产品超量供应风险和市场冲击。

丰富农产品生产调控手段。一是优化耕地休耕轮作与粮食供求余缺挂钩机制、挖掘潜力，在巩固长期粮食安全根基的基础上促进粮食价格回归到合理水平；利用粮食阶段性供应宽松契机，扩大休耕轮作面积，调减部分产能，促进耕地休养生息，推广养地技术，以平衡短期粮食产量和长期粮食产能。二是推动农业补贴改革转型，在稳定小农户补贴的基础上，针对规模种粮主体实施"投标—筛选—公示—验收"的竞争力导向补贴政策，筛选出产能高、竞争力强、技术先进的经营主体，提升补贴精准度，增强粮食综合生产能力与国际竞争力。

实施积极的粮食收储政策。在稳定农产品价格方面，强化调控型收储，巩固战略型收储。一方面，重视发挥调控型收储在稳定粮食价格方面的作用，加大稻谷、小麦托市收购力度，增加收购网点，扩大收储规模，加快收

储进度；加快出台大豆加工补贴政策，促进市场主体入市购粮。另一方面，完善战略性粮食收储，稳步推进玉米、小麦、稻谷收储工作，加快大豆收储政策出台，稳定粮价。

（五）提升涉农产业发展质量，加快县域层面经济内循环

积极开展涉农工业升级行动。涉农产业政策应从"重点扶持"的选择性模式转向"一视同仁"的竞争性模式，注重营造稳定、公平、透明且可预期的营商环境，避免对低效涉农企业的盲目扶持，切实提高涉农工业的产能利用率。引导固定资产投资从扩大规模的数量投资转向设备更新和技术升级的质量投资，全面推动物联网、人工智能等前沿技术在涉农工业中的应用，推进涉农企业库存管理智能化。通过提高规上涉农工业企业研发费用加计扣除比例、对中小微企业实施设备融资租赁贴息政策等措施，进一步提高企业新质生产力与投资积极性。

培育支持涉农产业新业态。在食物流通方面，推动中西部地区冷库冷链建设，提升全国农产品统一大市场流通效率，在城郊地区发展仓储型菜市场和集贸市场。以县域产业高质量发展为契机，创新食物消费场景，促进涉农产业向大健康产业、大文化产业转型。深度挖掘乡土文化资源，将文化优势转化为经济优势，推动农产品加工、创意餐饮、乡村旅游、文化创意等新业态融合发展，包括"从田间到工厂"的工业旅游、共享车间，基于本地食物的"地产地消"模式，等等。

完善涉农产业赋能型联农带农机制。2025年中央一号文件将"着力壮大县域富民产业"列为单独一部分，核心内容是通过发展乡村特色产业、完善联农带农机制，拓宽农民增收渠道。应推动涉农产业空间回归乡村，更加突出农民在一二三产业融合中的主体地位，将产业收益更多留在农村、留给农民。对此，需要全面优化乡村创新的制度结构，将新质生产力导入农业生产与乡村经济，推广"点状供地"和"土地整治"经验，设立乡村创业园和人才支持基金，保障乡村产业发展要素充分供给。开发农业多功能性价值及其市场化实现渠道，引导工商资本和龙头企业以地域优势为核心，采取

"政府支持、资本出钱、农民出点子"的合作模式，打造高效包容的涉农产业链和价值链。

参考文献

王昌林主编《经济蓝皮书：2025年中国经济形势分析与预测》，社会科学文献出版社，2024。

魏后凯、王贵荣主编《农村绿皮书：中国农村经济形势分析与预测（2023~2024）》，社会科学文献出版社，2024。

中国社会科学院农村发展研究所农业农村经济形势季度分析课题组：《2024年农业农村经济形势第三季度分析报告》，2024年10月7日，https：//mp. weixin. qq. com/s/3xYmXyqgQ0WxdD5fsg9M7Q。

中国社会科学院农村发展研究所农业经济形势分析课题组：《2024年农业农村经济形势第二季度分析报告》，2024年6月24日，https：//mp. weixin. qq. com/s/lhNuvciqDkfxJUpascMrxw。

中国社会科学院农村发展研究所农业经济形势分析课题组：《2024年农业农村经济形势第一季度分析报告》，2024年5月10日，https：//mp. weixin. qq. com/s/Bn6cEgAKsIl-wx-buySkFA。

专 题 篇

G.2
2024年农村居民收入与消费状况分析*

彭丽荃**

摘 要： 2024年，经济运行稳中有进，保障和改善民生力度持续加大，各地扎实推进乡村全面振兴，促进城乡融合和区域协调发展，持续巩固拓展脱贫攻坚成果，农村经济活力进一步增强，全国农村居民收入保持稳步增长，农村居民人均可支配收入23119元，扣除价格因素影响，比上年实际增长6.3%。脱贫县农村居民人均可支配收入增速快于全国农村，农村居民收入增速快于城镇，城乡和地区间居民收入相对差距继续缩小。农村居民各项消费支出全面增长，农村居民人均消费支出19280元，扣除价格因素，比上年实际增长5.8%，消费结构进一步优化，服务性消费比重比上年提高0.9个百分点。

关键词： 农村居民收入 消费支出 服务性消费支出

* 本报告数据均来源于国家统计局。
** 彭丽荃，国家统计局住户调查司统计师，研究方向为住户调查。

2024年，经济运行稳中有进，保障和改善民生力度持续加大，各地扎实推进乡村全面振兴，促进城乡融合和区域协调发展，持续巩固拓展脱贫攻坚成果，农村经济活力进一步增强，全国农村居民收入保持稳步增长，城乡居民收入差距继续缩小。同时，农村居民消费支出也较快增长，消费结构进一步优化，服务性消费占比提高。

一　农村居民收入稳步增长

2024年，农村居民人均可支配收入23119元，比上年名义增长6.6%，扣除价格因素影响，实际增长6.3%。农村居民收入增速快于全国居民，名义增速和实际增速分别快1.3个和1.2个百分点。从收入结构看，工资性收入、经营净收入、财产净收入、转移净收入全面增长，农村居民增收渠道持续拓展优化（见表1）。

表1　2024年全国农村居民人均可支配收入情况

单位：元，%

指　标	2024年	2023年	名义增速
人均可支配收入	23119	21691	6.6
工资性收入	9799	9163	6.9
经营净收入	7845	7431	5.6
第一产业净收入	4686	4631	1.2
其中：农业	3532	3523	0.3
牧业	673	674	−0.2
第二、三产业净收入	3158	2800	12.8
财产净收入	580	540	7.5
转移净收入	4895	4557	7.4

（一）工资性收入保持较快增长，对增收拉动作用明显

2024年，农村居民人均工资性收入9799元，比上年增长①6.9%，工资

①　以下如无特别说明，均为比上年名义增长。

性收入占人均可支配收入的比重为 42.4%，是农村居民最大的收入来源，拉动农村居民人均可支配收入增长 2.9 个百分点，增收贡献率为 44.6%，是农村居民持续增收的首要拉动力量。农村居民工资性收入较快增长主要是促就业政策带动有力，有效带动农村居民就业机会和就业收入增加，也得益于政策性增资因素拉动，部分地区上调最低工资标准。全国农民工监测调查结果显示，2024 年全国农民工总量同比增加 220 万人。

（二）经营净收入平稳增长，三产助推增收效果凸显

2024 年，农村居民人均经营净收入 7845 元，比上年增长 5.6%，占人均可支配收入的比重为 33.9%，拉动农村居民人均可支配收入增长 1.9 个百分点，增收贡献率为 29.0%，主要是二、三产业经营净收入增长较快。其中，农村居民第三产业经营净收入增长 12.5%，拉动农村居民人均可支配收入增长 1.3 个百分点，占人均可支配收入比重同比提升 0.5 个百分点，主要受益于农家乐和乡村旅游持续升温，住宿餐饮、批发零售等行业经营净收入增长较快。

（三）转移净收入持续较快增长，为保民生提供了有力支撑

2024 年，农村居民人均转移净收入 4895 元，比上年增长 7.4%，占人均可支配收入的比重为 21.2%，拉动人均可支配收入增长 1.6 个百分点，增收贡献率为 23.6%。转移净收入增长主要受益于民生保障政策力度加大，农村居民养老金和退休金提高、领取人数增加，也得益于农民工外出务工形势稳定，家庭外出从业人员寄回带回收入增加，拉动农村居民转移净收入持续较快增长。农村居民养老金和退休金收入增长 11.5%，农村居民从政府获得的社会救济和补助、政策性生活补贴、惠农补贴等收入增长 7.5%；家庭外出从业人员寄回带回收入增长 5.1%。

（四）财产净收入增长加快，但对增收贡献有限

2024 年，农村居民人均财产净收入 580 元，比上年增长 7.5%，增速较上年快 1.5 个百分点，增收贡献率为 2.8%，拉动农村居民人均可支配收入

增长 0.2 个百分点。随着农村土地流转有序推进，转让承包土地经营权流转价格稳中有增，农村居民人均转让承包土地经营权租金净收入增长 10.0%。

二 城乡和地区间收入相对差距进一步缩小

（一）农村居民收入增速快于城镇

2024 年，城镇居民人均可支配收入 54188 元，名义增长 4.6%，扣除价格因素，实际增长 4.4%。农村居民人均可支配收入名义增速和实际增速分别快于城镇居民 2.0 个和 1.9 个百分点，城乡居民人均可支配收入比为 2.34，比 2023 年下降 0.05，城乡居民收入相对差距继续缩小。

图 1　2012~2024 年城乡居民人均可支配收入及收入比

（二）地区间收入相对差距继续缩小

2024 年，分区域看，东部、中部、西部和东北地区①农村居民人均可支

---

① 东部地区包括北京、天津、河北、上海、江苏、浙江、福建、山东、广东、海南；中部地区包括山西、安徽、江西、河南、湖北、湖南；西部地区包括内蒙古、广西、重庆、四川、贵州、云南、西藏、陕西、甘肃、青海、宁夏、新疆；东北地区包括辽宁、吉林、黑龙江。

配收入分别为 28646 元、21799 元、19147 元和 21548 元。与上年相比，增速分别为 6.5%、6.2%、6.9% 和 6.1%，其中，收入最低的西部地区农村居民收入增长最快（见表 2），以西部地区为 1，东部、中部、西部、东北地区农村居民人均可支配收入之比为 1.50∶1.14∶1∶1.13，地区间居民收入相对差距进一步缩小。

表 2　2024 年分区域农村居民人均可支配收入情况

单位：元，%

区域	2024 年	2023 年	名义增速
全国	23119	21691	6.6
东部地区	28646	26907	6.5
中部地区	21799	20518	6.2
西部地区	19147	17911	6.9
东北地区	21548	20300	6.1

三　脱贫县农村居民收入增速继续快于全国农村

据脱贫县农村住户监测调查①，2024 年脱贫县农村居民人均可支配收入 17522 元，比上年名义增长 6.9%，扣除价格因素，实际增长 6.5%，名义增速和实际增速分别比全国农村快 0.3 个和 0.2 个百分点，脱贫县农村居民人均可支配收入相当于全国农村的 75.8%，比上年提升 0.2 个百分点，脱贫县农村居民人均可支配收入增速连续 4 年快于全国农村。从收入来源看，脱贫县农村居民工资性收入、转移净收入、财产净收入三项收入增速分别快于全国农村对应项 0.5 个、0.5 个、1.0 个百分点。

---

① 为全面、准确、及时反映脱贫县农村居民收支状况与变化趋势，在原国家农村贫困监测调查的基础上开展脱贫县农村住户监测调查。脱贫县包括原 832 个国家扶贫开发工作重点县和集中连片特困地区县，以及新疆阿克苏地区 7 个市县。

（一）稳岗扩岗促就业，助推工资性收入成为增收引擎

2024 年，脱贫县农村居民人均工资性收入 6517 元，增长 7.4%，工资性收入对增收贡献最大，贡献率为 39.9%。各地区各部门坚持把促进脱贫人口稳岗就业摆在突出位置，持续强化政策扶持和就业服务，充分发挥东西部劳务协作、定点帮扶机制作用，加大县域以工代赈力度，充分依托在建工程、农业基础设施建设、公益性岗位以及帮扶车间等平台，大力促进脱贫人口就地就近就业，脱贫县农村居民务工人数增加，拉动脱贫人口的工资性收入提高，脱贫县农村居民人均工资性收入增速快于全国农村 0.5 个百分点。

（二）惠农政策落实落地，拉动转移净收入持续增长

2024 年，脱贫县农村居民人均转移净收入 5066 元，增长 7.9%，对收入增长的贡献率为 32.8%。转移净收入较快增长折射出社会保障力度的增强、民生福祉的持续改善，各地持续完善落实民生保障政策，提高城乡居民基础养老金标准、农村低保标准，强化重点帮扶，持续做好特困供养、临时救助保障等工作。脱贫县农村居民人均从政府获得的包括养老金、社会救济和补助、惠农补贴等在内的转移性收入增长 9.6%。

四　农村居民消费活力逐步增强

随着县域商业网络设施不断完善，物流效率持续提升，促消费政策效果不断显现，农村居民消费潜力持续释放，农村居民消费支出增速快于全国居民。2024 年农村居民人均消费支出 19280 元，名义增长 6.1%（见表 3），扣除价格因素，实际增长 5.8%，名义增速和实际增速分别较全国居民快 0.8 个和 0.7 个百分点。

表3　2024年农村居民消费支出变化情况

单位：元，%

指　标	2024年	2023年	名义增速
人均消费支出	19280	18175	6.1
其中:食品烟酒	6226	5880	5.9
衣着	966	921	5.0
居住	3801	3694	2.9
生活用品及服务	1044	992	5.2
交通通信	2702	2480	9.0
教育文化娱乐	2144	1951	9.9
医疗保健	2012	1916	5.0
其他用品及服务	385	341	12.8

（一）各项消费支出全面增长

随着农村消费市场逐步成熟和多元化发展，农村居民生活消费水平不断提升，特别是各地文旅市场热度持续攀升，农村居民在休闲文化娱乐、交通出行等方面的消费活动愈加活跃，消费领域不断拓宽。2024年，在消费八大项支出中，交通通信、教育文化娱乐、其他用品及服务支出增长较快，增速分别为9.0%、9.9%、12.8%；食品烟酒、衣着、居住、生活用品及服务、医疗保健等支出平稳增长，增速分别为5.9%、5.0%、2.9%、5.2%、5.0%。

（二）农村居民消费结构持续改善

2024年，农村居民人均食品烟酒支出占生活消费支出比重（恩格尔系数）为32.3%，比上年下降0.1个百分点，农村居民消费结构持续改善，以衣食住等基本需求为主的生存型消费占比回落，教育文化娱乐、交通通信等发展和改善型消费支出比重提升。食品烟酒、衣着、居住等生存型消费支出占消费支出比重为57.0%，比上年下降0.7个百分点，教育文化娱乐、交通通信和其他用品及服务所占比重上升0.8个百分点。

（三）服务性消费支出潜能释放

随着乡村振兴战略不断推进，城乡进一步融合发展，服务消费场景持续拓展，农村居民服务消费潜力不断释放。农村居民人均服务性消费支出7767元，比上年增长8.4%，快于农村居民人均生活消费支出（6.1%）2.3个百分点，拉动农村居民消费增长3.3个百分点，占农村居民人均生活消费支出比重为40.3%，较上年提高0.9个百分点。其中，人均饮食服务支出增长14.4%，人均教育文化娱乐服务支出增长10.6%，人均交通通信服务支出增长12.7%，人均旅馆住宿费增长16.9%。

（四）以旧换新政策激发消费潜能

在国补政策的有力推动下，农村居民汽车、家电以旧换新需求有效释放。2024年人均购买交通工具支出比上年增长8.5%，通信工具支出增长13.0%。汽车、家电以旧换新补贴项目带动了农村家庭耐用消费品更新换代，农村居民家庭每百户拥有汽车41.7辆，增长4.1%，热水器85.5台、空调111.5台、排油烟机46.2台，较上年同期分别增长9.3%、5.5%、4.4%。

五　需关注的问题及建议

（一）一产经营净收入增长支撑力较弱

农村居民经营净收入中一产净收入占比最高，2024年主要农产品价格持续低位运行，对以农牧业经营为主的农户影响较为明显，一产经营对农村居民稳定增收支撑力较弱。受玉米、小麦、牛羊肉等主要农产品价格下跌影响，农村居民人均第一产业收入增速放缓，同比增长1.2%。其中，牧业经营净收入下降0.2%，农业经营净收入仅增长0.3%。针对农产品价格波动剧烈、经营收益不稳定等问题，需进一步完善农业保险和补偿机制，加强主

要农产品价格调控和引导。加大生产监测预警力度，引导合理调整养殖规模，进一步降本增效，稳步提高农户经营效益。

（二）财产净收入促进增收作用不足

农村居民财产净收入总量低、占比低，且增收渠道相对单一。2024年，尽管农村居民财产净收入增长加快，但农村居民财产净收入水平仅相当于全国居民平均水平的16.9%，占可支配收入比重仅为2.5%，增收的拉动作用有限。需进一步拓宽农村居民财产性收入增长渠道，发展新型农村集体经济，完善利益联结机制，增加集体经济收入，提高农民分红收益。鼓励以出租、合作开发、入股经营等方式盘活利用好闲置农房、闲置宅基地等农村资源资产，赋予农民更加充分的财产权益。

G.3
2024年农业生产与价格运行状况分析[*]

孟晓娴　张　谦[**]

摘　要：　2024年，中国农业生产稳中向好，粮食生产再获丰收，全年粮食产量迈上1.4万亿斤新台阶，棉、油、糖等经济作物稳定增长；畜牧业生产稳定发展，生猪出栏高位回落，牛、羊、禽生产总体稳定；农产品市场供给充裕，主要农产品价格平稳运行，以降为主。

关键词：　农业生产　粮食产量　生猪生产　农产品价格

2024年，在以习近平同志为核心的党中央坚强领导下，各地区各部门深入贯彻落实党中央、国务院关于"三农"工作决策部署，克服较为严重的自然灾害等不利因素影响，全力保障农业生产，全年粮食产量迈上1.4万亿斤新台阶，畜牧业生产稳定发展，农产品市场供给充裕，农业经济保持稳中向好发展态势，为应对各种风险挑战、巩固经济持续回升向好态势、推动经济社会高质量发展提供了有力支撑。

一　2024年粮食生产与价格运行状况分析

（一）粮食生产再获丰收，价格总体回落

1.粮食生产情况及其特点

2024年，全国粮食总产量14130亿斤，比上年增加221.8亿斤，增长

---

* 本报告主要对种植业和畜牧业生产形势进行分析。若无特别说明，本报告数据均来源于国家统计局。

** 孟晓娴，国家统计局农村司高级统计师，研究方向为农业农村统计调查；张谦，国家统计局农村司统计师，研究方向为农业农村统计调查。

1.6%，在连续 9 年稳定在 1.3 万亿斤以上的基础上，首次迈上 1.4 万亿斤新台阶。

分季节看，夏粮、秋粮增产，早稻稳产。2024 年，全国夏粮产量 2997.8 亿斤，比上年增加 74.8 亿斤，增长 2.6%，部分地区 2023 年受"烂场雨"影响单产下降，2024 年恢复性增长，带动全国夏粮产量增加。2024 年，全国早稻产量 563.5 亿斤，比上年略减 3.3 亿斤，下降 0.6%，受强降雨天气影响，早稻产量有所下降，但仍连续 4 年稳定在 560 亿斤以上。2024 年，全国秋粮产量 10568.7 亿斤，比上年增加 150.3 亿斤，增长 1.4%，全国秋粮播种面积稳中有增，加之种植结构调整，高产作物玉米面积增加较多，带动秋粮产量增加。

分品种看，稻谷、小麦、玉米产量均实现增加，豆类产量稳中略降。2024 年，全国谷物产量 13045.7 亿斤，比上年增加 217.1 亿斤，增长 1.7%。其中，稻谷产量 4150.7 亿斤，比上年增加 18.6 亿斤，增长 0.5%；小麦产量 2802.0 亿斤，比上年增加 70.2 亿斤，增长 2.6%；玉米产量 5898.3 亿斤，比上年增加 121.5 亿斤，增长 2.1%。全国豆类产量 472.6 亿斤，比上年减少 4.3 亿斤，下降 0.9%。其中，大豆产量 413.0 亿斤，比上年减少 3.9 亿斤，下降 0.9%。全国薯类产量 611.7 亿斤，比上年增加 8.9 亿斤，增长 1.5%。

分区域看，多数省（区、市）粮食增产，主产区增产明显。全国 31 个省（区、市）中，有 26 个粮食增产。其中，黑龙江受玉米、大豆结构调整等因素带动，粮食增产 42.7 亿斤；新疆调整粮经作物种植结构，加之气候条件有利，粮食增产 42.2 亿斤；内蒙古、河北、河南、吉林、山东等粮食主产区增产均超过 10 亿斤。

2. 粮食丰收因素分析

2024 年，全国粮食产量迈上新台阶，首次突破 1.4 万亿斤，粮食增产丰收得益于播种面积稳定增加和单产水平不断提升。

播种面积保持稳定是粮食实现丰收的基础保障。2024 年，中央持续加大粮食生产支持力度，继续提高小麦、早籼稻最低收购价，实施稳定耕地地力保护补贴和玉米大豆生产者补贴、稻谷补贴等政策，扩大完全成本保险和种植收入保险政策实施范围，完善农资保供稳价应对机制，多措并举提高农民种粮积极性。各地严格落实粮食安全党政同责，加强耕地保护和用途管控，推进土地综合整治，扩大复播粮食面积，充分挖掘面积潜力。2024年，全国粮食播种面积17.90亿亩，比上年增加525.8万亩，增长0.3%，连续5年保持增长。

单产水平提升是粮食产量取得突破的关键。2024年，尽管局部地区发生洪涝、干旱、台风等灾害，但全国大部农区光温水匹配良好，气象条件总体有利于粮食生长发育和产量形成。各地持续推进高标准农田建设，改善农业生产条件，深入推进粮油等主要作物大面积单产提升行动，推广合理增密、水肥一体、"一喷三防"、"一喷多促"等技术，有效提升粮食单产水平。2024年，全国粮食单产394.7公斤/亩，比上年增加5.1公斤/亩，增长1.3%。单产提升对粮食增产贡献率超过80%。

3. 粮食价格变动情况

2024年，受国内市场供大于需、国际粮价处于下行周期等因素影响，粮食价格承压运行，玉米、小麦、大豆等多个粮食品种价格持续下跌。从农产品生产者价格[①]看，2024年，谷物生产者价格下降6.8%，连续7年上涨后出现回落，4个季度同比分别下降4.8%、4.8%、6.3%和10.2%。其中，小麦价格连续7个季度同比下降，稻谷价格连续9个季度同比上涨后第四季度同比下降，玉米价格连续5个季度同比下降且降幅逐季扩大。分品种看，小麦比上年下降6.5%，稻谷下降0.1%，玉米下降14.1%；豆类下降4.1%，其中，大豆下降4.3%；薯类下降12.0%。从农产品集贸市场价格[②]看，2024年1~12月，玉米集贸市场平均价格为2.53元/公斤，比上年下降12.4%；籼稻平均价格为2.98元/公斤，上涨0.1%；粳稻平均价格为3.31元/公斤，上涨0.3%；大豆平均价格为7.45元/公斤，下降4.6%；小麦平均价格为2.93元/公斤，下降8.3%。

---

① 农产品生产者价格是指农业生产者第一手（直接）出售其产品时实际获得的单位产品价格。文中价格变动数据均为同比数据。

② 农产品集贸市场价格由每月末对全国200个县的农产品集贸市场价格监测获得。

（二）小麦产量恢复性增长，价格逐步回落

1. 小麦生产情况及其特点

2023年小麦生产遭遇"烂场雨"影响，产量有所下降，2024年，全国小麦生产获得丰收，小麦产量2802.0亿斤，比上年增加70.2亿斤，增长2.6%。

小麦播种面积基本保持稳定。2024年，小麦播种面积3.54亿亩，比上年减少59.8万亩，下降0.2%，基本保持稳定。小麦播种面积保持稳定主要得益于三方面有利条件。一是责任层层压实。各地严格落实粮食安全党政同责，加强耕地保护和用途管控，遏制"非农化"，防止"非粮化"，通过开发利用冬闲田、调整种植结构等方式，充分挖掘面积潜力。二是政策支持有力。2024年，国家继续出台一系列强农惠农政策，连续第五年提高小麦最低收购价，继续实施耕地地力保护补贴，加大产粮大县支持力度，扩大完全成本保险和种植收入保险政策实施范围，充分调动农民种粮和地方抓粮积极性。三是播期墒情适宜。2023年秋冬播期间，冬小麦主产区土壤墒情总体适宜，大部地区实现适期播种，冬小麦播种面积稳中有增。

小麦单产恢复性增长。2023年收获期小麦受严重"烂场雨"天气影响单产下降，2024年实现恢复性增长，小麦单产396.0公斤/亩，比上年增加10.6公斤/亩，增长2.7%。小麦单产增加得益于三方面有利因素。一是气象条件总体有利。华北、黄淮等主产区小麦返青拔节、孕穗抽穗、灌浆乳熟等关键生长期，光温水匹配良好，灾害偏轻发生，气象条件总体有利于小麦生长发育和产量形成。二是生产条件持续改善。各地深入推进高标准农田建设，大力发展农业社会化服务，积极培育新型农业经营主体，因地制宜发展农业新质生产力，稳步提高农业防灾减灾能力，粮食生产基础更加稳固。三是单产提升工程初见成效。各地细化小麦单产提升各项关键要素，积极推广小麦高产稳产、抗倒抗病品种，落实深翻整地、适深精播、播后镇压等措施，加强病虫害统防统治，继续实施"一喷三防"全覆盖，多措并举提高单产水平。

2. 小麦价格变动情况

2024年，随着夏粮丰收，小麦市场供应增加，价格逐月回落，价格水平整体低于2023年。从季度生产者价格看，2024年小麦生产者价格比上年下降6.5%，其中，4个季度分别下降2.8%、2.4%、8.3%、11.0%。从月度集贸市场价格看，小麦价格从2024年1月的3.11元/公斤逐月回落至12月的2.81元/公斤（见图1），全年平均价格为2.93元/公斤，比上年下降8.3%。

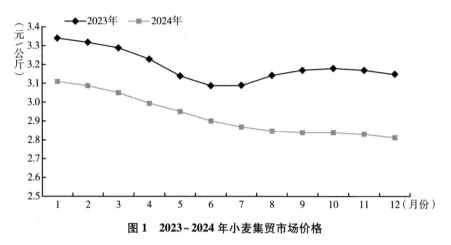

图1　2023~2024年小麦集贸市场价格

资料来源：《中国农产品价格调查年鉴2024》和国家统计局集贸市场价格调查结果。

（三）稻谷产量实现增长，价格先稳后降

1.稻谷生产情况及其特点

2024年，全国稻谷产量4150.7亿斤，比上年增加18.6亿斤，增长0.5%。其中，早稻产量563.5亿斤，减少3.3亿斤，下降0.6%；中稻和一季晚稻产量2963.5亿斤，增加12.0亿斤，增长0.4%；双季晚稻产量623.7亿斤，增加9.9亿斤，增长1.6%。

稻谷播种面积实现增长。2024年，国家稳定稻谷补贴政策，继续提高早籼稻最低收购价，同时，各地压实粮食生产责任，统筹落实国家稻谷补贴，大力支持集中育秧、代育代插等农业社会化服务，有力促进稻谷生产。2024年，全国稻谷播种面积4.35亿亩，比上年增加86.8万亩，增长0.2%，在连续三年下降后，实现恢复性增长。其中，早稻播种面积7132.2万亩，增加

32.5万亩，增长0.5%；中稻和一季晚稻播种面积28737.1万亩，增加33.7万亩，增长0.1%；双季晚稻播种面积7641.1万亩，增加20.5万亩，增长0.3%。

稻谷单产有所提高。2024年，全国稻谷单产477.0公斤/亩，比上年增加1.2公斤/亩，增长0.3%。2024年4月中旬以后，由于广东、湖南、江西等地出现强降雨，部分地区发生洪涝灾害，对早稻生产造成不利影响，早稻单产有所下降，全国早稻单产395.0公斤/亩，减少4.1公斤/亩，下降1.0%；中稻和一季晚稻单产515.6公斤/亩，增加1.5公斤/亩，增长0.3%；双季晚稻单产408.1公斤/亩，增加5.4公斤/亩，增长1.3%。

2. 稻谷价格变动情况

2024年，全国稻谷价格呈现先稳后降的走势。从生产者价格看，2024年，稻谷生产者价格比上年下降0.1%，分季度看，前3个季度分别上涨3.5%、1.7%、0.8%，第四季度下降4.6%，在连续9个季度同比上涨后有所下降。从月度集贸市场价格看，籼稻价格在2024年1~6月平稳运行，价格保持在3.00元/公斤左右，7~10月连续下降至2.93元/公斤，11~12月稳定在2.93元/公斤左右（见图2）。粳稻价格2024年1~5月基本平稳，价格在3.35元/左右，6月后价格逐步下降，除8月略有回升外，其余月份均为下降趋势，截至12月下降至3.19元/公斤（见图3）。

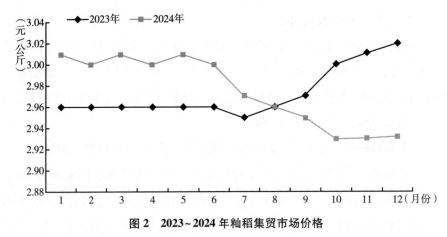

图2　2023~2024年籼稻集贸市场价格

资料来源：《中国农产品价格调查年鉴 2024》和国家统计局集贸市场价格调查结果。

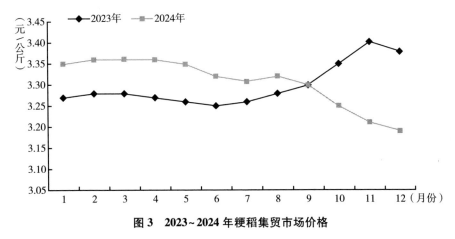

图3　2023~2024年粳稻集贸市场价格

资料来源：《中国农产品价格调查年鉴2024》和国家统计局集贸市场价格调查结果。

（四）玉米产量再创新高，价格震荡弱势运行

1. 玉米生产情况及其特点

2024年，在播种面积增加和单产提升双带动下，玉米产量再创历史新高，达到5898.3亿斤，比上年增加121.5亿斤，增长2.1%。玉米增产对全年粮食增产贡献率超过六成，占粮食产量比重达到41.7%，自2020年起保持逐年升高态势。

玉米播种面积增加。2024年，中央多措并举提升种粮农民积极性，加之玉米作为传统优势种植作物，种植技术成熟、田间管理简单，产业链相对完整，出售渠道畅通，因此玉米播种面积有所增加。全国玉米播种面积6.71亿亩，比上年增加782.7万亩，增长1.2%，是全年粮食播种面积增加的主要因素。其中，黑龙江玉米播种面积9963.3万亩，增加285.7万亩；新疆玉米播种面积2369.6万亩，增加213.1万亩。两地区增加的玉米播种面积占全国增加面积的63.7%。

玉米单产小幅提升。2024年，尽管局部地区在玉米生长期发生洪涝灾害，但全国大部农区气象条件总体有利，光温水匹配良好，全国玉米单产水平小幅提升。全国玉米单产439.4公斤/亩，比上年增加4.0公斤/亩，增长0.9%。

其中，受灾害影响，辽宁玉米单产下降2.5%，河南玉米单产下降5.4%。

2. 玉米价格变动情况

2024年，玉米价格弱势运行，整体低于上年水平。从生产者价格看，2024年，玉米生产者价格比上年下降14.1%，连续六年同比上涨后出现下跌。其中，第一至第四季度分别下降11.9%、12.7%、14.4%、17.7%，降幅逐季扩大。从集贸市场价格看，玉米价格整体处于下行态势，从1月的2.67元/公斤，下降至12月的2.35元/公斤（见图4）。2024年全年平均价格为2.53元/公斤，比上年下降12.4%。

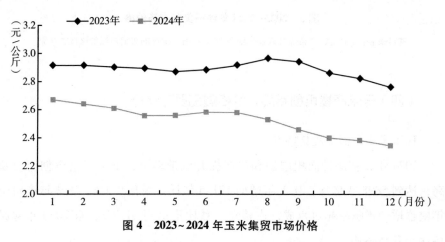

图4　2023~2024年玉米集贸市场价格

资料来源：《中国农产品价格调查年鉴2024》和国家统计局集贸市场价格调查结果。

（五）大豆产量稳中略降，价格持续下行

1. 大豆生产情况及其特点

2024年，全国大豆受播种面积减少的影响，产量稳中略降。大豆产量413.0亿斤，比上年减少3.9亿斤，下降0.9%。

大豆播种面积有所下降。2024年，为巩固大豆扩种成果，国家在内蒙古及东北三省继续实施大豆生产者补贴政策，促进大豆产销衔接，全力稳定大豆生产。但由于大豆轮作倒茬等因素影响，大豆播种面积有所减少，全国大豆播种面积1.55亿亩，比上年减少223.2万亩，下降1.4%，仍连续三年

稳定在1.5亿亩以上。

大豆单产有所增加。大豆单产133.3公斤/亩，比上年增加0.7公斤/亩，增长0.5%。其中，黑龙江单产比上年增长1.7%，内蒙古单产增长1.3%。

2.大豆价格变动情况

2024年，大豆价格整体下行。从生产者价格看，2024年，大豆比上年下降4.3%，分季度看，4个季度分别下降4.1%、4.4%、1.8%、7.6%，且降幅在第三季度收窄后继续扩大。从集贸市场价格看，大豆价格延续上年下降态势，自1月7.63元/公斤下降至6月7.45元/公斤，7~8月有所反弹，8月价格为7.48元/公斤，自9月起连续四个月下降，12月价格为7.19元/公斤。2024年全年大豆平均价格为7.45元/公斤，比上年下降4.6%。

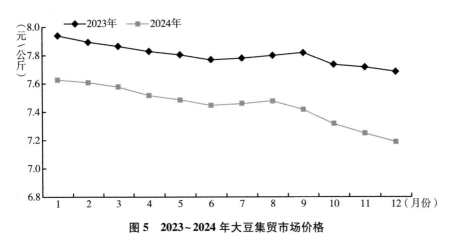

图5　2023~2024年大豆集贸市场价格

资料来源：《中国农产品价格调查年鉴2024》和国家统计局集贸市场价格调查结果。

二　2024年经济作物生产与价格运行状况分析

（一）棉花产量增加，价格小幅震荡

1.棉花生产情况及特点

2024年，全国棉花产量616.4万吨，比上年增加54.6万吨，增长9.7%。

其中，新疆棉花产量568.6万吨，比上年增加57.4万吨，增长11.2%；长江流域棉花产量22.1万吨，比上年增加0.2万吨，增长0.8%；黄河流域棉花产量20.6万吨，比上年减少3.3万吨，下降13.7%。

棉花播种面积有所增加。2024年，全国棉花播种面积4257.4万亩，比上年增加75.2万亩，增长1.8%。分地区看，新疆棉花播种面积3671.9万亩，比上年增加117.9万亩，增长3.3%。2024年新疆棉花目标价格保持较高水平，植棉预期收益稳定，棉农种植积极性较高，面积增加较多。其他棉区受比较效益偏低、种植结构调整等因素影响，棉花播种面积总体呈缩减趋势。其中，长江流域棉区①播种面积302.1万亩，比上年减少4.9万亩，下降1.6%；黄河流域棉区②播种面积246.3万亩，比上年减少38.7万亩，下降13.6%。

棉花单产明显提高。2024年，全国棉花单产144.8公斤/亩，比上年增加10.4公斤/亩，增长7.8%。分地区看，新疆棉花自播种以来，光温水充足，整体气象条件利于棉花生长发育，长势明显好于上年，尤其是在采摘期新疆晴好天气多，有利于提高棉花产量和品质。新疆棉花单产154.9公斤/亩，比上年增加11.0公斤/亩，增长7.6%。其他棉区中，长江流域棉区农业气象条件与上年相当，植棉技术水平提高、品种优化，棉花单产稳中有增，棉花单产73.2公斤/亩，比上年增加1.8公斤/亩，增长2.5%；黄河流域棉区前期高温干旱，后期降雨较多，棉花生产略受影响，单产83.7公斤/亩，比上年减少0.1公斤/亩，下降0.2%。

2. 棉花价格变动情况

棉花价格小幅震荡。从生产者价格来看，2024年，棉花（籽棉）生产者价格③比上年下降2.0%。分季度看，第一季度上涨5.1%，第四季度下降12.2%。从集贸市场月度价格变动来看，全年棉花（籽棉）价格呈逐步下行态势，从1月年内高位7.83元/公斤逐步下滑至12月7.35元/公斤（见图6）。2024年1~12月棉花（籽棉）集贸市场平均价格为7.64元/公斤，比上年下跌0.4%。

---

① 长江流域棉区包括5省：江苏、安徽、江西、湖北和湖南。
② 黄河流域棉区包括6省（市）：天津、河北、山西、山东、河南和陕西。
③ 棉花（籽棉）生产者价格受生产季节性影响，第二、三季度无数据。

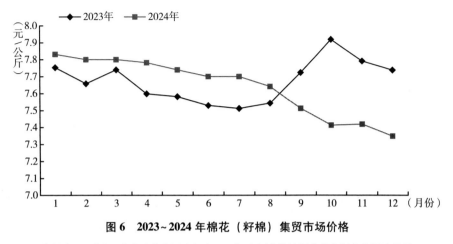

图6　2023~2024年棉花（籽棉）集贸市场价格

资料来源：《中国农产品价格调查年鉴2024》和国家统计局集贸市场价格调查结果。

（二）油料生产稳步发展，价格有所回落

1. 油料生产情况及其特点

2024年是实施国家大豆和油料产能提升工程的第三年，各地区、各部门认真贯彻落实党中央、国务院关于增强油料供给保障能力的要求，持续加大扶持力度，结合地方生产实际，深入挖掘增产扩面潜力，推动油料生产稳步发展。2024年，全国油料产量3978.7万吨，比上年增加115.0万吨，增长3.0%。

油料播种面积继续增加。2024年，各地持续压实油料生产责任，统筹利用中央轮作资金、油菜扩种资金、粮油绿色高质高效行动资金、粮油单产提升资金和产油大县奖励资金等，完善农业社会化服务，合理调整种植结构，充分利用冬闲田、整治地、滩涂地、林下地等，扩大油料生产。2024年，全国油料播种面积21435.0万亩，比上年增加551.7万亩，增长2.6%，连续三年实现增长。分品种看，花生、油菜籽、葵花籽是主要油料作物，三者播种面积占油料总播种面积的95%以上。其中，油菜籽播种面积11989.8万亩，比上年增加283.0万亩，增长2.4%，占油料增长量的51.3%；花生播种面积7313.1万亩，比上年增加116.3万亩，增长1.6%，占油料增长量的21.1%；葵花籽播种面积1243.8万亩，比上年增加153.9万亩，增长

14.1%，占油料增长量的 27.9%。

油料单产稳中略增。2024 年，虽然部分产区遭遇雨雪冰冻、高温干旱、强降雨等不利天气，对油料生产造成一定影响，但大部产区气象条件较为有利，油料作物总体长势良好。同时，各地积极开展油料单产提升行动，扩大优质高产品种应用，因地制宜推广合理密植、机械化直播等绿色增产技术，油料单产水平稳中有升。2024 年，全国油料单产 185.6 公斤/亩，比上年增加 0.6 公斤/亩，增长 0.3%。分品种看，油菜籽单产 140.7 公斤/亩，比上年增加 1.3 公斤/亩，增长 0.9%；花生单产 268.2 公斤/亩，比上年增加 1.0 公斤/亩，增长 0.4%；葵花籽单产 188.8 公斤/亩，比上年减少 7.3 公斤/亩，下降 3.7%。

2. 油料价格变动情况

油料价格有所回落。从生产者价格看，2024 年，油料下降 2.8%。分季度看，4 个季度同比分别下降 2.9%、2.6%、1.9% 和 3.9%。分品种看，花生下降 4.3%，油菜籽与上年持平。从集贸市场价格看，2024 年，油料价格从上年的历史高位有所回落。其中，油菜籽价格从 1 月的 6.40 元/公斤下降至 12 月的 6.18 元/公斤（见图7），全年平均价格为 6.30 元/公斤，比上年下降 2.2%。花生仁价格从 1 月的 14.81 元/公斤下降至 12 月的 14.08 元/公斤（见图8），全年平均价格为 14.56 元/公斤，比上年下降 3.0%。

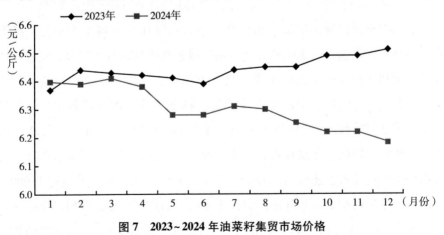

图 7　2023~2024 年油菜籽集贸市场价格

资料来源：《中国农产品价格调查年鉴 2024》和国家统计局集贸市场价格调查结果。

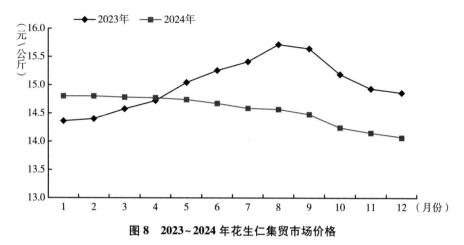

图8　2023~2024年花生仁集贸市场价格

资料来源：《中国农产品价格调查年鉴2024》和国家统计局集贸市场价格调查结果。

（三）糖料产量增加，价格小幅上涨

1. 糖料生产情况及其特点

2024年，全国糖料产量为11870.4万吨，比上年增加494.1万吨，增长4.3%；糖料播种面积2227.2万亩，比上年增加104.4万亩，增长4.9%；糖料单产5329.3公斤/亩，减少29.5公斤/亩，下降0.5%。

2. 糖料价格变动情况

2024年，糖料生产者价格[①]上涨3.3%。分季度看，第一、二、四季度同比分别上涨4.3%、5.0%和1.5%。

三　2024年畜禽生产与价格运行状况分析

（一）生猪出栏高位回落，价格高于上年

1. 生猪生产情况及特点

生猪出栏高位回落。2024年，全国生猪出栏70256万头，比上年减少

---

① 糖料生产者价格受生产季节性影响，第三季度无数据。

2406 万头，下降 3.3%；猪肉产量 5706 万吨，减少 88 万吨，下降 1.5%。由于 2023 年生猪供应阶段性过剩，生猪养殖全行业亏损，养殖户调减产能，2023 年第三季度至 2024 年第一季度，能繁母猪存栏同比下降且降幅逐季扩大，因此，2024 年生猪出栏同比有所下降。但 2024 年生猪出栏量仍维持在 7 亿头以上，从近十年出栏数量看，仅次于 2015 年和 2023 年，高于非洲猪瘟疫情前 2017 年水平，总体供应仍然充裕。

基础产能仍较充足。2024 年末，全国生猪存栏 42743 万头，比上年末减少 679 万头，下降 1.6%。其中，能繁母猪存栏 4078 万头，比上年末减少 64 万头，下降 1.6%。能繁母猪存栏自 2024 年第二季度起逐步回升，目前为正常保有量（3900 万头）的 104.6%，接近产能调控绿色区间上限，基础产能充足。

2. 生猪价格变动情况

2024 年，生猪市场价格高于上年，养殖总体保持盈利。从生产者价格看，2024 年，生猪比上年上涨 9.0%。分季度看，第一季度下降 5.4%，第二、三、四季度分别上涨 8.7%、19.6%、12.9%。从月度集贸市场价格看，生猪价格自 3 月起上涨，8 月达到年内高点后逐渐回落，连续 4 个月下降后，12 月生猪价格为 17.18 元/公斤（见图 9）。2024 年全年生猪平均价格 17.31 元/公斤，同比上涨 9.5%。

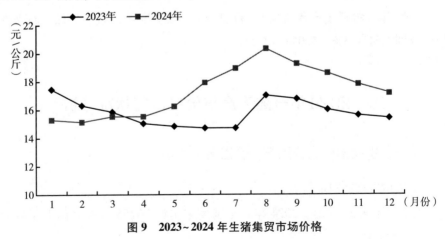

图 9　2023~2024 年生猪集贸市场价格

资料来源：《中国农产品价格调查年鉴 2024》和国家统计局集贸市场价格调查结果。

（二）牛羊生产总体稳定，价格持续下降

1. 牛羊生产情况及其特点

2024年，牛羊生产总体稳定。全国肉牛出栏5099万头，比上年增加75万头，增长1.5%；牛肉产量779万吨，增加26万吨，增长3.5%；牛奶产量4079万吨，减少117万吨，下降2.8%。2024年末，全国牛存栏10047万头，比上年末减少462万头，下降4.4%。2024年，全国羊出栏32359万只，比上年减少1505万只，下降4.4%；羊肉产量518万吨，减少14万吨，下降2.5%。2024年末，全国羊存栏30049万只，比上年末减少2183万只，下降6.8%。

2. 牛羊价格变动情况

2024年，受产量连续增长、需求萎缩，叠加进口牛羊肉冲击影响，国内牛羊肉价格持续下跌，养殖出现亏损。从生产者价格看，2024年，活牛比上年下降16.7%，其中，第一至四季度分别下降17.3%、14.5%、12.0%、22.7%；活羊比上年下降9.6%，其中，第一至四季度分别下降7.2%、11.3%、10.2%、9.0%。从集贸市场价格看，活牛、活羊价格均延续上年下跌态势，2024年价格继续下探。活牛价格从1月的31.56元/公斤下降至12月的25.72元/公斤（见图10），全年平均价格为27.76元/公斤，

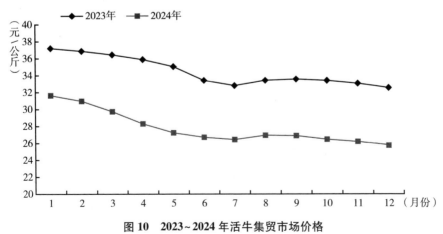

图10　2023~2024年活牛集贸市场价格

资料来源：《中国农产品价格调查年鉴2024》和国家统计局集贸市场价格调查结果。

比上年下降 19.5%；活羊价格从 1 月的 35.19 元/公斤下降至 12 月的 31.26 元/公斤（见图 11），全年平均价格为 32.38 元/公斤，比上年下降 10.4%。

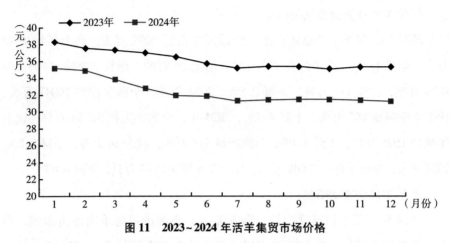

图 11　2023~2024 年活羊集贸市场价格

资料来源：《中国农产品价格调查年鉴 2024》和国家统计局集贸市场价格调查结果。

（三）家禽生产平稳发展，价格低于上年水平

1. 家禽生产情况及其特点

2024 年，家禽生产平稳发展，禽肉、禽蛋产量保持增长。全国家禽出栏 173.4 亿只，比上年增加 5.1 亿只，增长 3.1%；禽肉产量 2660 万吨，增加 97 万吨，增长 3.8%；禽蛋产量 3588 万吨，增加 25 万吨，增长 0.7%。2024 年末，全国家禽存栏 64.8 亿只，比上年末减少 3.0 亿只，下降 4.5%。

2. 家禽、禽蛋价格变动情况

2024 年，家禽、禽蛋价格小幅波动，整体低于上年水平。从生产者价格看，2024 年，活家禽比上年下降 2.9%，其中，第一至四季度分别下降 1.4%、5.3%、3.0%、2.3%；禽蛋比上年下降 6.4%，其中，第一至四季度分别下降 10.0%、11.2%、3.9%、0.4%。从月度集贸市场价格看，2024 年 1~4 月活鸡集贸市场价格呈现下降态势，5 月后稳中略涨，至 9 月达到 21.94 元/公斤，10 月起连续 3 个月下降至 21.67 元/公斤（见图 12）。2024

年活鸡平均价格为 21.86 元/公斤，比上年下降 1.0%。2024 年 1~4 月鸡蛋价格从 11.12 元/公斤下降至 9.72 元/公斤，5 月后震荡上行，至 9 月达到 11.74 元/公斤年内高点，10 月后波动运行（见图 13）。2024 年鸡蛋平均价格为 10.85 元/公斤，比上年下降 7.6%。

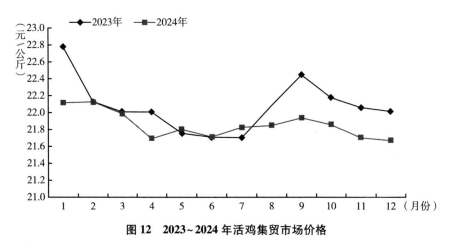

图 12　2023~2024 年活鸡集贸市场价格

资料来源：《中国农产品价格调查年鉴 2024》和国家统计局集贸市场价格调查结果。

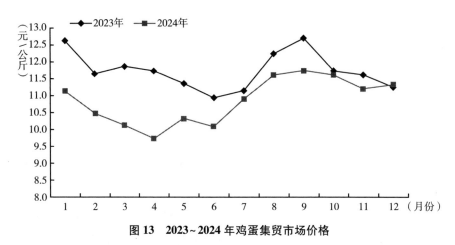

图 13　2023~2024 年鸡蛋集贸市场价格

资料来源：《中国农产品价格调查年鉴 2024》和国家统计局集贸市场价格调查结果。

G.4
2024年种植业经济形势分析
及2025年展望

张瑞娟　余晨皓*

摘　要： 2024年，全国粮食播种面积继续增加，粮食产量再创新高，粮食生产实现"二十一连丰"，在连续9年站稳6.5亿吨台阶后首次站上7亿吨新台阶。单产增加是粮食产量提高的最主要原因，全国粮食作物单产增幅达1.3%。2024年，稻米价格波动较为稳定，大豆价格总体呈下滑态势。棉花、油料、糖料等经济作物呈现面积产量双增长格局。棉花和油料价格稳定，糖料价格与国际糖料价格波动趋势趋同。大豆、油料、糖料、棉花进口量均增长，谷物进口量下跌明显。预计2025年，粮食作物产量持续增长，大豆、油料产量将继续保持小幅增长，糖料产量稳中略降。稻米、小麦市场以稳定为主，大豆和玉米市场回暖信号明显，油料和糖料市场趋势有待观望，种植业进口压力客观存在。

关键词： 粮食作物　经济作物　种植业

2024年中央一号文件部署"抓好粮食和重要农产品生产。扎实推进新一轮千亿斤粮食产能提升行动"工作取得较为明显的成果，本年度全国粮食播种面积、产量、单产均得到较大提升。文件针对大豆、油菜、特色油料和糖料等重要农产品提出的支持政策得到有效落实，改善了种植业对外

---

* 张瑞娟，管理学博士，中国社会科学院农村发展研究所副研究员，主要研究方向为农业经济理论与政策；余晨皓，中国社会科学院大学应用经济学院硕士研究生，主要研究方向为农村发展理论与政策。

贸易形势，叠加国际粮市不稳定因素，共同作用使本年度种植业市场对外依存度呈现下降趋势。同时，"适当提高小麦最低收购价，合理确定稻谷最低收购价"，为本年度国际粮市剧烈波动中维持国内市场平稳运行提供了极为有力的支撑，有效保护了农民种粮积极性，夯实了国家粮食安全地基。总体而言，2024年种植业经济形势呈现生产端持续向好、对外依存度进一步改善、市场平稳运行等特点。

一 种植业生产端持续向好

2024年，全国种植业生产端增长趋势较为明显。受谷物播种面积增加影响，全国粮食播种面积呈现增长态势。其中，玉米播种面积增幅明显，稻米播种面积微增，小麦播种面积微缩。尽管部分主粮品种播种面积有所减少，但是受2024年全国大部农区光温水匹配良好、粮食单产明显增长的影响，各主粮品种产量均上涨，粮食产量再创历史新高，其中以小麦、玉米增产幅度为最。经济作物播种面积和产量出现双增长，其中，糖料作物播种面积增长幅度最大，而棉花产量增长趋势最为明显。

（一）粮食播种面积持续增加，粮食产量再创历史新高

1. 谷物、薯类生产趋势向好，豆类播种面积下降

从产量看，2024年，全国粮食总产量70649.9万吨，比2023年增加1108.9万吨，增长1.59%。谷物总产量较上年有较大幅度增加，比2023年增加1085.7万吨，增长达1.69%。其中，稻米产量20753.5万吨，较上年增加93.2万吨，增长0.45%；小麦产量14009.9万吨，比上年增加350.9万吨，增长2.57%；玉米产量29491.7万吨，比上年增加607.5万吨，增长2.10%；全国豆类总产量达2362.8万吨，比上年减少21.3万吨，减少0.89%；薯类产量3058.4万吨，比上年增加44.5万吨，增长1.48%（见表1）。

表 1　2023~2024 年主要粮食作物产量及变化情况

单位：万吨，%

类别	2024 年	2023 年	2024 年比 2023 年增长情况
粮食	70649.9	69541.0	1.59
谷物	65228.7	64143.0	1.69
其中:稻米	20753.5	20660.3	0.45
小麦	14009.9	13659.0	2.57
玉米	29491.7	28884.2	2.10
豆类	2362.8	2384.1	-0.89
薯类	3058.4	3013.9	1.48

资料来源：《中国统计年鉴 2024》《国家统计局关于 2024 年粮食产量数据的公告》。

　　从播种面积看，粮食作物总播种面积保持上升态势，2024 年全国粮食播种面积达 11931.9 万公顷，比 2023 年增加 35.1 万公顷，增长 0.29%，全国谷物播种面积较上年增加 53.2 万公顷，增长 0.53%。2024 年全国粮食播种面积增加的主要原因是玉米播种面积明显增加，其中，玉米播种面积较上年增长 1.18%，稻米播种面积小幅增长 0.20%。薯类、小麦、豆类播种面积较上年出现下降，其中，薯类播种面积较上年小幅减少 0.13%，小麦播种面积较上年小幅减少 0.17%，豆类播种面积较上年出现较大下降，降幅达 1.44%（见表 2）。

表 2　2023~2024 年主要粮食作物播种面积及变化情况

单位：万公顷，%

类别	2024 年	2023 年	2024 年比 2023 年增长情况
粮食	11931.9	11896.9	0.29
谷物	10045.8	9992.6	0.53
其中:稻米	2900.7	2894.9	0.20
小麦	2358.7	2362.7	-0.17
玉米	4474.0	4421.9	1.18
豆类	1182.2	1199.4	-1.44
薯类	703.9	704.8	-0.13

资料来源：《中国统计年鉴 2024》《国家统计局关于 2024 年粮食产量数据的公告》。

单产方面，2024年，全国粮食作物单产5921.1公斤/公顷，每公顷产量比上年增产75.8公斤，增幅达1.30%。其中，小麦单产增产明显，每公顷增产达158.6公斤，较上年增长2.74%，玉米每公顷增产59.6公斤，较上年增长0.91%，稻米每公顷增产17.9公斤，较上年小幅增长0.25%。豆类每公顷增产10.9公斤，较上年增长0.55%，薯类单产增加明显，每公顷增产68.6公斤，增幅达1.60%（见表3）。

表3　2023~2024年主要粮食作物单产及变化情况

单位：公斤/公顷，%

类别	2024年	2023年	2024年比2023年增长情况
粮食	5921.1	5845.3	1.30
谷物	6493.1	6419.0	1.15
其中:稻米	7154.7	7136.8	0.25
小麦	5939.6	5781.0	2.74
玉米	6591.7	6532.1	0.91
豆类	1998.6	1987.7	0.55
薯类	4344.8	4276.2	1.60

资料来源：《中国统计年鉴2024》《国家统计局关于2024年粮食产量数据的公告》。

2.夏秋粮面积产量双增，早稻单产下降明显

分季节种植来看，2024年秋粮播种面积最大，达8795.1万公顷，较2023年增长0.37%。2024年尽管局部地区发生洪涝、干旱、台风等灾害，但全国大部农区光温水匹配良好，气象条件总体有利于粮食生长发育和产量形成[①]。秋粮单位面积产量较上年有所增加，达6008.3公斤/公顷，增幅为1.07%。在总产量方面，秋粮总产量为52843.4万吨，同比增长1.44%，占全国粮食全年总产量的74.8%，相比上年占比小幅减少0.11个百分点。2024年夏粮播种面积虽然达2661.3万公顷，较2023年增长0.02%，但单产大幅增长2.54%，为5632.2公斤/公顷。夏粮总产量达14989万吨，同比

---

① 《国家统计局农村司副司长魏锋华解读粮食生产情况》，https：//www.stats.gov.cn/sj/sjjd/202412/t20241213_1957743.html。

增长2.56%。

2024年，全国早稻种植面积为475.5万公顷，较2023年增长0.46%；尽管播种面积出现上升趋势，但是受广东等地在4月中旬以后出现的多轮强降雨的影响，早稻分蘖成穗进程有所推迟，湖南、江西等大部产区在6月以后同样出现降雨偏多现象，且降雨期维持了较长时间，导致当地尚在抽穗开花期的早稻遭遇"雨洗禾花"问题。早稻生长期所出现的长期阴雨寡照天气，极其不利于早稻光合作用进程，导致稻米出现空粒、瘪粒现象。并且局部地区发生严重洪涝灾害，部分低洼田块成灾或绝收，对早稻生产同样造成不利影响。虽然7月以后，主产区大部分天气晴好、光温充足，利于早稻灌浆成熟收获，在一定程度上弥补了前期不利天气对早稻生产造成的影响①，但是2024年早稻单产下降仍然较为明显，较上年减少1.03%，由于单产下降，全国早稻总产量为2817.4万吨，同比下降0.58%（见表4）。

表4 2024年主要粮食作物分季节生产及较2023年变化情况

品类	播种面积 （万公顷）	较2023年变化 （%）	单位面积产量 （公斤/公顷）	较2023年变化 （%）	总产量 （万吨）	较2023年变化 （%）
夏粮	2661.3	0.02	5632.2	2.54	14989.0	2.56
早稻	475.5	0.46	5925.4	-1.03	2817.4	-0.58
秋粮	8795.1	0.37	6008.3	1.07	52843.4	1.44

资料来源：《中国统计年鉴2024》《国家统计局关于2024年粮食产量数据的公告》。

3. 粮食产销平衡区持续发力

分地区种植看，2024年，粮食主产区的总产量达54894.5万吨，比上年增加723.5万吨，增幅为1.34%。粮食主产区总产量占全国总产量的比重仍超过3/4，达77.70%，但相较于2023年，下降了0.2个百分点。受全方面夯实粮食安全根基各项举措影响，近两年，粮食产销平衡区和粮食主销区

---

① 《国家统计局农村司司长王贵荣解读早稻生产情况》，https：//www.stats.gov.cn/sj/sjjd/202408/t20240823_ 1956082.html。

的粮食总产量持续增加。2024年，粮食产销平衡区粮食总产量为12708.5万吨，比2023年增产325.7万吨，增长2.63%；产销平衡区总产量占全国总产量比重连续增长，已达17.99%，较上年增长了0.18个百分点。粮食主销区粮食总产量为3046.9万吨，比2023年增产59.5万吨，增长1.99%，占全国粮食总产量的比重为4.31%，较上年变化不大。可见，2024年，粮食产销平衡区总产量有较大增长（见表5）。

表5 2024年粮食生产区域格局变化情况

单位：万吨，%

生产区域	2024年		2023年	
	产量	占全国粮食产量比重	产量	占全国粮食产量比重
粮食主产区	54894.5	77.70	54171	77.90
粮食产销平衡区	12708.5	17.99	12382.8	17.81
粮食主销区	3046.9	4.31	2987.4	4.30

资料来源：《中国统计年鉴2024》《国家统计局关于2024年粮食产量数据的公告》。

分省份看，全国前十大产粮大省分别是黑龙江、河南、山东、吉林、安徽、内蒙古、河北、江苏、四川、湖南（见图1），这10个省份产粮达47412.9万吨，占粮食主产区总产量的86.37%，占全国粮食总产量的67.11%。从播种面积看，全国十大产粮大省的播种面积同样位列前10（见图2），可见，粮食总产量受粮食播种面积影响较大。

（二）经济作物面积产量双增长

2024年，棉花播种面积284万公顷，比上年增长1.79%；产量616万吨，比上年增长9.7%。2024年新疆棉花目标价格保持较高水平，植棉预期收益稳定，棉农种植积极性较高，播种面积增幅较大，新疆棉花播种面积增长3.3%。其他棉区受比较效益偏低、种植结构调整等因素影响，棉花播种面积总体呈缩减趋势，长江流域棉区和黄河流域棉区播种面积分别下降1.6%和13.6%。新疆棉花自播种以来，光温水充足，整体气象条件利于棉

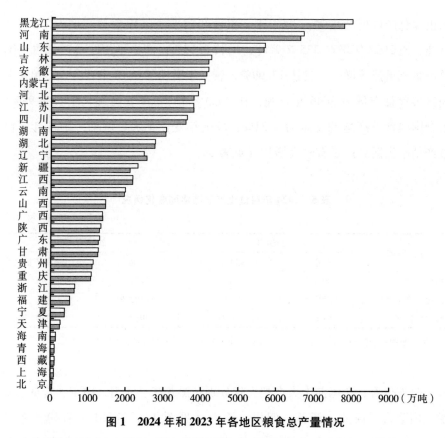

图1　2024 年和 2023 年各地区粮食总产量情况

资料来源:《中国统计年鉴 2024》《国家统计局关于 2024 年粮食产量数据的公告》。

花生长发育,长势明显好于上年,尤其是在采摘期新疆晴好天气多,有利于提高棉花产量和品质。2024 年,新疆棉花单产增长 7.6%。长江流域棉区 2024 年农业气象条件与上年相当,受植棉技术水平提高、品种优化影响,棉花单产增长 2.5%。黄河流域棉区前期高温干旱,后期降雨较多,棉花生产略受影响,单产下降 0.2%[①]。"东棉西移"的产业格局更加明显,新疆棉区棉花产量在全国棉花总产量的占比逐年上升,已从 2016 年的 67.64% 上涨到 92.25%。

[①] 《国家统计局农村司副司长魏锋华解读棉花生产情况》,https://www.stats.gov.cn/sj/sjjd/202412/t20241225_ 1957878.html。

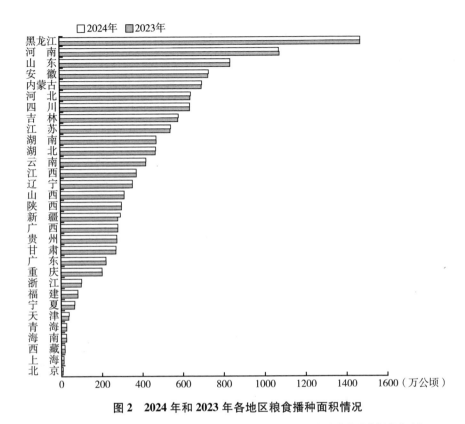

图2　2024年和2023年各地区粮食播种面积情况

资料来源：《中国统计年鉴2024》《国家统计局关于2024年粮食产量数据的公告》。

2024年，《农业农村部关于落实中共中央、国务院关于学习运用"千村示范、万村整治"工程经验有力有效推进乡村全面振兴工作部署的实施意见》提出要"巩固大豆油料扩种成果""支持利用冬闲田增加油菜面积，合理轮作发展春油菜""在黄淮海和北方地区轮作倒茬扩种花生，因地制宜发展油葵、芝麻等特色油料生产"。通过政策启动全国粮油等主要作物大面积单产提升行动，扩大油料作物种植面积，推进良田良种良法良机良制融合配套等行动，推进油料作物面积产量双增长。2024年油料播种面积1429万公顷，增长2.66%；产量3979万吨，增长3.0%。

2024年中央一号文件提出要"加大糖料蔗种苗和机收补贴力度"。政策上继续实施糖料蔗良种良法技术推广补贴政策①、持续开展糖料蔗完全成本保险和种植收入保险的推广工作②，取得了显著成果。但是3月南方部分甘蔗产区遭遇低温阴雨天气，对甘蔗糖分积累和砍运入榨作业有不利影响，甘蔗产糖率有所下降。6~10月，尽管9月内蒙古多雨寡照，不利于糖分积累和甜菜起收，但是总体上内蒙古、新疆甜菜长势良好。2024年糖料播种面积148万公顷，比上年增长4.23%；产量11870万吨，增长4.3%（见表6）。

表6 2024年经济作物生产情况及变化

类别	播种面积		产量	
	面积（万公顷）	同比增长（%）	产量（万吨）	同比增长（%）
油料	1429	2.66	3979	3.0
棉花	284	1.79	616	9.7
糖料	148	4.23	11870	4.3

资料来源：《中华人民共和国2024年国民经济和社会发展统计公报》及《国家统计局关于2024年棉花产量的公告》。

二 种植业对外依存度有所下降

2024年，全国主粮产品进口量下降趋势较为明显，主要受国内生产端供给充足影响。其中，玉米叠加中美贸易摩擦影响，进口量降幅极为明显；稻米受国际米价影响，进口量大幅回缩，创近13年新低。相较2020~2021

① 《广西壮族自治区糖业发展办公室 广西壮族自治区财政厅关于印发广西进一步深化糖料蔗良种推广工作实施方案的通知》，http：//fgw.gxzf.gov.cn/zfxxgkzl/wjzx/tzgg/t18547203.shtml。

② 财政部、农业农村部、银保监会：《关于在广西开展糖料蔗完全成本保险和种植收入保险的通知》，https：//www.gov.cn/zhengce/zhengceku/2022-05/12/content_5689994.htm。《广西壮族自治区财政厅 广西壮族自治区发展和改革委员会 国家金融监督管理总局广西监管局关于印发2024/2025年榨季糖料蔗种植收入保险实施方案的通知》，https：//czt.gxzf.gov.cn/zfxxgkzl/zcwj/qtzdwj/t18980761.shtml。

年，经济作物进口量有所恢复，其中棉花进口量增长较为明显，创近年来新高，食用油进口量有所下降，但是食用油籽进口量小幅上升。

（一）谷物进口量下降趋势明显

2024年，谷物进口总量达到5020.3万吨，同比下降15.0%。其中，玉米和稻米进口数量呈现较为明显的下降，分别下降1349.2万吨和97.6万吨，同比降低49.7%和37.1%。这一变化主要是国内玉米种植面积、产量双增，国内供应充足影响，叠加中国大幅削减美国玉米进口量因素所致。稻米进口主要受限于国际米价上涨至近15年以来的高位，大米进口成本较高，贸易商采购意愿有限。

小麦进口数量下降92万吨，同比降低7.6%，但仍处于历史高位，其主要原因是进口利润较好，受俄罗斯等黑海主产国低价小麦主导出口市场、全球小麦丰收等因素影响，2024年国际小麦价格回落。且2023年国内部分地区收获期遭遇"烂场雨"天气，产量同比下降，部分国产优质麦品质下降，叠加居民生活水平提高，国内制粉企业对加拿大等国特色高等级小麦存在刚性需求。

2024年，大麦和高粱进口数量明显增加，达到1424万吨和865.6万吨，涨幅高达25.8%和66%。大麦进口变化一是因为国内大麦产不足需，需要进口大麦补充；二是进口大麦饲用性价比高，且无进口配额限制；三是我国恢复澳大利亚大麦进口，自2023年10月开始，澳大利亚大麦批量到港；四是全球大麦预期丰收，国际大麦市场供应充足。高粱作为饲用玉米的替代品，进口变化主要由玉米进口量的大幅下降所导致。

同时，大豆进口量为10503.2万吨，同比增长6.5%。这一变化主要原因在于，一是国际大豆价格下降，市场供应充足；二是大豆加工成本下降，利润导向较为可观；三是市场担忧美国大选后进口受阻，加工企业补充仓储等。

相比之下，中国主要粮食的出口数据体量较小且波动较大。其中，谷物出口量为134万吨，同比下降30.24%（见表7）。这一变化反映了国内外粮食市场的复杂性和多变性，需要在保障国内粮食供应的同时，积极应对国际市场变化，加强粮食进出口的调控和管理。

表 7　2024 年主要粮食进出口情况

单位：万吨，%

类别	进口		出口	
	数量	同比变化	数量	同比变化
谷物	5020.3	-15.0	134	-30.24
其中：小麦	1117.9	-7.6	11.7	-42.70
玉米	1363.8	-49.7	0.4	-51.90
稻米	165.6	-37.1	114.1	-29.83
大麦	1424	25.8	0.0	-87.60
高粱	865.6	66.0	0.2	4.20
大豆	10503.2	6.5	6.9	-5.30

资料来源：根据农业农村部《农产品贸易监测分析报告》2025 年第 1 期（总第 236 期）数据整理。

2024 年，中国粮食进口表现出一些明显趋势：自美国进口粮食数量逐年下降，自澳大利亚进口粮食数量快速攀升。从稻米进口情况看，2024 年我国前五大进口来源国为缅甸、泰国、越南、巴基斯坦和柬埔寨。自缅甸进口稻米 56 万吨，占比 34%；自泰国进口 47 万吨，占比 28%；自越南进口 28 万吨，占比 17%；自巴基斯坦进口 16 万吨，占比 10%；自柬埔寨进口 9 万吨，占比 6%。

从小麦进口情况看，2024 年我国前五大进口来源国为澳大利亚、加拿大、法国、美国、哈萨克斯坦。自澳大利亚进口小麦 335.9 万吨，占比 30.1%；自加拿大进口 252.6 万吨，占比 22.6%；自法国进口 230.4 万吨，占比 20.6%；自美国进口 190.2 万吨，占比 17%；自哈萨克斯坦进口 59.2 万吨，占比 5.3%。

从玉米进口情况看，2024 年我国前五大进口来源国为巴西、乌克兰、美国、缅甸、俄罗斯。自巴西进口玉米 664.6 万吨，占比 47%；自乌克兰进口 464 万吨，占比 33.7%；自美国进口 207.3 万吨，占比 15%；自缅甸进口 17.7 万吨，占比 1.3%；自俄罗斯进口 15 万吨，占比 1.1%。

从大麦进口情况看，2024 年我国前五大进口来源国为澳大利亚、法国、加拿大、阿根廷、乌克兰。自澳大利亚进口大麦525万吨，占比37%；自法国进口213万吨，占比15%；自加拿大进口191万吨，占比13%；自阿根廷进口167万吨，占比12%；自乌克兰进口142万吨，占比10%。

从高粱进口情况看，2024年我国进口主要来源为美国、澳大利亚、阿根廷。自美国进口高粱568万吨，占比66%；自澳大利亚进口195万吨，占比22%；自阿根廷进口102万吨，占比12%。

从大豆进口情况看，2024年我国前五大进口来源国为巴西、美国、阿根廷、乌拉圭、加拿大。自巴西进口大豆7464.7万吨，占比71.07%；自美国进口2213.4万吨，占比21.07%；自阿根廷进口410.2万吨，占比3.91%；自乌拉圭进口202.5万吨，占比1.92%；自加拿大进口119.6万吨，占比1.14%。

（二）经济作物进口量持续恢复

2024年，中国进口棉花271.4万吨，较上年增长33.69%。食糖的进口量为434.8万吨，同比增长9.44%，食用油籽进口11482.4万吨，同比增长6.40%，其中油菜籽进口60.7万吨，较上年增长16.30%。

值得注意的是，食用植物油的进口量达720.9万吨，同比下降29.20%。在食用植物油的细分品类中，豆油的进口量为28.2万吨，同比下降23.60%。棕榈油的进口量则为366.5万吨，同比下降34.98%。菜籽油的进口量达188.1万吨，同比下降20.26%。此外，葵花籽油和红花籽油的进口量为109.2万吨，同比下降28.21%（见表8）。

食用植物油进口量的显著下降，主要归因于国际棕榈油价格高企，进口持续倒挂，企业买船减少，棕榈油进口量显著下滑。并且2024年食用植物油国内库存情况显示，尽管三大油脂品种库存有所分化，但库存总量仍然保持高位，国内油脂整体供应充裕[①]。受以上因素叠加影响，2024年食用植物油进口量下滑较为严重。

---

① 《食用植物油进口持续下降》，《粮油市场报》2024年9月26日，http://www.chinaoil.org.cn/news/11711.html。

表8　2024年主要经济作物进口情况

单位：万吨，%

类别	数量	同比变化
棉花	271.4	33.69
食糖	434.8	9.44
食用油籽	11482.4	6.40
其中：油菜籽	60.7	16.3
食用植物油	720.9	−29.20
其中：豆油	28.2	−23.60
菜籽油	188.1	−20.26
棕榈油	366.5	−34.98
葵花籽油和红花籽油	109.2	−28.21

资料来源：根据农业农村部《农产品贸易监测分析报告》2025年第1期（总第236期）数据整理。

三　种植业市场平稳运行

（一）粮食市场价格普遍承压

2024年粮食市场呈现国内、国际市场价格普遍下跌的趋势。就国内市场而言，稻米价格总体保持稳定，仅在年末略降。玉米价格较上年下降较为明显，农民惜售心理明显，但是受新季玉米上市及需求不振影响，8月后玉米价格出现明显下降。国内小麦供强需弱，且2024年夏收小麦创纪录丰产，小麦价格下跌。大豆价格较上年下降最为明显，农民惜售心理明显，但是受新季大豆上市影响，10月后大豆价格出现明显下降，直到10月下旬油厂开工率提升及气温下降带动大豆、豆制品消费需求增长，才推动大豆价格止跌企稳。

1. 全年稻米价格表现较为稳定

2024年，我国稻米平均价格为2.05元/斤。同期，国际稻米平均到岸价格为2.33元/斤，国内价格较国际价格低12.02%。数据表明，2024年国内稻米平均价格较2023年上涨0.02元/斤，增幅为0.1%，微弱增长。2024年稻米价格最高值为2.07元/斤，最低值为2.03元/斤。根据价格走势曲线，2024年全年国内稻米价格存在小幅度波动，总体表现较为稳定（见图3）。

3月以前，稻米价格保持在2.05元/斤的稳定水平。3月以后，受学校开学、务工人员回流等影响，食堂等稻米集团性消费有所增长，4月中旬以后，部分早稻产区强降水，稻谷价格一度涨至2.07元/斤，5月后回落至2.06元/斤，8月后，新季早稻供应较充足，中晚稻进入丰收期，储备补库需求逐渐减弱，且国家最低收购价稻米竞价销售补充了市场供应，稻米价格开始下降。至10月稻米价格跌至低点2.04元/斤，受2024年中晚稻托市收购影响，中晚稻市场收购价格稳定在2.04元/斤水平。

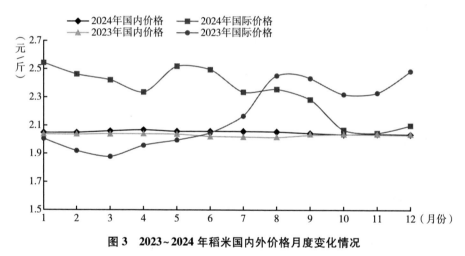

图3 2023~2024年稻米国内外价格月度变化情况

资料来源：中华人民共和国农业农村部官方网站公布《2024年12月大宗农产品供需形势分析月报》。

2. 玉米价格呈现先稳后降走势

2024年，我国玉米平均价格为1.20元/斤。国际玉米平均到岸价格为1.06元/斤，国内价格较国际价格高13.21%。2024年国内玉米平均价格显著下降，比2023年低0.22元/斤，降幅达15.5%。2024年全年玉米国内价格呈现先稳后降走势。其中，2024年价格高峰为1.25元/斤；12月价格为1.07元/斤。

2024年1~7月，国内玉米产区玉米粮源集中在贸易环节，由于较2023年同期价格下跌严重，市场挺价惜售意愿偏强，因加工行业开工率仍保持相对高位、饲料养殖企业逢低价增加玉米库存，且华北黄淮干旱，市场炒作新季玉米减产氛围较浓，总体玉米供弱需强，价格稳定微涨。8月起，华北春玉米陆续上市，叠加此前贸易环节库存，市场新陈粮源集中流通，供应愈显宽松，且饲料企业及深加工企业以按需采购为主，建库积极性不高，玉米价格持续下跌，至12月达到全年低谷（见图4）。

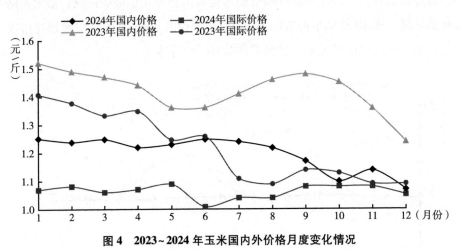

图4　2023~2024年玉米国内外价格月度变化情况

资料来源：中华人民共和国农业农村部官方网站公布《2024年12月大宗农产品供需形势分析月报》。

3. 小麦价格呈下跌趋势

2024年，我国小麦平均价格降至1.46元/斤，相较2023年减少0.16元/斤，降幅为9.88%。综合观察2024年国内外小麦价格走势，整体呈现下跌态势。6月，小麦价格触及上半年低谷1.37元/斤，7月小麦价格微弱反弹至1.41元/斤后继续下跌，直至10月到达全年低谷1.36元/斤后企稳。2024年，国际小麦平均到岸价格为1.38元/斤，国内价格比国际价格高5.8%。

2024年6月前，新麦丰收在望，流通市场粮源相对丰富，国内小麦供强需弱，面粉加工企业开机率整体偏低，观望情绪浓厚，因此价格持续走低直至达到上半年低谷。6月下旬开始，随着增储政策的持续发力，小麦价格开始上涨。8月起，华北黄淮地区高温雨季导致小麦不易储存，基层贸易商出货量增加，而面粉加工企业开机率仍然较低，因此供给增加而需求减少导致价格继续走低。2024年夏收小麦产量破纪录，市场供给充足，而下游面粉需求疲软，小麦价格总体呈现下跌趋势，由于政策性小麦市场投放增加，中储粮持续在市收购，因此小麦价格底部支撑明显，10～12月小麦价格较为稳定（见图5）。

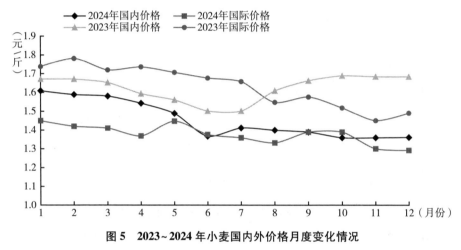

图5　2023～2024年小麦国内外价格月度变化情况

资料来源：中华人民共和国农业农村部官方网站公布《2024年12月大宗农产品供需形势分析月报》。

4. 大豆价格总体呈现先稳后降态势

2024年大豆价格相较2023年出现了显著下滑，年度平均价格下降0.44元/斤，降至2.47元/斤，降幅为15.12%。与此同时，国际大豆平均价格下跌24.61%，为1.93元/斤。值得注意的是，我国大豆价格较国际价格高出27.98%。

2024年国内大豆价格最高点出现在1月，为2.63元/斤，最低点则为年末2.15元/斤，总体上呈现先稳后降态势。1月销区市场补库基本完成，终端豆制品需求弱，市场收购价格普遍低于农民预期，但农户惜售心理较强，大豆价格较为稳定。4月起豆制品需求进入季节性淡季，国产大豆需求偏弱，经销商随用随采，价格降至2.55元/斤后企稳。6月起，随产区基层余豆继续减少，大豆收购价格小幅上调。10月，由于国产新季大豆全面上市，上中旬大豆价格稳中趋弱，下旬随油厂开工率提升，推动大豆价格止跌企稳。11月以后，随冬季气温下降带动大豆、豆制品需求有所改善，但国储陈豆持续拍卖，市场供应充足，大豆市场价格稳中略降（见图6）。

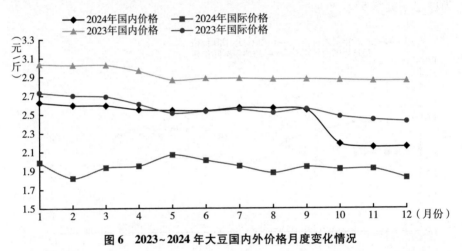

图6 2023~2024年大豆国内外价格月度变化情况

资料来源：中华人民共和国农业农村部官方网站公布《2024年12月大宗农产品供需形势分析月报》。

（二）经济作物市场价格总体稳定

1.棉花价格呈现小幅波动态势

2024年我国棉花平均价格为15989.42元/吨，相较2023年下降737.75元/吨，下降4.61%。2024年，我国棉花价格小幅波动，呈现先升后降再升再降态势。最低价出现在12月，为14955元/吨，最高价出现在3月，为17162元/吨。2024年国际棉花平均价格为15599.33元/吨，较2023年下降6.06%。相较于国际价格，我国棉花价格表现相对稳定，2023年国内价格较国外价格高出2.5%。

2024年1~3月，棉花价格呈上升趋势，原因在于纺织企业开机逐步恢复，加之国际棉价大幅拉升带来强预期，棉价整体上涨。4月起，由于纺织市场"金三银四"旺季不旺，且开始进入传统淡季，叠加棉花原料库存偏高，下游纺织企业购棉意愿下降，加之后续棉花长势良好，棉花价格持续下跌。9月，下游纺织市场处于"金九银十"传统旺季，产销率有所提高，企业补库需求略有增加，价格小幅上涨。11月后新棉采摘结束，阶段性供应明显增加，下游纺织市场进入传统淡季，供强需弱态势明显，棉花价格环比下跌直至全年低谷（见图7）。

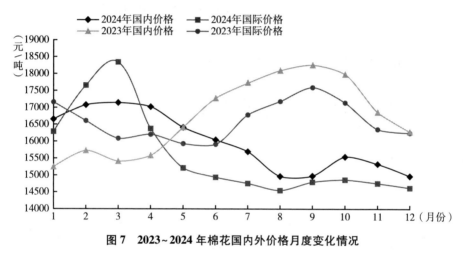

图7 2023~2024年棉花国内外价格月度变化情况

资料来源：中华人民共和国农业农村部官方网站公布《2024年12月大宗农产品供需形势分析月报》。

2.油料价格总体上呈现稳定态势

2024年，我国油料均价为3.92元/斤，较2023年下跌0.3元/斤，降幅达7.08%。其中，11月为全年高峰价格，达4.19元/斤；8月为全年低谷价格，为3.72元/斤。2024年，国际油料均价为4.22元/斤，较国内价格高0.3元/斤，国内价格较国际价格低7.62%。2024年国际油料均价较2023年降了0.2元/斤，降幅为5.03%。

2024年2月，油厂原料库存保持高位，油菜籽、花生市场交易量少，油料价格微跌。3月，新季菜籽尚未上市，市场以消耗陈季菜籽为主，交易偏淡，且产区农户花生存货减少，部分厂商有补库需求，总体上油料价格微涨。4月，多数油厂和贸易商等待新季油菜籽上市，采购陈菜籽的意愿较弱，产区花生存货较少，部分厂商有补库需求，总体上油料价格微跌。5月起新季油菜籽陆续上市，国内供应总体充足，企业收购积极性相对不高，产区花生存货量少，但仍然以消耗库存为主，总体上油料价格逐渐走弱。9月起，油菜籽市场处于消费淡季，需求偏弱，河南、山东等产区新季花生少量上市，总体上油料价格逐渐上升，10月后，随花生上市量增加，花生价格下跌。12月，国产油菜籽库存减少，主要油厂压榨利润降低，开工率有所下降，花生方面，河南、辽宁等产区农户持货观望，上货量不大，叠加双节前油厂备货需求，总体上油料价格微跌（见图8）。

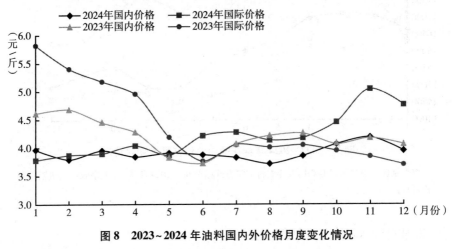

图8　2023~2024年油料国内外价格月度变化情况

资料来源：中华人民共和国农业农村部官方网站公布《2024年12月大宗农产品供需形势分析月报》。

3.糖料价格呈现随国际糖价波动变化趋势

2024年，我国糖料平均价格达6303.5元/吨，较2023年下降358.58元/吨，降幅为5.38%。在国际市场上，2024年糖料平均价格为5575.75元/吨，较2023年下降626.08元/吨，降幅较为显著，达10.1%。然而，这一价格较我国国内市场低 727.75 元/吨，国内价格较国外高 13.05%。糖料国内外价格波动趋势一致，但是国际糖料市场波动更为明显。

2024 年，国内糖料价格呈现随国际糖价波动变化趋势。1～4 月，糖料价格上升，主要是由于商家库存较低，叠加国际糖价上涨，从而推动国内糖价上涨。5～6 月，受国内食糖产量恢复性增长、食糖进口价跌量增、糖浆与预混粉进口增加，国内糖价下跌，7 月传统消费旺季到来，但是受国际糖价下跌传导影响，糖价仍然保持微跌。10 月，由于新榨季初期，内蒙古、新疆甜菜糖厂已全部开榨，但新糖尚未大量入市，国内陈糖结转库存较低，市场供应量少，支撑国内糖价小幅上涨。11 月以后，我国进入食糖生产高峰期，随着国内新糖大量上市，食糖供应随之增加，国内糖价承压下行，12 月受广西干旱影响，产糖量预估有下调风险，糖价略有回升（见图9）。

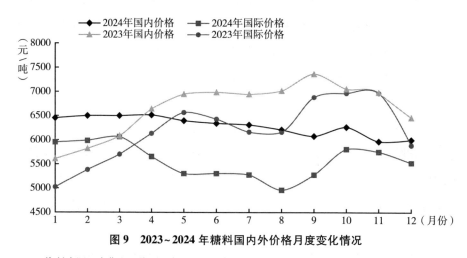

图9　2023～2024 年糖料国内外价格月度变化情况

资料来源：中华人民共和国农业农村部官方网站公布《2024 年 12 月大宗农产品供需形势分析月报》。

四　2025年种植业生产和市场展望

2025 年，种植业不受极端自然天气及极端事件影响的前提下，生产端向好趋势将更为明显，一是受政策驱动影响，中央一号文件从多角度对粮食

等重要农产品供给能力提升工程作出部署；二是受市场预期稳定影响，粮食托市收购政策持续完善，小麦最低收购价改为两年一定，在一定程度上稳定了市场预期、降低了市场风险，对提高农民生产积极性具有重要意义。

（一）粮食等重要农产品供给能力进一步提升

2025年中央一号文件提及"持续增强粮食等重要农产品供给保障能力"。对于如何保障重要农产品供给，确保国家粮食安全，一号文件从多角度进行了阐释：一是推进粮油作物大面积单产提升行动，稳定粮食播种面积，加大高产高效模式集成推广力度，推进水肥一体化，促进大面积增产，落实新一轮千亿斤粮食产能提升任务；二是巩固大豆扩种成果，挖掘油菜、花生扩种潜力，支持发展油茶等木本油料，推动棉花、糖料、天然橡胶等稳产提质；三是分类有序做好耕地"非粮化"整改，高质量推进高标准农田建设，完善农民全过程参与项目实施机制，分类推进撂荒地复垦利用，加强传统梯田保护；四是落实稻谷、小麦最低收购价政策，完善玉米大豆生产者补贴、稻谷补贴政策，稳定耕地地力保护补贴政策，推动扩大稻谷、小麦、玉米、大豆完全成本保险和种植收入保险投保面积，鼓励地方开展粮油种植专项贷款贴息试点；五是健全粮食主产区奖补激励制度，启动实施中央统筹下的粮食产销区省际横向利益补偿；六是综合施策推动粮食等重要农产品价格保持在合理水平，稳定市场供需，保护种粮农民积极性，维护好农民利益①。

2025年，不受极端自然天气及极端事件影响的前提下，在粮油作物大面积单产提升行动，玉米大豆生产者补贴、稻谷补贴政策，稻谷、小麦最低收购价等有利政策影响下，预计玉米、大豆种植面积和产量或可实现双增长，玉米大豆复合种植面积可能会小幅增长。小麦主产区气象条件总体有利于冬小麦安全越冬，但2024年小麦种植面积增幅较大，且国内价格走势偏

---

① 《中共中央　国务院关于进一步深化农村改革　扎实推进乡村全面振兴的意见》，https：//www.gov.cn/zhengce/202502/content_ 7005158. htm。

弱对农民种植积极性存在影响，预计 2025 年小麦种植面积和产量稳中略增。2024 年稻米价格表现稳定，稻米产量、种植面积均小幅提升，但仍未恢复到 2022 年水平，预计 2025 年稻米产量、种植面积双增长。2025 年中央一号文件对于油料作物生产支持政策持续加码，在不发生大规模自然灾害的前提下，预计大豆和油料种植面积与产量将会继续小幅增长。2025 年初以来，棉花供应较为宽松，棉花产销情况总体良好，预计棉花生产小幅增长；食糖产销进度较上年度同期明显偏快，但是广西、广东等大部蔗区冬春降水偏少，农业干旱范围扩大，预计糖料生产稳中略降。

（二）市场价格总体运行平稳

粮食市场方面，2025 年初印度解除限制大米出口政策后大米出口快速增长，国际市场供应大幅增加，国际稻米价格大幅下滑，国内稻米市场整体仍然供过于求，叠加进口稻米价格大幅下跌，加工企业、经销商对涨价态度谨慎，国内稻米市场以稳定为主。受极寒天气影响，美国和欧洲冬小麦作物生长情况较差，但是阿根廷和澳大利亚小麦出口预期增加，总体看国际小麦市场将保持震荡，小麦国内供应较为充足，叠加小麦最低收购价改革利好，国内小麦市场稳中向好。受阿根廷天气炎热干燥影响，阿根廷玉米产量预期下调，优良率评级下滑，叠加美国农业部供需报告调减全球玉米产量和库存因素，国际玉米价格上涨趋势明显，受国内外玉米价差缩小的影响，玉米深加工企业开工率保持高位，且政策增储力度加大，中储粮持续在市收购，预计国内玉米市场将有所回暖。2025 年巴西大豆预计丰产，全球大豆供应宽松，但美国农业部供需报告大幅下调美国大豆的单产和产量，且阿根廷炎热干燥天气对大豆作物生长不利，国际大豆价格将震荡运行，受豆油、豆粕价格上升影响，国内大豆需求预计走强，预计国内大豆市场稳中向好。

经济作物市场方面，2025 年，美国农业部调增全球棉花产量预期，国际棉价下跌趋势明显，国内市场棉花供应较为宽松，总体供大于求，预计棉花市场承受压力。受大豆丰产预期影响，叠加阿根廷豆油和豆粕的出口税下调有助于提高豆油、豆粕出口量，全球豆油、豆粕供应总体宽松。加拿大农

业部维持 2025/2026 年度油菜籽产量预期，小幅下降，预计国际市场油菜籽价格上升。东南亚地区棕榈油仍处于减产季，加之印度尼西亚重申在生物燃料中提高棕榈油掺混比例的计划，预计提振棕榈油消费，支撑国际棕榈油价格上涨。由于国内油籽及食用植物油市场与国际市场关系较为紧密，判断国内油籽及食用植物油市场将呈现分化态势。

2024 年巴西食糖产量高于预期，北半球食糖生产节奏加快，泰国食糖压榨量较上年同期偏多，叠加印度政府取消食糖出口禁令，国际供给量增加，国际糖价明显下跌，受国际食糖供应增多等因素影响，国际糖价下跌幅度较大，国内糖料生产预计微跌，叠加推广减糖政策影响，预计国内糖料市场平稳运行。

（三）对外依存度持续改善

粮食贸易方面，尽管国际稻米产量大幅下降，但是国内稻米市场总体呈现供过于求态势，在不发生极端自然灾害及战争前提下，预计 2025 年粮食进口数量有可能继续保持稳定或小幅增长态势。随着饮食结构改变，小麦需求会保持增长态势，但是受国际小麦市场震荡运行，以及国内供应充足影响，预计 2025 年小麦进口以稳为主。受国际玉米价格上涨影响，叠加美国玉米进口量持续下降因素，预计 2025 年玉米进口量下降。受国内饲用大豆进口需求短时难以替代因素影响，预计 2025 年大豆进口量依然在波动中保持平稳。

经济作物贸易方面，尽管国际棉价下跌，但是国内棉花总体供应充足，叠加美国棉花被制裁因素影响，预计 2025 年棉花进口量减少。受油料国际市场价格分化影响，叠加政策减油健康饮食呼吁，预计 2025 年油料进口稳中略跌。尽管国际糖价下跌明显，但是国内供给较为充足，且受国内糖料价格及需求预期均将下降的影响，预计 2025 年国际糖进口量下降。

G.5
2024年林业经济形势分析
及2025年展望

赵海兰*

摘　要：　2024年，林业投资规模增幅较大，全国造林面积有所增加。全年林草产业总产值10.17万亿元，同比增长9.60%。国内木材产量为13740万立方米，比上年增长8.20%。木质林产品进出口贸易额为1235.31亿美元。其中，木质林产品的进口以原木、锯材、纸制品和木浆等产品为主，木浆、原木和纸制品进口减少，锯材进口量减少但进口额增加。出口以纸制品和木质家具为主，纸制品出口量增加但出口额减少，木质家具出口增加。林产品市场得到一定程度的复苏，但全年依旧处于萎缩状态。2024年，造林面积基本与上年持平，林业第三产业比重有所提高。林产品进出口贸易额略有下降，出口形势趋于平缓。国内林产品市场迎来机遇，木制品价格有所上升。

关键词：　林业生产　林产品市场　林产品贸易

2023年中央一号文件中涉及林业的内容包括支持发展油茶等木本油料，提升饲草生产能力，加快草原畜牧业转型升级，提升森林草原防灭火能力，发展森林食品，丰富"森林粮库"，引导农民发展适合家庭经营的产业项目，因地制宜发展庭院经济、林下经济、民宿经济，大力推进"三北"工程，强化资源协同和联防联治，提升防沙治沙综合治理效果，加强草原生态

---

* 赵海兰，管理学博士，国家林业和草原局发展研究中心副研究员、战略研究室副主任，主要研究领域包括林业发展战略规划、森林可持续经营和林业经济理论与政策。

保护修复，深化集体林权制度改革，调整优化林木采伐管理制度，赋予权利人更加充分的林木处置权和收益权，为林业发展提供了良好的政策支撑和发展方向。2024年，林业经济持续回升，有力有效，为加快经济社会发展全面绿色转型作出积极贡献。

2025年是进一步全面深化改革、推进中国式现代化的关键之年，是"十四五"规划收官之年，也是"十五五"规划谋篇布局之年。为了扎实推进乡村振兴，推动林草高质量发展，统筹山水林田湖草沙一体化保护和系统治理，做好林草资源保护管理和要素保障，高质量发展和高水平保护统一结合，讲好人与自然和谐共生林草故事，中国将继续加大对林业的支持力度。林业经济有着更加广阔的发展空间。

一　2024年林业生产分析

（一）林业投资规模增幅较大，国家投资进一步加大

中国林草资金来源包括中央资金、地方资金、国内贷款、利用外资、自筹资金及其他社会资金。2024年，中央林草资金1581亿元，同比增长18.52%。自2015年以来，中国林业投资完成额呈增长趋势，但2023年的林业投资完成额减少至3642.06亿元，比2022年减少19.59亿元，同比减少0.53%。截至2024年10月底，林业投资完成额同比增长0.63%[1]。林业投资完成额包括国家资金和社会资金，其中国家资金包括中央资金和地方资金。近十年，林业投资中国家资金与社会资金的比例变化出现逆转，2014年，该比例约为41∶59，2023年则约为66∶34[2]。在林业生态环境保护与

---

[1] 2024年数据来源于《2024年林业和草原主要数据统计快讯》，由于部分数据统计周期尚未覆盖到年末，另外统计项目也不完整，因此这里只是与2023年同期进行的比较，该结果与用全年数据比较的结果会略有偏差。

[2] 受统计口径影响，2018年之后的统计数据包含草原部分，2014年详细分类为本年实际到位资金小计，2023年详细分类为林草投资完成额。

建设上，国家的资金支持力度进一步加大，主导功能不断增强。2023年，我国共安排中央预算内投资299.23亿元，同比增加2.03亿元，增幅为0.68%。其中：重点区域生态保护和修复中央预算内投资234亿元，森林草原防火27.71亿元，野生动植物保护与国家级自然保护区建设7亿元，种质资源库建设2亿元，国有林区/林场管护用房建设2亿元，有害生物防治2.5亿元，林业执法监管能力提升方向14亿元，文化保护传承利用工程7.16亿元，草种业1.16亿元，部门自身建设1.7亿元①。2024年，全力支持打好"三北"工程攻坚战，实施287个项目，落实中央资金320亿元。新增中央财政资金37亿元，重点支持国家公园、油茶、林草支撑保障体系等。新启动8个油茶产业发展示范奖补项目、10个国土绿化示范项目，中央财政补助31亿元。安排森林防火资金55亿元，比上年增长1倍。从各渠道资金来源的增速、完成情况及2024年国家资金的下达情况来看，2024年，各渠道资金投入略有增加，林业投资中国家资金与社会资金的比例略有变化，国家投资进一步加大，投资结构较2023年更趋合理化。

（二）全国造林面积有所增加，山水林田湖草沙系统治理取得新进展

2024年，全国计划完成国土绿化任务1亿亩，实际完成造林面积6669万亩，比2023年增长11.21%；实际种草改良面积4836万亩，比2023年减少26.37%；治理沙化石漠化土地面积4174.5万亩，比2023年增长46.11%；超额实现1亿亩的国土绿化既定目标。森林可持续经营实施面积扩大到1000万亩以上，森林覆盖率超过25%，森林蓄积量超过200亿立方米，美丽中国绿色成色更足。

2024年，组织实施176个"双重"工程项目、10个国土绿化示范项目。推进实施"十四五"27个山水林田湖草沙一体化保护和修复工程项目，

---

① 根据国家林业和草原局规划财务司提供资料整理。

累计完成生态保护修复面积超 500 万公顷。实施 49 个历史遗留废弃矿山生态修复示范工程项目，完成修复治理面积约 4 万公顷。新增水土流失治理面积 6.4 万平方公里，建设生态清洁小流域 677 条。森林可持续经营实施面积扩大到 66.7 万公顷以上。全国林草碳汇试点市（县）和国有林场碳汇试点实施面积达 6.8 万公顷①。

（三）木材产量和林草产业总产值继续增长，林草产业健康发展

2024 年，全国木材产量为 13740 万立方米，同比增长 8.20%②；中国林草产业总产值达 10.17 万亿元（按现行价格计算），比 2023 年增加 0.89 万亿元③，同比增长 9.60%。中国林草产业已形成木竹加工、森林食品、林下经济和生态旅游等 4 个年产值超万亿元的支柱产业。2024 年是加快油茶产业发展三年行动的第二年。政策、资金、技术等一系列要素持续注入，助推油茶产业提质增效，产业发展势头向好。年完成油茶新增种植和低产林改造712.50 万亩，茶油产量达 100 万吨，支持 200 个油茶重点县茶林营造，中国以油茶、油橄榄、核桃等为主的木本油料林面积 1.8 亿亩，油料产量 968万吨。全国经济林种植面积 7 亿亩，全国近 86% 的县种植经济林，经济林年产值超过 2 万亿元。林下经济利用林地面积 6 亿多亩，年产值约 1 万亿元。目前，全国已建成国家林下经济示范基地 649 个、林特类中国特色农产品优势区 37 个。木材加工产业年产值超过 3 万亿元，木竹产品种类上万种，定制家居产业总产值突破 3000 亿元。2024 年全国生态旅游游客量为 27.60 亿人次，同比增长 9.10%。国家林业和草原局、文化和旅游部联合推出首批14 条特色生态旅游线路，涉及生态旅游地 130 余处，有力支撑绿色富民产业健康发展。

---

① 《2024 年中国国土绿化状况公报》，国家林草局，2025 年 3 月 12 日。
② 《中华人民共和国 2024 年国民经济和社会发展统计公报》，国家统计局，2025 年 2 月 28 日。
③ 2024 年数据来源于国家林业和草原局局长刘国洪在全国林业和草原工作视频会议上的讲话，2023 年数据来源于《中国林业和草原年鉴 2023》。

二　2024年中国主要林产品市场分析

2024年，中国林业采购经理指数（FPMI）[①]全年平均为46.69，比2023年高0.65，中国林产品市场迎来一定程度的复苏，但全年依旧处于萎缩状态，衰退相较2023年有所缓解，其中，有7个月市场处于衰退状态。从全年来看，FPMI受春节假期等因素综合影响，2月是FPMI全年的最低谷，为24.43，比2023年同期水平下降49.29%，延续以往的春节下降周期；3月FPMI为60.44，在荣枯线以上，且企业发展态势良好；4月FPMI为34.41，比2023年同期水平下降30.72%；5月FPMI为57.93，比2023年同期水平上升36.92%；6月与往年不一样，FPMI为57.97；7~8月历来是林业行业全年的第二个低谷，FPMI分别为42.15和40.97，其中7月比2023年同期水平下降5.62%，8月比2023年同期水平上升21.25%；9月延续了暑期的低谷，FPMI为46.10；10月，林产品市场重回发展区间，进入金秋发展模式，FPMI为55.61；11月FPMI为48.53，与2023年同期水平基本持平；12月FPMI为52.94，比2023年同期水平上升24.42%。

2024年，除了造纸企业的FPMI在荣枯线以上，处于发展状态外，其他林产品行业的FPMI均在荣枯线以下，均处于萎缩状态，但衰退程度略有不同。造纸企业的FPMI为54.31，比2023年下降3.57%，与2023年一致，全年共有7个月的FPMI在荣枯线以上，其中2月、3月、5月和9月的FPMI超过60，分别为63.33、62.50、66.25和62.50，6月、10月和12月的FPMI在50以上，分别为53.33、52.50和52.50。

木质家具在前些年是林产品市场里发展得最景气的行业，2024年延续

[①] 从2012年开始，国家林业和草原局开展了中国林业采购经理指数（Forest Purchase Management Index，FPMI）调查工作。调查以问卷的形式在网上进行，调查问卷由国家林业和草原局发展研究中心和中国林业产业联合会参照国家统计局调查标准制定。FPMI是衡量林业行业发展状态的风向标，指数超过50，说明行业处于发展状态；等于50，行业为停滞状态；小于50，行业为衰退状态。

2023年的衰退态势，全年平均FPMI为49.26，在荣枯线以下，比2023年仅上升5.19%。木质家具的FPMI在2024年有6个月在荣枯线以上，分别是3月、5~6月和10~12月，其中6月的FPMI为72.59，达到全年最高点。3月、5月、10月和12月的FPMI超过60，分别为65.98、69.82、66.21和63.14。

2024年，细工木板和木门窗的年平均FPMI分别为44.92和44.85，其中，细工木板的FPMI比2023年下降了5.39%，全年发展比较均衡，有1个月在荣枯线以上，即3月，FPMI为52.96；最低点出现在12月，为38.96。木门窗的FPMI比2023年下降了6.54%，全年有2个月在荣枯线以上，受春节因素影响，最低点出现在2月，为25.69，最高点出现在3月，为63.79，二者相差38.10。

2024年，胶合板、刨花板和纤维板的FPMI分别是43.49、43.14和40.21，分别比2023年下降2.66%、6.95%和4.14%。其中，胶合板的FPMI全年只有3月在荣枯线以上，为53.83，最低点出现在2月，为33.41。刨花板的FPMI全年只有1个月在荣枯线以上，即3月，为62.03，最低点出现在1月，为29.84。纤维板连续第五年成为林业行业里最不景气的行业。2024年的年平均FPMI为40.21，比2023年同期水平下降4.33%。全年最低点出现在2月，为28.55，全年有1个月在荣枯线以上，即3月，FPMI为52.50。

木地板和竹产品的FPMI为44.85和46.59，木地板比2023年同期水平下降0.66%，竹产品比2023年同期水平上升2.96%，其中，木地板的FPMI在荣枯线以上的有3月、5月和9月，分别是54.09、51.59和51.21，FPMI在40以下的有1月、2月和8月，分别是36.48、35.83和37.73。竹产品的FPMI在荣枯线或以上的有5个月，即3~5月、10月和12月，分别是54.58、50.08、50.32、50.00和50.31，FPMI在40以下的有1个月，即2月，为38.57。指接板的FPMI为45.80，比2023年同期水平上升6.31%，全年只有1个月在荣枯线以上，即3月，为52.65。

表1 2024 年全国林业 FPMI 及 10 类产业 FPMI

林产品	1 月	2 月	3 月	4 月	5 月	6 月	7 月	8 月	9 月	10 月	11 月	12 月
FPMI	38.84	24.43	60.44	34.41	57.93	57.97	42.15	40.97	46.10	55.61	48.53	52.94
胶合板	37.99	33.41	53.83	47.66	48.05	44.64	44.26	44.13	42.19	44.57	41.31	39.82
刨花板	29.84	38.50	62.03	47.81	41.25	39.56	40.33	47.83	39.87	44.58	40.59	45.53
木地板	36.48	35.83	54.09	49.64	51.59	45.45	42.16	37.73	51.21	44.91	46.16	42.93
纤维板	36.67	28.55	52.50	44.88	42.76	38.75	43.13	36.25	35.50	41.63	43.75	38.19
细工木板	43.93	42.77	52.96	47.22	46.11	46.96	45.00	46.88	43.66	41.73	42.86	38.96
木门窗	31.00	25.69	63.79	50.69	40.17	46.03	43.17	46.64	46.55	45.19	49.83	49.48
木质家具	38.99	14.44	65.98	19.70	69.82	72.59	40.65	38.12	48.21	66.21	53.29	63.14
造纸企业	49.17	63.33	62.50	48.33	66.25	53.33	48.75	49.21	62.50	52.50	43.33	52.50
竹产品	48.25	38.57	54.58	50.08	50.32	41.06	40.63	40.73	49.23	50.00	45.31	50.31
指接板	43.53	35.15	52.65	47.50	44.26	47.50	44.12	46.18	46.25	47.78	47.36	47.36

资料来源：根据国家林业和草原局发展研究中心产业研究室提供数据整理。

2024 年，中国林产品市场波动进一步趋于平缓，FPMI 的变异系数约为 0.24，比 2023 年同期水平上升 0.02。各类林业行业 FPMI 的变异系数差异较大。其中，有 7 个行业的 FPMI 变异系数低于 2023 年，市场波动得到缓解（见图1）。纤维板的变异系数变动最大，为 0.15，比 2023 年同期水平低 10.01，木质家具依旧成为近年来各分类产业 FPMI 波动的最高水平，木质家具 FPMI 的变异系数为 0.39，比 2023 年同期水平高 0.05。木门窗变异系

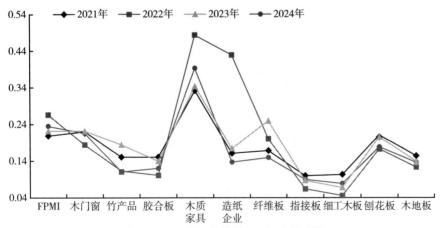

图1 2021~2024 年林业 FPMI 变异系数

资料来源：根据国家林业和草原局发展研究中心产业研究室提供数据整理。

数超过 0.20，为 0.22，与 2023 年同期水平持平。变异系数在 0.10~0.20 的林业行业居多，合计为 6 个，分别是胶合板、刨花板、木地板、纤维板、造纸企业和竹产品，变异系数分别为 0.12、0.18、0.14、0.15、0.14 和 0.11，同前两年一致，指接板和细工木板的变异系数最小，分别约为 0.09 和 0.08，市场较为稳定，同时也说明这两个行业的发展始终属于一种低水平的稳定状态。

三　2024 年中国主要林产品贸易

2024 年，中国木质林产品进出口贸易额为 1235.31 亿美元，同比减少 0.17%[①]。木质林产品的出口额为 734.70 亿美元，同比增长 1.90%；进口额为 500.61 亿美元，同比减少 3.05%。

（一）木材和木制品进口

2024 年，中国木材和木制品进口以原木、锯材、纸制品和木浆为主。木材产品中，原木进口量和进口额均减少，锯材进口量减少但进口额增加；木片进口增加，木炭进口减少。木制品中，单板进口量减少但进口额增加，纤维板进口量增加但进口额减少，刨花板进口增加；木浆、木质家具、软木及软木制品、纸制品和木框架等均进口减少，印刷品进口量减少但进口额增加，废纸进口量增加但进口额减少。

1. 木材进口

2024 年，中国木材进口以原木和锯材为主，进口额占木材和木制品进口总额的 25.92%（见图 2），同比增长 0.31%。

---

① 此处林产品分类参照《2021 年度中国林业和草原发展报告》，分为木质林产品和非木质林产品。其中，木质林产品指的是森林提供的以木材为形式的产品，划分为两大类，即木材和木制品，共 8 小类——原木、锯材（包括特性材）、人造板（包括单板、胶合板、刨花板和纤维板）、木框架等木制品、纸类（包括木浆、纸制品、废纸、印刷品等）、木质家具、木片、木炭等，其中木材部分包括原木、锯材、木片和木炭。

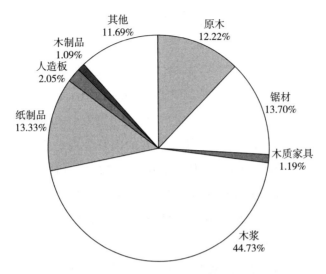

图 2　2024 年中国木材和木制品进口结构

资料来源：根据中华人民共和国海关总署数据整理。

2024 年，中国进口原木 3043.40 万吨，同比减少 4.35%；进口额 61.17 亿美元，同比减少 4.17%。在原木进口额中，针叶原木占比为 55.21%，阔叶原木占比为 44.79%，与 2023 年相比，针叶原木占比下降，阔叶原木占比上升；在原木进口量中，针叶原木进口 2053.42 万吨，阔叶原木进口 989.98 万吨。

从进口来源看，2024 年，原木进口量排名前 6 的国家是新西兰、巴布亚新几内亚、美国、俄罗斯、日本和所罗门群岛，从以上 6 国进口的原木数量合计为 2234.77 万吨，占原木进口总量的 73.43%。其中，从美国、日本和所罗门群岛进口的原木数量分别为 186.20 万吨、144.70 万吨和 143.26 万吨，同比增长 9.34%、16.71% 和 12.92%。从其他三国进口的原木数量均同比减少，俄罗斯减少最多，降幅达 10.38%；其次为巴布亚新几内亚，降幅达 7.41%；从新西兰进口的原木数量最多，达 1413.19 万吨，但同比减少 1.81%。2024 年，全年累计进口红木（含热带红木和其他红木）原木 7.60 万吨，其中，全年进口热带红木 4.12 万吨，进口量排名前 5 的国家是刚果民主共和国、刚果共和国、冈比亚、尼日利亚和尼加拉瓜，从以上 5 国进口的热带红木数量合计为 4.01 万吨，占热带红木进口总量的 97.33%。全年累

计进口红木 6453.46 万美元，同比减少 42.04%。

2024 年，中国进口锯材 1654.66 万吨，同比减少 3.91%；进口额为 68.60 亿美元，同比增长 0.29%。其中，针叶锯材进口 863.19 万吨，同比减少 8.70%；阔叶锯材进口 791.47 万吨，同比增长 1.92%。针叶锯材和阔叶锯材的进口量占比分别为 52.17% 和 47.83%，进口额占比分别为 47.01% 和 52.99%。

从进口来源看，锯材进口量排名前 6 的国家分别是俄罗斯、泰国、美国、加拿大、白俄罗斯和加蓬，从以上 6 国进口的锯材数量合计为 1343.43 万吨，占锯材进口总量的 81.19%。其中，从泰国、白俄罗斯和加蓬进口的锯材均同比增加，三国进口的锯材量分别为 366.32 万吨、69.90 万吨和 52.43 万吨，同比增长 7.84%、34.55% 和 32.06%。从俄罗斯、美国和加拿大进口的锯材均同比减少，从俄罗斯的进口量为 699.62 万吨，同比减少 8.20%，从美国的进口量为 79.92 万吨，同比减少 5.08%，从加拿大的进口量为 75.24 万吨，同比减少 2.98%（见表 2）。

表 2　2024 年中国原木和锯材进口前 6 位贸易伙伴情况

单位：万吨，%

国家	原木			国家	锯材		
	数量	增幅	比例		数量	增幅	比例
新西兰	1413.19	-1.81	46.44	俄罗斯	699.62	-8.20	42.28
巴布亚新几内亚	193.94	-7.41	6.37	泰国	366.32	7.84	22.14
美国	186.20	9.34	6.12	美国	79.92	-5.08	4.83
俄罗斯	153.48	-10.38	5.04	加拿大	75.24	-2.98	4.55
日本	144.70	16.71	4.75	白俄罗斯	69.90	34.55	4.22
所罗门群岛	143.26	12.92	4.71	加蓬	52.43	32.06	3.17

资料来源：根据中华人民共和国海关总署数据整理。

2024 年，中国进口木片① 1750.48 万吨，同比增长 19.63%，进口额 32.11 亿美元，同比增长 9.00%。与 2023 年一致，木片进口相对来说较为

---

① 木片指的是在制造其他木材产品时特意加工成碎片并适用于制浆、制造碎料板和纤维板、用作燃料或其他用途的木材（此概念源于《粮农组织林产品年鉴》，下文亦同）。

集中，越南、澳大利亚、泰国、印度尼西亚和智利是木片进口量排名前5的贸易伙伴，从以上5国进口的木片数量合计占木片进口总量的95.87%，木片进口量占比分别为70.14%、14.34%、5.66%、2.94%和2.79%。其中，从越南、澳大利亚和印度尼西亚进口的木片数量同比增加1227.82万吨、250.94万吨和51.49万吨，同比增长33.95%、0.79%和19.96%；从泰国和智利进口的木片量则分别同比减少99.07万吨和48.81万吨，同比减少1.35%和8.26%。进口木炭60.11万吨，同比减少9.85%；进口额19365.60万美元，同比减少7.53%①。与2023年一致，缅甸、老挝、菲律宾、越南和印度尼西亚是木炭进口量排名前5的贸易伙伴，从以上5国进口的木炭数量合计54.18万吨，5国的木炭进口量分别是19.23万吨、12.91万吨、11.56万吨、6.94万吨和3.55万吨，合计占木炭进口总量的90.14%，木炭进口量占比分别为31.99%、21.47%、19.23%、11.55%和5.90%。

2. 木制品进口

2024年，中国木制品进口以木浆和纸制品为主，进口额占木材和木制品进口总额的58.06%，同比减少1.34%。

2024年，中国进口单板171.26万吨，同比减少7.37%；进口额4.13亿美元，同比增长19.02%。单板进口量排名前5的国家是越南、俄罗斯、乌干达、泰国和缅甸，从以上5国进口的单板数量占单板进口总量的81.61%，同比下降6.69个百分点，5国的单板进口量占比分别为34.32%、18.04%、11.62%、9.48%和8.15%。

2024年，中国进口胶合板25.92万吨，同比增长32.85%；进口额2.19亿美元，同比增长6.31%。胶合板进口来源国家排名前5的是俄罗斯、印度尼西亚、马来西亚、日本和越南，5国的进口量合计为25.21万吨，占胶合板进口总量的97.26%。其中，进口自俄罗斯和越南的胶合板数量同比增长44.13%和2353.57%。进口自印度尼西亚、马来西亚和日本的胶合板数量则同比减少，减少幅度最大的为日本，同比减少20.54%，其次为马来西亚，

---

① 木炭指的是因部分燃烧或外部热源而炭化的木材。

同比减少 10.82%，印度尼西亚则同比减少 2.37%。

2024 年，中国进口纤维板 5.27 万吨，同比增长 2.73%；进口额 0.46 亿美元，同比减少 6.12%。纤维板进口来源国家排名前 5 的分别是新西兰、泰国、德国、罗马尼亚和比利时，从以上 5 国进口的纤维板数量合计 4.16 万吨，占纤维板进口总量的 78.90%。从德国进口的纤维板数量同比减少 27.97%，从其他四国进口的纤维板数量均同比增加，其中，增幅最大的是罗马尼亚，同比增长 117.14%，其次是新西兰，同比增长 15.50%，泰国同比增长 12.25%，比利时则同比增长 7.30%。与 2023 年相比，前 5 位贸易伙伴的总份额上升 3.60 个百分点。其中，德国下降 5.90 个百分点，新西兰、泰国和比利时分别增加 3.46 个、1.45 个和 0.28 个百分点。

2024 年，刨花板进口量达 76.18 万吨，同比增长 0.63%；进口额 3.46 亿美元，同比增长 2.98%。刨花板进口来源国家排名前 5 的分别是泰国、巴西、波兰、罗马尼亚和德国，从以上 5 国进口的刨花板数量合计 57.57 万吨，占刨花板进口总量的 75.57%。其中，从泰国和罗马尼亚进口的刨花板数量同比分别减少 16.76% 和 39.29%，从其他三国进口的刨花板数量则同比增加。增加幅度最大的是波兰，同比增长 187.40%，其次为巴西，同比增长 46.73%，德国则同比增长 4.65%（见表 3）。

表 3　2024 年中国"三板"进口前 5 位贸易伙伴情况

单位：万吨，%

国家	胶合板			国家	纤维板			国家	刨花板		
	数量	增幅	比例		数量	增幅	比例		数量	增幅	比例
俄罗斯	23.68	44.13	91.36	新西兰	1.67	15.50	31.75	泰国	22.73	-16.76	29.84
印度尼西亚	0.61	-2.37	2.38	泰国	0.92	12.25	17.46	巴西	14.24	46.73	18.69
马来西亚	0.39	-10.82	1.49	德国	0.73	-27.97	13.78	波兰	8.23	187.40	10.80
日本	0.30	-20.54	1.15	罗马尼亚	0.48	117.14	9.02	罗马尼亚	7.40	-39.29	9.71
越南	0.23	2353.57	0.88	比利时	0.36	7.30	6.89	德国	4.97	4.65	6.53

资料来源：根据中华人民共和国海关总署数据整理。

2024年，中国进口木质家具317万件，同比减少7.58%。进口木质家具中，木坐具77万件，占24.20%，木家具240万件，占75.80%；木质家具进口额5.97亿美元，同比减少16.62%，其中木坐具占33.90%，木家具占66.10%。木质家具进口来源主要集中在意大利和德国，进口额占比分别为42.15%和17.42%。

2024年，中国进口木浆3435.63万吨，同比减少6.29%；进口额223.95亿美元，同比减少5.62%。与2023年一致，木浆进口第一大贸易伙伴是巴西，木浆进口额占比为23.22%，比2023年增加4.96个百分点。2024年，中国进口废纸58.59万吨，同比增长1.05%；进口额1.14亿美元，同比减少4.20%。2024年中国进口废纸全部来自中国香港和中国澳门，其中从中国香港进口废纸56.14万吨，同比增加0.49万吨，占进口总数的95.82%。

2024年，中国进口纸制品1099.8万吨，同比减少6.92%；进口额66.73亿美元，同比减少3.93%。纸制品进口排名前7的地区为俄罗斯、马来西亚、老挝、美国、越南、印度尼西亚和中国台湾，从以上7个地区进口的纸制品数量合计为820.07万吨，占纸制品进口总量的74.57%，同比增加17.30个百分点。7个贸易伙伴的占比分别为15.92%、15.91%、8.84%、8.71%、8.50%、8.47%和8.22%。

2024年，中国进口印刷品3.21万吨，同比减少3.02%；进口额20.72亿美元，同比增长0.88%。印刷品进口排名前6的贸易伙伴分别是中国香港、中国台湾、日本、韩国、美国和中国，印刷品进口量合计占比为79.54%，6个贸易伙伴的印刷品进口量占比分别为29.48%、13.84%、10.55%、9.41%、8.22%和8.05%。

2024年，中国木框架等木制品进口量为44.13万吨，同比减少10.83%；进口金额5.13亿美元，同比减少11.55%。2024年，中国进口软木及软木制品4385.67吨，进口额3083.21万美元，同比分别减少18.16%和20.07%。软木及软木制品进口较为集中，与2023年一致，排名前两位贸易伙伴为葡萄牙和阿尔及利亚，软木及软木制品进口量分别占比67.98%和19.60%，合计占比

为 87.58%，从葡萄牙和阿尔及利亚进口的软木及软木制品量分别为 2981.27 吨和 859.51 吨，同比分别减少 17.69% 和 27.68%。

（二）木材和木制品出口

2024 年，中国木材和木制品出口以纸制品和木质家具为主，出口额分别占木材和木制品出口总额的 40.48% 和 30.92%（见图 3），其中，纸制品份额同比增加 0.66 个百分点，木质家具份额则同比增加 0.15 个百分点。木材中，原木出口增加，锯材出口量增加、出口额减少；木片和木炭的出口减少。木制品中，单板出口量增加、出口额减少，胶合板、纤维板和刨花板等产品的出口增加；木浆和软木及软木制品的出口减少；木质家具、印刷品、废纸和木框架等产品的出口增加，纸制品的出口量增加但出口额减少。

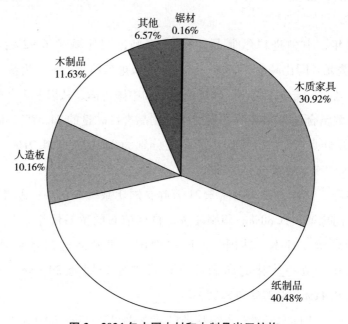

图 3　2024 年中国木材和木制品出口结构

资料来源：根据中华人民共和国海关总署数据整理。

1. 木材出口

2024 年，中国木材产品出口以锯材和木炭为主，中国原木产能有限，但 2024 年原木出口量和出口额均有所增加,且幅度较大,主要是前两年受疫情影响出口受到限制,此次增长属于复苏型。

2024 年,中国原木出口增加,出口原木 12.39 万吨,同比增长 134.09%;出口额 1238.97 万美元,同比增长 91.72%。锯材出口量增加、出口额减少。原木出口国为越南,出口锯材 11.24 万吨,同比增长 6.80%;出口额 1.18 亿美元,同比减少 1.55%。锯材出口市场主要集中于越南、日本、马来西亚、柬埔寨和韩国等 5 个国家,5 国的锯材出口量占比分别为 35.10%、13.37%、10.76%、9.35% 和 6.97%,合计占锯材出口总量的 75.55%。其中,出口日本的锯材数量同比减少 34.78%,出口越南、马来西亚、柬埔寨和韩国的锯材数量同比增加,其中出口柬埔寨的锯材数量同比增幅最大,达 150.45%。其次为马来西亚,同比增长 37.57%,韩国和越南同比分别增长 13.78% 和 11.12%。出口木片 1.99 万吨,同比减少 38.20%,出口额 723.78 万美元,同比减少 44.38%,木片出口市场主要集中在中国香港、中国台湾、柬埔寨、日本、泰国和马来西亚等 6 个地区,6 个地区的木片出口量占比分别为 17.53%、14.78%、11.79%、11.59%、10.15% 和 10.12%,合计占木片出口总量的 75.96%。出口木炭 10.13 万吨,同比减少 7.40%,出口额 0.78 亿美元,同比减少 48.34%。木炭出口量排名前 5 的国家分别是日本、韩国、沙特阿拉伯、伊拉克和阿联酋,出口量占比分别为 35.05%、12.91%、10.94%、8.19% 和 7.87%,合计占木炭出口总量的 74.96%。

2. 木制品出口

与 2023 年一致,2024 年胶合板、纤维板和刨花板等出口量和出口额均有不同幅度的增加,单板出口形势有所好转,出口量增加,但出口额减少。人造板出口依然以胶合板为主,但份额进一步减少,占 2024 年人造板出口总额的 70.46%,同比减少 6.15 个百分点。

2024 年,中国出口单板 35.97 万吨,同比增长 9.46%,出口额 5.61 亿美元,同比减少 10.95%,单板主要出口地区为越南、中国台湾、菲律宾、柬埔寨、印度尼西亚和印度,出口量合计占单板出口总量的 71.91%,6 个地区分别占比 29.52%、10.99%、10.31%、8.28%、6.84% 和 5.97%。其中,

出口柬埔寨和印度的单板数量同比下降 22.66% 和 31.56%，出口越南、中国台湾、菲律宾和印度尼西亚的单板数量则同比增长 31.88%、11.78%、45.66% 和 24.11%。

2024 年，中国胶合板出口量 675.22 万吨，同比增长 18.85%；出口额 52.61 亿美元，同比增长 9.24%。中国胶合板出口市场相对较为分散，胶合板出口量排名前 5 的国家分别是菲律宾、阿联酋、英国、沙特阿拉伯和澳大利亚，5 国胶合板出口量占出口总量的 29.25%。其中，出口这 5 个国家的胶合板数量均同比增长，增幅最大的是沙特阿拉伯，同比增长 44.26%；其次为阿联酋，同比增长 38.28%；澳大利亚同比增长 22.60%；英国同比增长 17.89%；菲律宾同比增长 14.64%。与 2023 年相比，前 5 位贸易伙伴的总份额上升 0.40 个百分点。其中，出口菲律宾和英国的胶合板数量占比分别下降 0.27 个百分点和 0.05 个百分点，出口阿联酋和澳大利亚的胶合板数量占比分别提高 0.86 个百分点和 0.14 个百分点。2024 年，中国纤维板出口量 274.17 万吨，同比增长 24.98%；出口额 13.52 亿美元，同比增长 13.42%。纤维板出口量排名前 5 的国家分别是越南、沙特阿拉伯、墨西哥、尼日利亚和美国，出口量占比分别为 13.36%、12.10%、8.73%、8.18% 和 6.00%，合计占比为 48.37%。出口以上 5 国的纤维板数量均同比增加，其中，增幅最大的是越南，同比增长 109.56%，其次是沙特阿拉伯，同比增长 81.53%，接着是美国，同比增长 13.81%，墨西哥和尼日利亚则同比分别增长 7.43% 和 4.93%。与 2023 年相比，前 5 位贸易伙伴的总份额增加 6.66 个百分点。其中，出口越南和沙特阿拉伯的纤维板数量占比增加 5.39 个和 3.77 个百分点，出口墨西哥、尼日利亚和美国的纤维板数量占比降低 1.43 个、1.57 个和 0.59 百分点。2024 年，中国刨花板出口量 52.52 万吨，同比增长 32.89%；出口额 29250.85 万美元，同比增长 5.13%。刨花板出口量排名前 5 的地区分别是中国台湾、蒙古国、尼日利亚、智利和越南。其中，出口以上 5 个地区的刨花板数量均有所增加，其中，增幅最大的是智利，同比增长 86.19%，其次是中国台湾，同比增长 49.54%，再次是越南，同比增长 44.14%，尼日利亚和蒙古国则同比分别增长 38.20% 和 37.80%。

与2023年相比，前5位贸易伙伴的总份额下降4.90个百分点。其中，出口以上5个贸易伙伴的刨花板数量份额均同比增长，出口中国台湾、蒙古国和尼日利亚的刨花板数量份额分别上升2.64个、0.35个和0.33个百分点。刨花板出口量排名第4的国家由沙特阿拉伯变为智利，出口量份额上升1.16个百分点，刨花板出口量排名第5的国家由阿联酋变成越南，出口量份额上升了0.41个百分点。

表4　2024年中国"三板"出口前5位贸易伙伴情况

单位：万吨，%

地区	胶合板			地区	纤维板			地区	刨花板		
	数量	增幅	比例		数量	增幅	比例		数量	增幅	比例
菲律宾	49.26	14.64	7.30	越南	36.62	109.56	13.36	中国台湾	12.46	49.54	23.72
阿联酋	41.47	38.28	6.14	沙特阿拉伯	33.17	81.53	12.10	蒙古国	5.13	37.80	9.77
英国	41.28	17.89	6.11	墨西哥	23.93	7.43	8.73	尼日利亚	4.52	38.20	8.60
沙特阿拉伯	34.82	44.26	5.16	尼日利亚	22.45	4.93	8.18	智利	3.46	86.19	6.70
澳大利亚	30.63	22.60	4.54	美国	16.46	13.81	6.00	越南	2.95	44.14	5.61

资料来源：根据中华人民共和国海关总署数据整理。

传统木质家具出口大国出口市场进一步复苏，木坐具和木家具出口量和出口额均有不同程度的增加。2024年，中国出口木质家具4.63亿件，同比增长21.20%；出口额227.18亿美元，同比增长2.41%。其中，出口木家具3.46亿件，同比增长23.57%，出口额143.45亿美元，同比增长4.11%；出口木坐具1.17亿件，同比增长14.71%，出口额83.73亿美元，同比减少0.37%。

2024年，中国出口木浆6.48万吨，出口额0.51亿美元，同比分别减少73.49%和82.35%。出口废纸7085.97吨，出口额347.11万美元，同比分别增长550.20%和726.26%。出口纸制品1618.02万吨，同比增长25.93%，出口额297.41亿美元，同比减少6.37%。与2023年一致，纸、纸板及纸制品出口较为分散，出口量排名前5的国家分别是美国、越南、阿联酋、印度和俄罗斯，出口量占比分别为 8.05%、6.24%、4.24%、4.15% 和 3.79%，5 国合计出口纸制品数量占比为 26.46%；以上 5 个国家出口纸制品 428.06 万吨，出口额 82.89 亿美元，同比分别增长 342.07% 和 102.47%。出口印刷品 111.04 万吨，出口额 42.55 亿美元，同比分别增长 14.68% 和 3.93%。印刷品的出口相对较为稳定，前 5 位贸易伙伴分别为美国、英国、中国香港、澳大利亚和越南，出口量占比分别为 42.61%、7.76%、7.64%、3.39% 和 3.36%，合计占比为 64.76%。其中，出口以上 5 个贸易伙伴的印刷品数量均同比增长，美国的印刷品数量增幅最大，同比增长 20.36%，其次是越南，同比增长 16.92%，出口英国、澳大利亚和中国香港的印刷品数量则同比分别增长 4.96%、4.79% 和 2.88%。

2024 年，中国木框架等木制品出口量 360.31 万吨，出口额 85.01 亿美元，同比分别增长 17.39% 和 0.79%。2024 年，中国出口软木及软木制品 1.57 万吨，同比减少 2.48%，出口额 4507.97 万美元，同比减少 3.91%。软木及软木制品出口量最多的两个国家为越南和美国，占比分别为 37.04% 和 21.28%，出口越南的软木及软木制品同比减少 9.47%，出口美国的软木及软木制品则同比增长 67.43%①。

四 2025年林业生产和林产品市场展望

2024 年，林草产业总产值继续增加，林产品市场复苏缓慢。2025 年是"十四五"规划的收官之年，是中国经济将全面深化改革推向纵深的关键之年，林业经济的发展也进入高质量发展的新阶段，林业经济将迎来更多的发展机遇、焕发出新的生机，成为推进乡村振兴的"新引擎"。

（一）造林面积基本与上年持平，林业第三产业比重有所提高

2025 年是中国开展"三北"六期工程攻坚战的第二年，将围绕打好

---

① 根据中华人民共和国海关总署数据整理。其中，同比百分比根据文中取两位小数点后进行计算而得，部分数据与海关数据中的同比百分比略有出入。

"三北"工程攻坚战，继续科学开展国土绿化行动，计划完成国土绿化任务1亿亩。自然资源部与国家林业和草原局协同编制耕地保护和占补平衡空间规划、国土绿化空间规划，扎实推进实施"双重"、国土绿化示范等项目，加强农田防护林建设。落实大食物观，不断挖掘森林粮库、钱库，出台促进木本粮油提质增效政策措施，加大木本粮油基地建设力度，加大低产林改造力度，建设高标准生产基地，增加单产。继续做好中央财政油茶产业发展奖补项目，组织实施技术指导、生产调度等工作。持续与发改、文旅和体育等部门合作，推动出台有利于生态旅游发展的政策。促进生态旅游产品提质升级。随着宏观经济的稳步增长，林业产业和木材产量等均会得到一定程度的增长。出台支持林下经济产业发展的政策措施，促进林下经济高质量发展。不断增强森林食物的供给能力，进一步提高林业第三产业在林业行业中的比重。

（二）林产品进出口贸易略有下降，出口形势趋于平缓

林产品市场有望进一步复苏，但中国林产品进出口贸易受多方面因素影响将略有下降。从进口来看，2025年中国木材对外依存度依旧保持在较高水平。以原木和锯材为例，俄罗斯、德国和白俄罗斯进入中国前十名的木材供应国名单，其中意大利对中国的木材出口增幅最明显，达到225%。由于欧洲大陆最大的针叶树锯材生产国德国陷入严重困境，锯木厂也面临严峻的问题，预计对中国的木材出口将有所减少。2024年，俄罗斯对中国出口1367万立方米的木材，占中国木材进口总量的21.75%。然而，由于俄乌冲突仍未能缓和以及巴以冲突，预计2025年俄罗斯木材市场将面临市场份额缩减以及运费压力等问题，对中国木材的出口将有所减少。非洲方面，2024年加蓬对中国木材出口供应增长43%，但由于加蓬电力短缺问题未能解决，2025年对中国的木材出口将有所减少。喀麦隆计划在2025年进一步扩大原木出口材种禁令名单，非洲国家亦正积极推动原木出口向下游产业链延伸。因此，2025年非洲原木对中国的出口量或将有所缩减。澳大利亚曾长期占据中国原木进口的重要位置，但受中澳关系影响，其出口至中国的辐射松数

量逐步改善。随着中国经济稳中向好以及房地产政策的持续发力，基建项目有望带动建筑用材需求的增长。全球原木市场的供应紧张局势以及国际政治经济环境的变化仍将对未来原木进口产生重要影响。原木在 2025 年出口将略有下降，锯材的出口仍会少量存在，木制品出口依然以人造板、木质家具、木框架等为主。

（三）国内林产品市场迎来机遇，木制品价格有所上升

2025 年，在美丽中国建设和深化生态文明体制改革的大背景下，森林保护与修复、国土绿化行动等将会更加受到重视，木材产业的发展随着消费的提振也将受到更多的关注，林下经济将迎来新机遇，森林大食物观理念将会日益增强。天然林保护工程与天然林商业性禁伐政策继续得到有效实施，国家储备林工程和森林可持续经营继续有效推进，集体林权制度改革进一步深化，林产品市场将迎来新的机遇。2025 年房地产行业将进入"止跌回稳"的关键期，加上 2025 年"以旧换新"政策力度加大，将推动家具、门窗等消费品领域的发展，为木材和木制品行业带来较大的市场机遇。木材和木制品的需求将迎来一定幅度的增长，从而支撑木材和木制品价格进一步回升。总体而言，木材和木制品供给将会有所增加，木材和木制品需求增长，价格进一步上升。

2024年畜牧业经济形势分析及2025年展望

罗千峰　董泽群*

摘　要： 2024年畜牧业生产出现分化，从产量看，牛肉、禽肉和禽蛋实现稳定增长，而猪肉、羊肉和牛奶则呈现下降趋势。进口市场整体趋弱，禽肉、猪肉和羊肉进口量分别下降40.7%、30.8%和15.5%，乳品进口量同比减少9%，仅牛肉进口保持5.0%的增长。市场价格呈现分化走势，猪肉价格受产能调整影响显著上涨，牛羊肉价格持续走低，鸡肉和生鲜乳价格延续下行态势，禽蛋价格波动加剧。从养殖效益来看，生猪养殖已实现扭亏为盈，但奶牛养殖经营仍较为困难。展望2025年，畜牧业将继续推进高质量发展。预计生猪供应整体宽松，市场价格或同比下滑；牛羊市场有望回暖，经营状况或有所改善；禽肉和禽蛋供应充足，市场价格或承压运行；生鲜乳制品市场有望调整，行业盈利状况或将得到改善。

关键词： 畜牧业生产　畜产品　高质量发展

　　树立大农业观、大食物观，构建多元化食物供给体系，是党中央立足国家食物安全作出的重大战略部署，也是保障粮食和重要农产品稳定安全供给的必然要求。作为"菜篮子"工程的重要组成部分，畜牧业的健康发展对

---

　　* 罗千峰，管理学博士，中国社会科学院农村发展研究所助理研究员，主要研究方向为畜牧业经济、农村产业经济、数字化转型；董泽群，中国人民大学农业与农村发展学院博士研究生，主要研究方向为农业经济理论与政策、资源与环境经济。

实现食物来源多元化目标具有重要保障作用。2024年，保供能力建设方面，围绕"菜篮子"产品保供任务，重点完善了产能调控体系，优化生猪产能调控机制，构建完善上下联动、响应及时的生猪生产调控机制，有效减小生猪产能波动，促进生猪产业持续健康发展；同时，通过推进基础母畜扩群提质、保障饲草料供给、加大疫病防控力度、加强生产监测预警、强化质量安全监管等举措，稳固了牛羊产业发展基础。质量安全与消费升级方面，贯彻落实2024年一号文件要求，完善液态奶标准体系，规范复原乳标识管理，大力促进鲜奶消费，奶业质量显著提升，特别是生鲜乳中乳蛋白、乳脂肪等核心指标达到较高水平，奶业振兴取得明显进展。疫病防控方面，构建了常态化防控机制，重点加强非洲猪瘟等重大动物疫病防控，通过强化畜禽强制免疫、动态监测、应急处置等综合措施，显著提升了防控能力和质量。科技创新驱动方面，种业领域取得突破性进展，涌现出一批具有自主知识产权的标志性成果，生猪、家禽、奶牛等重点领域的育种技术加快产业化应用，有效提升了种源自主保障能力。

总体而言，2024年畜牧业经济形势总体稳定，但呈现显著的分化特征。生猪养殖扭亏为盈，盈利较上年显著改善；肉牛、肉羊、奶牛行情低迷，全年牛肉产量增长3.5%，羊肉产量下降2.5%，牛奶产量下降2.8%，各地积极落实纾困扶持政策，为后续恢复发展奠定基础；禽业保持稳定增长，禽肉和禽蛋产量分别增长3.8%和0.7%，创下历史新高。贸易方面，主要畜产品进口呈现下行态势，尤其是猪肉、羊肉和禽肉进口量降幅明显；价格走势方面，生猪市场价格有所回升，而牛羊肉、乳制品价格呈现震荡下行态势，反映出不同畜种市场分化特征。

一 2024年畜产品生产变化

2024年，中国畜牧业生产呈现总量稳定与结构分化并存的发展态势。从供给总量看，畜产品整体产出保持平稳增长，有效保障了重要农产品的市场供应。从产品品类看，受产业结构优化调整、生产成本变动及养殖效率提升等因素综合影响，各细分领域呈现分化格局，猪肉、羊肉和牛奶产量有所回落，而牛肉、禽肉和禽蛋产量则保持增长势头。从畜产品结构演变趋势看，猪肉在肉类供给体系中仍占据主导地位，整体肉类供给结构向多元化、均衡化方向调整。

（一）畜牧业生产出现分化

从畜产品供给情况看，2024年中国主要畜产品产量总体保持稳定，有力支撑了城乡居民多元化、品质化的消费需求。具体来看，猪牛羊禽肉总产量达9663万吨，较上年小幅增长0.2%①。分品类看，受产能调控影响，猪肉产量为5706万吨，同比下降1.5%；牛肉和禽肉产量分别达到779万吨和2660万吨，同比增长3.5%和3.8%；受市场行情影响，羊肉产量为518万吨，同比下降2.5%。其他畜产品方面，面对成本压力，经过市场调整，牛奶产量为4079万吨，同比下降2.8%；而禽蛋生产保持平稳，产量达3588万吨，同比增长0.7%（见表1）。

表1 2023~2024年中国不同畜产品产量变化情况

单位：万吨，%

年份	猪牛羊禽肉	其中：猪肉	牛肉	羊肉	禽肉	牛奶	禽蛋
2023	9641	5794	753	531	2563	4197	3563
2024	9663	5706	779	518	2660	4079	3588
同比增长	0.2	-1.5	3.5	-2.5	3.8	-2.8	0.7

生猪产业方面，2024年全国生猪出栏量同比下降3.3%，猪肉产量同比下降1.5%。年末生猪存栏量同比下降1.6%，能繁母猪存栏量同比下降1.6%。产量调整是行业结构优化、市场供需变化等因素共同作用的结果。一是产能调控持续优化。《生猪产能调控实施方案（2024年修订）》将全

---

① 《魏锋华：2024年农业经济形势稳中向好》，国家统计局，https：//www.stats.gov.cn/sj/sjjd/202501/t20250117_1958344.html。

国能繁母猪正常保有量目标从 4100 万头调整为 3900 万头①，通过完善上下联动的调控机制，有效避免了产能剧烈波动。调控体系的优化对产业发展起到多重保障作用，既稳固了基础生产能力，又促进了养殖效益改善，推动了产业结构调整和转型升级，对构建现代化养殖体系具有重要指导意义。二是产业结构加快调整。规模化养殖比重持续提升，智能化养殖设备加快普及，环境控制、精准饲喂等技术广泛应用，行业整体素质快速提升，年出栏 500 头以上规模养殖场占比预计突破 70%②，生猪产业加速迈向高质量发展阶段。三是市场资源配置效率持续提高。在市场效益驱动下，产业结构调整步伐加快，呈现明显的分化整合趋势。一方面，部分经营效率较低的中小规模养殖场主动调减产能或谋求转型升级；另一方面，现代化养殖企业凭借科技创新和精细化管理优势，在成本控制和生产效率方面的领先地位进一步巩固。同时，龙头企业通过创新产业组织模式为中小养殖户提供服务支持，推动产业向规模化、标准化、智能化方向加速转型。

肉牛产业方面，2024 年全国肉牛出栏量同比增长 1.5%，牛肉产量同比增长 3.5%，但年末牛存栏量同比下降 4.4%，肉牛产业呈现产量增长与效益承压并存特点。一方面，近年来，得益于基础母牛扩群提质、饲草成本降低、产业链完善以及信贷和保险支持等多方面政策的有力推动，肉牛产业发展较快，有效促进了生产的稳定和牛肉产量的逐年增长。同时，现代化养殖场建设加速推进，智能化设备的广泛应用显著提升了养殖效率。品种改良与饲养管理水平的不断提高，进一步带动单产效率提升。肉牛育肥效率的改善以及产业链协同效应的增强，大幅提升了市场供给能力。此外，受市场供给结构调整，部分奶牛转向肉用增加了市场供给。另一方面，产业发展面临明显挑战。市场方面，国内牛肉价格从 2023 年的每公斤 84.23 元降至 2024 年的 71.90 元，行业发展面临较大压力。生产成本方面，尽管饲料价格有所下

① 《农业农村部关于印发〈生猪产能调控实施方案（2024 年修订）〉的通知》，农业农村部，http://www.moa.gov.cn/govpublic/xmsyj/202403/t20240304_6450572.htm。
② 《产能调控有成效 生猪养殖扭亏为盈》，农业农村部，http://www.moa.gov.cn/ztzl/2024fzcj/202412/t20241220_6468368.htm。

降，但人工成本、环保投入等综合成本保持高位，导致养殖效益持续承压。在产业结构调整过程中，受养殖效益显著下滑影响，部分养殖户加速退出，可能导致母牛存栏进一步下降，影响产业发展基础，加剧区域发展不平衡。

肉羊产业方面，2024年羊肉产业呈现产量和存栏"双降"态势。全国羊出栏量同比下降4.4%，羊肉产量同比下降2.5%，年末羊存栏量同比下降6.8%。从产业格局变化来看，肉羊产业正处于产能调整和结构优化时期。首先，近年来，产能快速扩张导致市场供给显著增长，羊肉价格持续走低，养殖户经营压力加大，部分养殖户被迫减产或退出。其次，产业综合成本居高不下，特别是在向规模化转型过程中，较高的资金投入和技术门槛制约了养殖积极性。最后，优质饲草料供给不足等问题制约产业发展，影响养殖效益提升。在此背景下，产业转型升级面临多重挑战。一方面，产业基础仍需夯实，包括良种繁育体系建设、饲草料供给保障、疫病防控能力增强等方面仍有较大提升空间。另一方面，传统散养向规模化转型过程中，养殖户适应现代化生产模式需要更多政策支持和时间积累。与此同时，面对消费升级带动的优质羊肉需求增长，应抓住品牌化经营与精深加工发展机遇，通过加大政策支持力度、强化科技创新应用、优化产业链协同等举措，推动产业向现代化方向稳步转型，实现高质量发展新突破。

禽肉和禽蛋产业方面，2024年家禽产业呈现稳中有升态势。全国家禽出栏同比增长3.1%，禽肉产量同比增长3.8%，禽蛋产量同比增长0.7%。产业发展呈现产量稳步增长、结构持续优化的特点，主要得益于以下几个方面。一是成本结构进一步优化。受饲料原料价格走低和规模化养殖推广带动，单位生产成本明显下降，有效提升了产业整体效益和市场竞争力。二是生产效率稳步提升。养殖技术创新、规模化水平提升和产业链配套完善带动行业效率显著提高，特别是通过先进养殖设备的引进推动传统养殖向现代化转型，实现了效率与质量的双重提升。三是产业链协同更加紧密。从饲料生产到种禽培育，从商品代养殖到屠宰加工的全产业链协同效应持续增强，标准化规模养殖基地建设带动配套产业发展，形成了协同高效的完整产业体系。四是政策支持力度持续加大。国家通过推动标准化规模养殖、稳定市场

农村绿皮书

供应和优化产业结构等举措，促进产业升级、保障质量安全、提升环保水平。同时，各地结合实际发展特色养殖，推动产业结构多元化，增强抗风险能力，为行业可持续发展提供有力支撑。

2024年中国牛奶产量4079万吨，同比下降2.8%，反映了当前奶业发展面临多重挑战。从供给端看，产量下降主要受到以下因素影响。一是前期产能扩张过快导致阶段性过剩，部分养殖场为应对效益下滑主动调减产能。同时，养殖成本居高不下，尽管饲料价格有所回落，但人工、防疫等综合成本较高，持续挤压养殖效益。二是低产奶牛淘汰加快，受生鲜乳价格低迷和进口乳制品冲击影响，部分中小规模养殖场加大了淘汰力度，推动存栏结构调整。从需求端看，市场需求增长乏力，市场竞争加剧。此外，产业链利益分配机制有待完善，养殖端承担了过高的市场风险。尽管面临短期调整压力，但行业发展仍具较大潜力。2023年，全国奶牛存栏百头以上规模养殖比例达到76%，奶牛平均单产达9.4吨。在生产技术层面，规模牧场已普遍采用现代化设备和智能管理系统，大幅提升了生产效率与资源利用率。与此同时，数字技术正加速融入产业各环节，产业链协同机制日趋完善，为行业发展注入新动能。

（二）畜产品结构持续调整

2024年，中国畜产品结构持续优化。具体来看，猪肉产量占比为58.4%，同比下降1.0个百分点；禽肉及其他肉类产量占比为28.3%，同比上升0.9个百分点；牛肉和羊肉产量占比分别为8.0%和5.3%，与上年基本持平（见图1）。从长期趋势看，1981~2024年，中国畜产品结构发生显著变化。猪肉占比总体呈下降趋势，从1981年的94.3%降至2024年的58.4%，降幅达35.9个百分点。同时，禽肉及其他肉类占比实现显著提升，从1981年不足1%上升至2024年的28.3%；牛羊肉占比也有所提升，但增幅相对较小。特别是2017年以来，畜产品结构调整步伐明显加快，反映出中国肉类供给结构持续优化、居民膳食结构不断改善的发展趋势。一是猪肉占比加速下降，从2017年的63.0%降至2024年的58.4%，降幅达4.6个百分点。二是禽肉及其他肉类占比显著提升，从 2017 年的 24.2% 升至 2024 年的 28.3%，增幅达 4.1 个百分点。长期来看，尽管猪肉在肉类消费中的主导地位仍将持续，但其占比可能继续小幅下降，而禽肉及其他肉类的比重有望进一步提升，肉类消费结构将更趋多元化和均衡化。

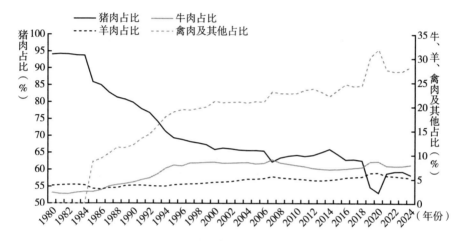

图 1　1980~2024 年肉类分品种产量占肉类总产量比例变动趋势

注：由于 2024 年肉类总产量数据尚未发布，本报告在 2023 年和 2024 年"其他肉类"产量相同的假设下对 2024 年的肉类总产量进行了推算。

资料来源：国家统计局（https：//data.stats.gov.cn）。

二　2024年畜产品贸易变化

2024 年，中国主要畜产品进口市场整体呈现下行态势，进口量和进口金额普遍下滑，尤其是猪肉、羊肉和禽肉进口量降幅明显。相较之下，畜产品出口规模整体较小，本报告重点分析畜产品进口情况。第一，肉类进口量显著下降。猪肉进口量为 107 万吨，进口金额 22 亿美元，同比分别减少 30.8% 和 39.1%。牛肉进口量继续增长，达 287 万吨，同比增长 5.0%，但进口金额降至 137 亿美元，同比减少 3.7%。羊肉进口量为 37 万吨，同比减少 15.5%，进口金额降至 12 亿美元，同比下降 32.8%。禽肉进口量降幅最

大，降至 41 万吨，同比减少 40.7%，进口金额约 11 亿美元，同比减少
33.9%。第二，乳品进口延续下行趋势。2024 年乳品进口量降至 262 万吨，
同比减少 9.0%，进口金额降至 112 亿美元，同比下降 6.9%（见表2）。

表2　2024 年中国主要畜产品进口情况

品种	进口量（万吨）	同比增长（%）	进口金额（亿美元）	同比增长（%）
猪肉	107	−30.8	22	−39.1
牛肉	287	5.0	137	−3.7
羊肉	37	−15.5	12	−32.8
禽肉	41	−40.7	11	−33.9
乳品	262	−9.0	112	−6.9

资料来源：中华人民共和国海关总署统计月报《2024 年 12 月出口主要商品量值表（美元值）》，
http://www. customs. gov. cn/customs/302249/zfxxgk/2799825/302274/302277/302276/6325094/index. html。

三　2024年畜产品价格变化

中国畜产品市场价格呈现明显分化特征，猪肉价格呈先升后降的波动走
势，且全年均价同比上涨；牛羊肉市场延续震荡下行态势，价格降幅较大，
市场承压明显；鸡肉价格相对稳健，仅小幅下降；生鲜乳市场则持续低迷，
价格跌至近年低位；禽蛋价格震荡下行，波动幅度加大。

（一）猪肉价格整体上涨且波动幅度加大

相较于 2023 年猪肉价格的低位波动，2024 年生猪价格呈现"先升后
降"的波动特征，全年猪肉平均价格为 27.67 元/公斤，同比上涨 7.6%；
最高价格为 8 月下旬的 31.97 元/公斤；最低价格为 1 月中旬的 24.22 元/公
斤。具体来看，2024 年猪肉价格经历"缓慢爬升—高位震荡—持续回落"
三个阶段（见图2）。2024 年 1~7 月为缓慢爬升期，价格从 1 月中旬的
24.22 元/公斤逐步攀升至 7 月底的 29.63 元/公斤。8~9 月为高位震荡期，

猪肉价格由 8 月初 29.94 元/公斤继续上涨，价格突破 31 元/公斤后维持高位窄幅波动，在 8 月下旬达到峰值 31.97 元/公斤。10~12 月为持续回落期，价格从 10 月上旬的 30.24 元/公斤回落至 12 月底的 27.72 元/公斤，跌幅 8.3%。

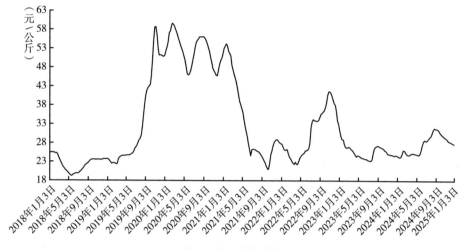

图 2　猪肉价格走势

资料来源：Wind 数据库。

（二）牛羊肉价格持续走低

2024 年，牛肉和羊肉价格延续震荡下行走势。1 月牛羊肉价格处于全年高位，2 月后进入快速下行通道，年中前后触底，随后再度探底。总体来看，牛肉全年平均价格为 71.90 元/公斤，同比下跌 14.6%；最高价格为 80.95 元/公斤，同比下降 8.9%；最低价格为 66.11 元/公斤，同比下跌 18.5%。羊肉全年平均价格为 72.50 元/公斤，同比下跌 8.8%；最高价格为 77.67 元/公斤，同比下降 7.0%；最低价格为 69.85 元/公斤，同比下跌 9.3%。

具体而言，牛肉价格在 2024 年初高位震荡，1 月初价格为 80.95 元/公斤，受春节消费拉动，2 月初短暂企稳，2 月中旬以前保持在 79.50 元/公斤以上；随后进入持续下行阶段，2 月下旬至 8 月价格加速下跌，8 月上旬跌至 68.37 元/公斤。9 月至年末处于低位徘徊，尤其是 10~12 月价格在 66~68 元/公斤窄幅波动，12 月底价格跌至 66.11 元/公斤。羊肉价格在 2024 年初开始缓跌，1 月初价格为 77.17 元/公斤，2 月初跌至 76.93 元/公斤，随后在 2 月上旬涨至全年最高价 77.67 元/公斤；2 月后加速下跌，7 月初至 10 月上旬跌破 71 元/公斤，10 月中旬跌至 69.96 元/公斤，11 月中旬触底为全年价格低谷 69.85 元/公斤；年末弱势反弹，11 月末和 12 月末价格分别为 70.05 元/公斤、69.93 元/公斤，但整体仍低于年初水平。

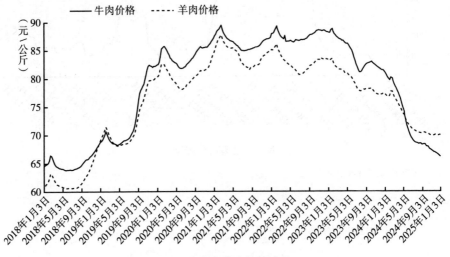

图 3　牛肉和羊肉价格走势

资料来源：Wind 数据库。

（三）鸡肉价格延续下行

2024 年，鸡肉价格呈现"窄幅震荡、小幅下行"的走势，全年均价为 23.67 元/公斤，同比下降 1.9%。具体来看，年初高位波动，1 月初价格为 23.85 元/公斤，2 月上旬升至全年峰值 24.31 元/公斤，随后持续回落；年中探底震荡，5 月中旬跌至全年最低值 23.28 元/公斤，较年初下降 2.4%；此后价格在 23.30~23.80 元/公斤窄幅波动，8 月中旬反弹至

23.87元/公斤。9月后价格持续低位运行，年末弱势企稳，12月底价格为23.48元/公斤。从波动幅度看，2024年鸡肉价格波动幅度较小，鸡肉最高价格与最低价格差为1.03元/公斤，鸡肉最高价格同比下降3.3%，最低价格同比下降0.9%。

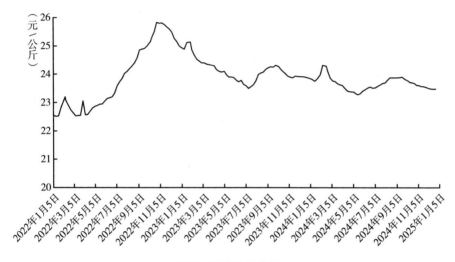

图4　鸡肉价格走势

资料来源：Wind数据库。

（四）生鲜乳价格接连下跌

2024年，生鲜乳价格呈现持续下行的趋势，全年主产省生鲜乳平均价格为3.32元/公斤，同比下降13.4%；全年价格从1月初的3.66元/公斤持续下跌至12月底的3.11元/公斤，跌幅达15.0%，创近年新低。具体来看，年初快速下跌，从1月初的3.66元/公斤跌至3月底的3.51元/公斤，跌幅4.1%；年中前后加速探底，价格跌破3.5元/公斤，8月底跌至3.17元/公斤，较年初下跌13.4%；随后价格低位企稳，9~12月价格在3.11~3.14元/公斤窄幅震荡，年末价格为3.11元/公斤，全年未出现有效反弹。

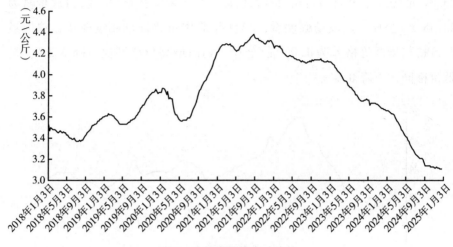

图 5　生鲜乳价格变动趋势

资料来源：Wind 数据库。

（五）禽蛋价格加剧震荡

2024 年开年以来，鸡蛋价格整体呈现震荡下行的走势，全年鸡蛋平均价格为 10.70 元/公斤，同比下降 7.8%；最高价格为 11.80 元/公斤，同比下降 5.9%；最低价格为 9.53 元/公斤，同比下降 10.6%。具体来看，第一季度鸡蛋价格整体在 9.99~11.07 元/公斤小幅震荡，1 月初鸡蛋价格为 11.07 元/公斤，随后开始小幅下跌；3 月初加速下行，3 月底跌至 9.99 元/公斤。进入第二季度后，受季节性消费减弱等因素影响，价格加速下跌，5 月上旬跌破 9.6 元/公斤，跌至年内最低点 9.53 元/公斤；5 月中旬后，市场有所回暖，价格开始企稳回升，价格逐步回升至 10 元/公斤以上水平。第三、四季度禽蛋价格整体呈现先升后稳态势，第三季度价格从 7 月初的 10.12 元/公斤逐步上升至 9 月中旬的 11.80 元/公斤水平；进入第四季度，价格基本在 11.01~11.40 元/公斤小幅波动，年底运行至 11.13 元/公斤。从波动区间来看，年内最高价格与最低价格差为 2.27 元/公斤，与 2023 年同期相比，2024 年鸡蛋整体运行区间价格偏低，价格波动幅度较上年同期有所加大。

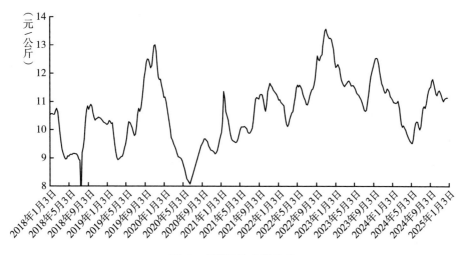

图6　鸡蛋价格变动趋势

资料来源：Wind 数据库。

四　2024年畜牧养殖业盈利变化

生猪养殖实现扭亏为盈，全年猪粮比大幅提升，特别是第三、四季度盈利显著改善，行业信心逐步恢复。相比之下，奶牛养殖仍面临较大压力，奶饲比呈先降后升的波动态势，养殖效益相对承压。

（一）生猪养殖扭亏为盈

2024 年猪粮比整体呈现稳步上升的走势，全年均值为 7.15，同比增长 32.4%；最高值为 8.44，同比增长 43.8%；最小值为 5.82，同比增长 17.3%（见图7）。具体来看，第一季度呈现小幅波动态势。从 1 月 5.82 开始，2 月升至 6.10，3 月略有回落至 6.04，整体维持在相对低位。第二季度开始明显回升。4 月升至 6.32，5 月继续上涨至 6.55，6 月快速上升至 7.47，显示养殖效益开始好转。第三季度延续强势回升态势。7 月继续上升至 7.57，8 月达到全年高点 8.44，9 月虽有回落但仍维持在 8.22 的较高水

127

平。第四季度呈现高位震荡态势。10 月回落至 7.92，11～12 月在 7.63～7.73 波动，整体仍处于盈利区间；年末为 7.73，较年初上涨 32.8%。

与 2023 年相比，2024 年猪粮比整体水平明显提升，特别是下半年保持在盈利区间，显示生猪养殖效益显著改善。这主要得益于前期产能去化效果显现以及饲料成本下降等因素的共同作用。供给端，产能去化效果逐步显现，带动生猪价格企稳回升；饲料成本方面，饲料原料和配合饲料价格显著下跌，对养殖效益形成支撑。

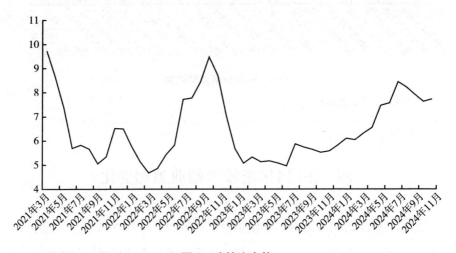

图 7　猪粮比走势

资料来源：Wind 数据库。

（二）奶牛养殖效益承压

2024 年奶饲比[①]呈现低位波动的走势。年奶饲比年度平均值为 1.16，同比增长 4.5%；最大值为 1.21，同比增长 3.4%；最小值为 1.12，同比增长 9.8%（见图 8）。整体来看，2024 年奶饲比的运行区间为 1.12～1.21，波动幅度为 0.09，相比 2023 年都有所改善。具体来看，第一季度呈现持续

---

① 根据 Wind 数据库生鲜乳价格与玉米、豆粕价格计算得到，玉米和豆粕在饲料综合价格中的权重分别为 70% 和 30%。

上升态势。从1月初1.14起步，中旬升至1.17，月底达到1.18；2月继续上扬，中旬突破1.20，月底达到1.21的阶段性高点；3月小幅回调，但整体仍维持在1.19~1.20的较高水平。第二季度呈现震荡下行走势。4月奶饲比在1.18左右运行；5月开始加速下跌，从月初的1.18降至月末的1.15；6月继续下行，至月底降至1.13的季度低点。第三季度先跌后涨。7月初继续下探至1.12的年内低点，随后企稳；8月开始缓慢回升，在1.13~1.15窄幅波动；9月基本维持在1.13~1.14运行。第四季度稳中有升。10月奶饲比逐步回升至1.15~1.17；11月保持稳定在1.17~1.18水平；12月继续小幅上扬，最终收于1.21，与年内前期高点持平。

尽管奶饲比较上年有所改善，但养殖效益仍面临多重压力。一方面，前期产能扩张导致生鲜乳供应充足，加上进口乳制品的持续冲击，生鲜乳价格始终难以提升。另一方面，饲料等原料成本维持高位，加上人工、防疫等综合成本上升，挤压了养殖端利润空间。同时，终端消费需求恢复不及预期，乳制品市场竞争加剧，进一步制约了生鲜乳价格的上涨，致使奶农经营压力依然较大。

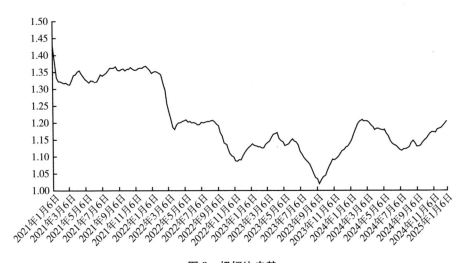

图8 奶饲比走势

资料来源：Wind数据库。

五　2025年畜牧业经济发展展望

2025 年中央一号文件明确指出，要"扶持畜牧业稳定发展"，在稳定基础产能、促进新型农业经营主体发展、严格屠宰检疫执法监管、提升饲料供给能力等关键环节均有政策支持。在建设农业强国战略目标引导和大食物观指引下，畜牧业供给结构将更加优化、品种结构更趋合理，为保障国家食物安全提供有力支撑。展望 2025 年，畜牧业有望通过产业链现代化升级、经营效益提升和供给体系优化等实现新突破，为建设农业强国和推进乡村全面振兴提供有力支撑。

（一）畜牧业经济发展展望

第一，预计 2025 年生猪供应整体宽松，市场价格或同比下滑。从产能状况看，生猪产能呈现持续回升态势。2024 年 5~12 月能繁母猪存栏量除 8 月外均呈环比上涨趋势，第四季度末能繁母猪存栏 4078 万头，达正常保有量的 104.6%。随着规模化养殖比重提升和生产效率改善，预计 2025 年生猪供应将维持宽松格局。从市场表现看，2024 年，由于饲料等养殖成本下降叠加猪价相对较高，行业效益较为理想，但 2025 年产能增长带来的市场压力或将逐步显现。消费方面，2024 年居民家庭人均猪肉消费量 28.1 公斤，同比下降 7.8%，终端需求可能进一步制约市场。预计 2025 年生猪价格将呈现震荡偏弱走势，行业利润较 2024 年有所收窄。从产业发展看，生猪养殖正加速向高质量发展转型。一方面，规模化、标准化程度不断提高，带动智能化养殖技术广泛应用，显著提升生产效率；另一方面，生物安全防控体系持续完善，非洲猪瘟等重大疫病防控成效明显，养殖风险进一步降低。同时，在绿色发展理念引领下，环保设施推广普及，废弃物资源化利用水平提升，为产业可持续发展奠定坚实基础。

第二，预计 2025 年中国牛羊市场回暖，行业经营状况或有所改善。从政策支持看，国家出台财政补贴和产业链扶持等一揽子纾困措施，在良种扩繁、优质饲草料供应、疫病防控、市场拓展等方面加大支持力度，助力稳定基础产能，为市场发展注入新动力，有利于缓解养殖端经营压力、提振产业发展信心。从生产效率看，规模化、集约化养殖模式加快普及，自动化、智能化技术在饲料配方优化、养殖周期管理、环境控制等环节的应用不断深化，显著提升了生产效率。大型企业通过整合饲料生产、养殖、加工到销售的全产业链，进一步增强竞争优势，带动行业整体水平提升。总体来看，国内市场消费潜能仍有巨大释放空间，尤其是随着居民膳食结构优化升级，牛羊肉逐步向日常化、高频化消费转变，为产业发展创造了条件。但行业发展也面临多重挑战：一是饲料等养殖成本居高不下，人工、防疫等综合成本持续上升，挤压行业利润空间；二是绿色养殖转型加快带来的生态约束，对产业发展方式提出更高要求；三是国际贸易形势变化可能引发的进口量价波动等不确定性因素，这都需要产业链各环节共同应对，探索可持续发展路径。

第三，预计 2025 年禽肉和禽蛋供应充足，市场价格或承压运行。从生产端看，家禽产业加快转型升级。一方面，产业结构持续优化，规模化、集约化程度显著提高，养殖主体集中度与屠宰加工规范化水平均显著提升。另一方面，产业科技支撑不断增强，自主育种技术取得突破性进展，特别是白羽肉鸡和优质蛋鸡品种的广泛推广应用，有效增强了种源安全保障能力。此外，智能化饲养技术创新、生物安全防控体系升级以及疫病防控网络完善，共同打造产业稳定供给基础。从需求端看，健康饮食理念日益普及推动了蛋白质摄入结构优化，禽肉和禽蛋凭借高蛋白、低脂肪的营养特性赢得更多消费者青睐，餐饮业发展、外卖市场以及预制食品消费增长，不断助力拓展禽类产品的应用场景与消费空间，但猪肉等替代品供给宽松，将在一定程度上减少对禽类产品的需求，对其价格形成抑制效应。

第四，预计 2025 年生鲜乳制品市场调整，行业盈利状况或将得到改善。近年来，国内产能扩张、进口增加，叠加终端需求偏弱，生鲜乳市场供需失衡，价格自 2021 年起持续下行。但随着部分效益不佳的社会牧场退出市场，供需关系将逐步向好，有利于缓解行业经营压力。从消费趋势看，健康饮食

理念深化和国家促消费政策，为乳制品消费增长提供了有力支撑。市场需求加速向高端化、功能化转型，高端液态奶、酸奶、奶酪等细分品类快速增长，产品结构持续优化，行业发展具有较大潜力。从政策支持看，国家在推进灭菌乳标准落实的同时，积极引导以家庭农场和农民合作社为主体发展奶业养殖加工一体化，着力提升饲草料生产能力。消费者对产品品质和安全性要求提高，推动企业不断完善生产标准，加快产业转型升级步伐。从企业竞争看，受奶源价格下行和市场竞争加剧影响，行业分化趋势明显。龙头企业依托资源整合能力和规模优势获取产业增值收益，而中小企业面临较大经营压力。

（二）对策建议

为推动畜牧业高质量发展，保障国家食物安全，对 2025 年畜牧业产业政策优化调整提出如下建议。

第一，完善产能监测调控体系，促进产业稳定运行。构建覆盖养殖、屠宰、流通全链条的智能化监测预警网络，运用大数据分析实现产能和价格等关键指标实时监控，同时建立科学预警模型，提升市场波动研判能力。通过健全储备调节与市场调控相结合的联动机制，加强区域协同，防范价格剧烈波动，切实维护市场供需平衡，为产业稳健发展提供有力保障。

第二，强化科技创新驱动，提升产业核心竞争力。一方面，重点加大种质资源保护与利用力度，突破畜禽育种关键技术，培育具有自主知识产权的优良品种。另一方面，积极推广智能化养殖设备与系统，持续提高饲料配方与营养调控水平，加强疫病防控技术研发应用，推动养殖技术全面升级，为产业高质量发展注入持久动力。

第三，深化产业融合发展，完善全产业链布局。在大农业观指导下，支持家庭农场和合作社建立养殖、加工、销售一体化经营模式，同时完善冷链物流体系，打通产业链上下游环节。通过提升精深加工水平和智能装备能力，开发特色畜产品，带动全产业链优化升级，增强产业整体竞争优势。

　　第四，推进绿色发展转型，推动产业可持续发展。着力健全养殖废弃物资源化利用机制，强化环境监测与治理，完善绿色养殖标准体系，同时大力推广生态养殖模式，促进循环农业发展。通过加强质量安全监管，建设全程可追溯体系，培育绿色优质品牌，引领畜牧业向生态化方向转型升级。

G.7
2024年渔业经济形势分析及2025年展望

刘子飞　李雪*

摘　要：　2024年，中国渔业经济稳定发展。得益于宏观经济平稳运行、政策支持激励，养殖技术不断发展，渔业产值、产量双增长，水产品产量7366万吨，增长约3.5%，养捕比进一步提高至82.30∶17.70，预计产值增至3.4万亿~3.5万亿元。水产品平均价格为29.30元/公斤，较上年小幅下降。水产品消费升级放缓，质量安全形势需关注。下半年国际市场回暖使出口增长较快，带动贸易总量达到1094万吨，同比增长5.86%，但贸易额同比下降1.58%，为418.57亿美元，贸易逆差收窄至15.78亿美元。鱼粉恢复性增长，进口量达到192万吨，不考虑鱼粉进口，水产品贸易顺差为15.97亿美元。预计2025年水产品产量、产值双增的可能性较大，市场价格企稳回升，个别品种预期价格上涨较大，国际贸易稳中有升，逆差规模扩大。

关键词：　渔业经济　水产品产量　休闲渔业　水产品市场　水产品贸易

在科技强国建设、乡村全面振兴和深入践行大食物观等背景下，2024年，水产种业、深远海养殖等持续推进，中国渔业经济保持稳中有进势头。绿色健康养殖水平不断提升，渔业产值和水产品产量稳定增长，水产品供应充足，养殖水产品的比重进一步提高。市场消费升级和总体疲软并存，供给相对宽松，导致水产品市场价格稳中略降。主要得益于下半年国际市场回

---

* 刘子飞，管理学博士，中国水产科学研究院副研究员，主要研究方向为渔业经济与政策、资源与环境经济、海洋经济与碳汇；李雪，经济学硕士，中国水产科学研究院助理研究员，主要研究方向为渔业经济与政策、渔业碳汇、水产品消费等。

暖，全年水产品出口增量明显，贸易规模同比扩大，逆差有所收窄。展望2025年，中国渔业机遇与挑战并存，总体向好势头明显。

一　2024年渔业生产情况

2024年渔业生产规模稳定扩大，渔业经济总产值持续增长，产业结构进一步优化，养殖快速发展带动水产品产量增长3.5%，养捕比提升至82%以上。

（一）渔业经济稳中有进

1.渔业产值稳定增长

2023年全国渔业经济总产值达到32670亿元，同比增长5.82%。2024年中国渔业经济延续上年平稳发展、稳中有进势头，前三季度渔业产值为10810.5亿元，同比增长3.52%[①]。同时，据《2024年中国海洋经济统计公报》数据，2024年中国海洋渔业实现增加值4880亿元，同比增长5.67%，海洋产品加工业实现增加值1008亿元，同比增长2.65%。综合参考以上公开数据和笔者调研情况，预计2024年在上年基础上，渔业经济总产值持续稳定增长，增幅为3%~6%，达到3.4万亿~3.5万亿元。

2.产业结构持续优化

得益于一产产值增速趋缓、二三产业增长较快，渔业产业结构持续优化。2023年渔业经济总产值32670亿元，同比增长5.82%，渔业三产产值的比例由上年的49.5：21.4：29.1调优为48.8：21.5：29.7。具体而言，渔业产值为15957亿元，增幅达到4.52%，增速继续下降（上年为5.91%）；渔业工业和建筑业产值7019亿元，同比增长6.01%；渔业流通和服务业产值达到9694亿元，净增加709亿元，同比增速高达7.89%，连续第二年保持在7%以上的高速增长，其中作为具有产业融合效应、现代渔业

[①] 《开创乡村全面振兴新局面：〈2025中国农业农村发展趋势报告〉重磅发布》，https：//cem. cau. edu. cn/art/2025/1/17/art_ 36277_ 1051925. html。

产业重要内容的休闲渔业，其产值增至923.47亿元，增速更是高达近9%。预计2024年第三产业仍将带动中国渔业经济增长，产业结构进一步优化。

（二）水产品供给充足

1. 水产品总产量延续上年增势，增幅达3.50%

2024年中国水产品总产量持续增至7366万吨，同比增长3.50%（见图1）①。得益于水产养殖科技的不断发展和国内市场的总体有序恢复、发展动力增强，中国水产品产能持续较快释放，供应能力得到有效保障。水产品的稳定供给对践行大食物观、构建多元化食物体系、保障居民菜篮子稳定供给、提高居民膳食营养水平等发挥了越来越重要的作用。

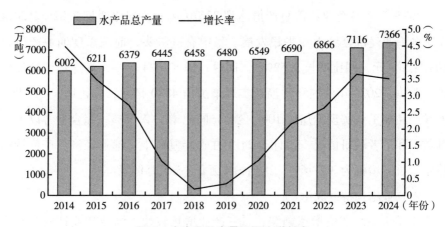

图1 水产品总产量及同比增长率

资料来源：《中国渔业统计年鉴2024》，《中华人民共和国2024年国民经济和社会发展统计公报》。

2. 养殖水产品占比进一步提高

2024年水产养殖产量为6062万吨②，同比增长4.30%，连续第二年同

---

① 《中华人民共和国2024年国民经济和社会发展统计公报》，国家统计局，https://www.stats.gov.cn/sj/zxfb/202502/t20250228_1958817.html。

② 《中华人民共和国2024年国民经济和社会发展统计公报》，国家统计局，https://www.stats.gov.cn/sj/zxfb/202502/t20250228_1958817.html。

比增量超过 4%，显示出较大的增长潜力；捕捞产量 1305 万吨①，同比下降 0.10%，与上年基本持平；养捕比进一步提高，达到 82.30∶17.70。水产养殖中长期内仍然是水产品总量增长的主要渠道，贯彻落实"以养为主"的发展方针，坚持促进水产养殖业的绿色高质量发展是水产品"稳产保供"的重要途径。

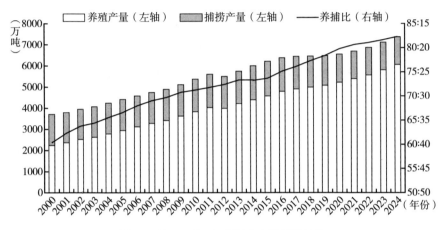

图 2　2000～2024 年中国水产品供给结构

资料来源：《中国渔业统计年鉴 2024》和《中华人民共和国 2024 年国民经济和社会发展统计公报》。

（三）养殖水产品供应能力增强

2024 年，中国深入推进水产种业振兴、深远海养殖，通过水产种质资源搜集与挖掘、新品种审定发布及推广、空间布局优化等，增强了水产养殖产品生产和供应能力。

1. 水产种业保障水平进一步提升

2024 年，中国首次完成全国水产养殖种质资源普查，中国水产养殖种质资源共计 857 种，有效保存 12 万余份种质资源遗传材料。2024 年新验收国家

---

① 《中华人民共和国 2024 年国民经济和社会发展统计公报》，国家统计局，https：//www. stats. gov. cn/sj/zxfb/202502/t20250228_ 1958817. html。

级水产原良种场 4 家，国家级水产原良种场达 105 家，实现鱼虾蟹贝藻鳖参几大品类全覆盖；审定发布水产新品种 23 个，水产新品种累计达 306 个；推进国家水产育种联合攻关计划，培育南美白对虾新品种 3 个，国产种虾供应能力进一步增强，逐步摆脱种业进口依赖。水产种业振兴成果为行业推进健康养殖和提质增效提供了更坚实的基础保障，也将助推渔业绿色高质量发展进程。

2. 深远海养殖快速发展

近年来，中国高度重视发展深远海养殖，2023 年 6 月，农业农村部等八部门联合印发《关于加快推进深远海养殖发展的意见》，2023 年、2024年中央一号文件连续两年将其作为重要部署。各地积极响应，大力投入资源发展养殖装备、提升养殖技术水平、扩大养殖规模，向海洋要食物，推动海洋渔业向信息化、智能化、现代化转型升级，目前已取得显著进展。根据农业农村部公布数据，截至 2024 年 10 月，中国已建设 169 个国家级海洋牧场，深远海养殖水体达 5660 万立方米，深远海养殖产量达到 47 万吨，贡献了海水养殖鱼类产量的 22.82%①。

二 2024年水产品市场情况

2024 年水产品总体市场价格略有下降，延续了近年的低迷态势。不同品类或品种的市场价格升降不一，以降为主。

（一）市场综合价格持续低迷

1. 批发价格总体略有下降，下半年有回升趋势

2024 年中国水产品批发价格为 29.30 元/公斤②，较上年均价 29.67

---

① 此处海水鱼养殖产量以 2023 年进行计算。

② 各品种批发价格原始数据来源于典型地区批发市场的监测，以各监测品种 2023 年产量为权重进行加权平均计算得到总体批发价格。具体品种包括海水鱼（金鲳鱼、大黄鱼、小黄鱼、带鱼）、大宗淡水鱼（鲤鱼、鲫鱼、草鱼、鲢鱼、鳙鱼）、特色淡水鱼（黄颡鱼、罗非鱼、鳜鱼、乌鳢、淡水鲈鱼）、虾（南美白对虾、日本对虾、小龙虾）、蟹（梭子蟹、中华绒螯蟹、青蟹）和贝类（牡蛎、鲍、扇贝、蛤类、蛏）。无特殊说明，本报告各品类的价格数据来源及处理同比。

元/公斤下降 0.37 元/公斤，降幅为 1.25%，为近 3 年的价格低谷。分月度变化来看，1~7 月水产品总体价格同比不同程度下跌，2024 年下半年，市场回暖，消费需求有所恢复，初步出现价格止跌回升信号，特别是 8 月以后，月均批发价格比上年均有不同程度上涨（见图 3）。横向来看，2024 年中国水产品批发价格指数年平均为 118.51，较 2023 年（121.42）同比下降 2.91 个点位。同期，农产品批发价格 200 指数年平均为 124.13，较上年小幅增长 0.13 个点位。可以看出，水产品价格增长显著低于农产品价格整体增长，在基期相同的条件下，水产品批发价格指数低于农产品批发价格 200 指数 5.62 个点位。水产品价格持续低迷的根本原因是供需结构性失衡。一方面，水产品属于消费弹性较大的产品，消费需求降级在农产品领域通常率先表现为水产品需求量的下降和价格的低迷。另一方面，不断扩大的水产养殖规模和水产品供给量持续增加，同时市场消费疲软，导致水产品市场总体存在一定程度的供大于求，给水产品价格带来了较大压力。

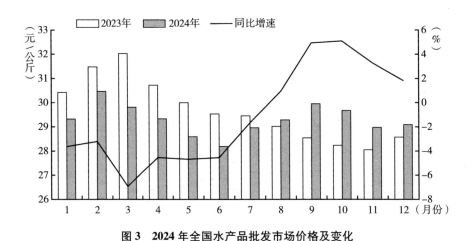

图 3　2024 年全国水产品批发市场价格及变化

2. 价格波动相对平稳，季节性特征明显

2024 年水产品月度批发价格极差为 2.27 元/公斤，同比下降 42.76%，波动幅度显著下降。具体来看，2024 年伊始，主要受节日效应影响，水产品价格环比上涨明显，1月和2月分别环比上涨0.75元/公斤、1.15元/公斤，增幅相应达2.61%、3.91%。第二季度是水产品市场传统淡季，需求总体偏弱，价格增长动力不足，月均环比下降1.38元/公斤。从第三季度开始，受休渔期尚未结束，水产品供给量季节性减少、养殖产品上市量少，市场需求逐渐回暖影响，价格逐渐止跌回升，至9月达到29.94元/公斤。第四季度水产品集中上市，市场货源充足，存量较大，水产品价格小幅下滑，至11月为28.98元/公斤，受元旦行情带动，12月价格小幅上涨0.12元/公斤，达到29.09元/公斤。

（二）海水鱼价格小幅上涨，波动平稳

2024年海水鱼综合平均价格为44.53元/公斤，较上年增加0.74元/公斤，增幅为1.69%。年内价格波动区间有所扩大，但整体延续上年平稳行情。2024年海水鱼综合平均最高价格为46.66元/公斤（9月），最低价格为43.12元/公斤（6月），价格极差为3.54元/公斤（见图4），月环比增幅在-3%~4.5%。

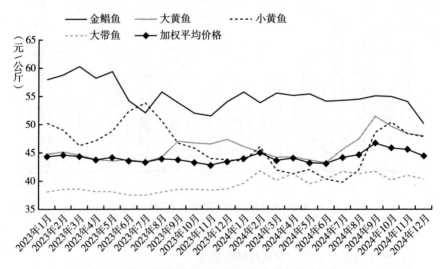

图4　2024年海水鱼主要监测品种批发价格及变化

（三）淡水鱼价格略微上涨，特色淡水鱼价格涨幅略高于大宗淡水鱼

2024 年中国淡水鱼价格为 15.81 元/公斤，较上年略有上涨，涨幅0.64%。其中大宗淡水鱼涨势稍明显，2024 年平均批发价格达到 13.05 元/公斤，同比上涨 0.11 元/公斤，涨幅为 0.85%；同期特色淡水鱼价格为27.57 元/公斤，仅增长 0.07 元/公斤，基本与上年持平。整体来看，淡水鱼价格仍相对低迷，较 2022 年跌幅仍在 5% 以上。大宗淡水鱼产量持续扩大导致的供求失衡仍是其价格低迷的主要原因，2024 年市场疲软、消费下行，价格较低的淡水鱼市场需求有所提振，对冲了由供给增加带来的价格下行压力，但价格上涨支撑不足则是与饲料价格回落使饲养成本降低等因素有关。

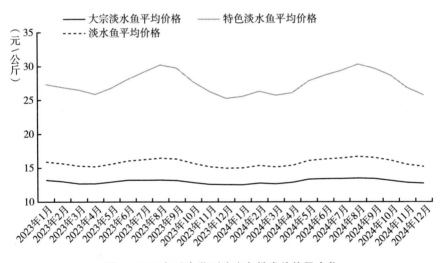

图5　2024 年重点监测淡水鱼批发价格及变化

（四）虾类价格下降明显，蟹类价格总体小幅上涨

主要受进口虾冲击、国内生产稳定扩张等因素影响，除斑节对虾价格基本持平外，2024 年重点监测的虾类品种价格下降明显，降幅由大到小依次为

日本对虾（-15.71%）、南美白对虾（-9.62%）、小龙虾（-8.20%）等，导致虾类全年平均价格下降较大，幅度为7.98%，降至64.81元/公斤。

蟹类价格同比增加3.63元/公斤，达到140.66元/公斤。具体来看，梭子蟹价格下行明显，2024年平均批发价格为153.08元/公斤，跌幅达16.36%，为虾蟹类检测品种价格下跌幅度最大。中华绒螯蟹价格则增幅最大，2024年平均批发价格为119.97元/公斤，增幅达到21.45%；青蟹价格也有上涨，2024年平均批发价格为191.52元/公斤，同比上涨10.62%（见图6）。

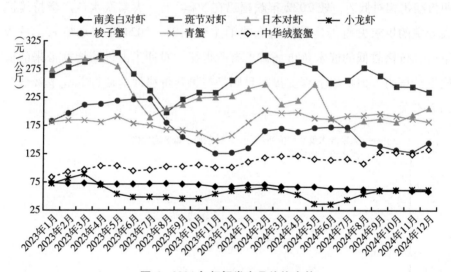

图6　2024年虾蟹类产品价格走势

（五）贝类产品价格微降

2024年，受产量较大的牡蛎和高价值的鲍价格同比下降明显影响，中国贝类产品总体批发市场平均价格同比微降0.34%，为23.49元/公斤。环比来看，从2023年5月至2024年前三季度，贝类产品价格波动特征不明显，波动幅度较小。不过，2024年第四季度环比振幅有所加大，价格出现明显的季节性下调。2024年前三季度除6月外，其余月份均同比增长，然而第四季度价格出现较大幅度下滑，至年底同比降幅已超过8%。

分品种看，牡蛎、鲍两个品种的平均市场价格均低于2023年同期，分别下降9.82%、6.87%，主要得益于产业链完整和供给增长有限等，扇贝、蛤类的价格同比分别增长9.82%、7.85%，蛏的价格同比增长2.29%（见表1）。

表1　国内主养贝类产品批发市场价格

单位：元/公斤，%

年份	贝类	牡蛎	鲍	扇贝	蛤类	蛏
2023	23.57	19.22	124.69	43.99	14.27	32.64
2024	23.49	17.33	116.13	48.31	15.39	33.38
同比增长	-0.34	-9.82	-6.87	9.82	7.85	2.29

（六）水产品质量安全水平有待提升

水产品总体抽检合格率低，质量安全仍是渔业发展重要课题。较上年而言，水产品质量安全形势总体有所好转，"产出来、管出来"成效初显，但仍不容乐观。2024年国家主管部门开展了3次国家农产品质量安全例行监测工作，对包括水产品在内的五大类产品进行抽检，其中水产品总体合格率为96%，较上年提升1.3个百分点（见表2），但仍为五类农产品中抽检合格率最低的。抽检的水产品中，鳙鱼、鲢鱼、鲤鱼、克氏原螯虾、对虾合格率分别为99.8%、99.6%、98.8%、98.6%、98.5%。鳙鱼、鲢鱼两类水产品合格率均有不同程度下降，对虾合格率较上年小幅提高。

表2　水产品质量安全抽检合格率

单位：%

品类	2024年	2023年
总体	96.0	94.7
鳙鱼	99.8	100
鲢鱼	99.6	100
鳜鱼	—	100

续表

品类	2024 年	2023 年
罗非鱼	—	97.5
对虾	98.5	98.2
大菱鲆	—	98.1
鲤鱼	98.8	—
克式原螯虾	98.6	—

资料来源：农业农村部（https：//www.moa.gov.cn/xw/zwdt/202501/t20250106_6468914.htm）。

（七）水产品消费升级趋势明显

一是优质水产品品种消费增加明显。近年来，中国特色淡水鱼产量增长，价格增速显著高于大宗淡水鱼，三文鱼、龙虾、帝王蟹、刺身级生蚝等高档水产品进口消费显著增加。二是水产品消费便捷化、营养化、品牌化趋势增强。低脂肪、高营养、高品质、更新鲜、刺更少的水产品愈加受到市场青睐，适应快节奏都市生活、食用便利的水产加工品、水产预制菜销量逐年增长，带动水产品精深加工市场需求不断增长、产业规模逐步扩大，水产品市场逐渐培育出国联水产、獐子岛、恒兴等一大批生鲜、加工水产品品牌。尽管 2024 年受到市场疲软、消费增长乏力的大环境影响，水产品消费进入缓增慢升阶段，但长期来看水产品消费升级趋势明显。

三　2024年水产品贸易情况

2024 年，水产品出口大幅增加，带动水产品总贸易量增至1094.06 万吨，增长 5.86%；水产品进口小幅下降，贸易总额降至 418.57 亿美元，减少 1.58%；贸易逆差 15.78 亿美元，逆差规模较上年收缩 43.26%[1]。不考虑饲料用鱼粉贸易，顺差 15.97 亿美元，同比扩大近 16 倍（2023 年为 0.94 亿美元）。

---

[1]　数据来源于中华人民共和国海关总署，此处为统计月报的水产品和数据库中鱼粉口径。

（一）水产品贸易量增额减，鱼粉进口恢复性增长

1. 水产品出口拉动水产品贸易量持续增长

主要得益于深化对外开放尤其是《区域全面经济伙伴关系协定》（RCEP）、"一带一路"倡议等的推进，中国水产品出口回暖明显，成为拉动水产品贸易量增长的主要因素。2024年中国水产品出口量417万吨，较上年增长12.70%，净增加47万吨，占贸易总量增量的78%以上，出口量基本恢复至2019年的水平（419万吨）。2024年全年进口水产品677万吨，较上年增长约13万吨；扣除进口鱼粉影响，进口量为484万吨，同比减少17万吨。

2. 水产品贸易额小幅下降，贸易单价继续下降

2024年中国水产品进出口总额为418.57亿美元，较上年减少6.70亿美元，减少1.58%。其中出口额201.40亿美元，增长1.36%，进口额217.18亿美元，较上年（226.54亿美元）减少4.13%，逆差为15.78亿美元，同比减少12.03亿美元。水产品单位贸易价格为3827美元/吨，较上年下降6.98%，继上年之后再次下滑。其中出口单价由5371美元/吨降至4830美元/吨，降幅高达10.08%，进口单价由3414美元/吨降至3209美元/吨，同比减少6.02%。不考虑鱼粉贸易，以上贸易单价下降的趋势基本一致。

3. 鱼粉进口恢复性大幅增长

2024年饲料用鱼粉进口量为192.81万吨，较2023年的162.52万吨净增30.29万吨，增幅达18.64%。进口额由28.76亿美元增长至31.75亿美元，进口规模扩大10.40%。进口平均单价由1770美元/吨回落至1647美元/吨，与2022年价格基本持平。价格方面，2023渔年秘鲁鱼粉原料鱼供给缺口导致价格一路上涨，2024年秘鲁捕捞配额完成度较高、库存量较大，鱼粉原料供给充足，带动国际鱼粉价格自高位回落，鱼粉到港量有序恢复性增长。国际鱼粉价格显著降低，进口鱼粉采购压力减弱。此外，2024年国内水产饲料产量减少，前三季度水产饲料产量为1859万吨，同比下降2.8%，侧面增加了对进口鱼粉的需求，也推动了鱼粉进口的恢复性增长。

水产品贸易的变化可能至少有如下两点原因。一是国内市场消费亟待刺

激恢复。国内市场消费疲软在水产品消费领域显现，国内有效消费需求不足，产量较大，水产品库存高企，进口需求受阻，水产品进口（不包含鱼粉）自2021年首次出现同比下滑。二是出口量增额减的行情与2024年汇率波动下行紧密相关，但背后显现出的近年水产品价格竞争力持续下降问题仍然严峻。2024年水产品出口量恢复性增长，但出口产品平均单价下滑幅度较大，表明出口产品的价格竞争力较往年继续下降。这一方面与世界市场环境低迷，高端水产品消费量不达预期，海外企业库存消耗较慢、汇率波动下行紧密相关；另一方面国内企业面临内外需求收紧、产量连年走高的错位市场行情，同质化竞争、自我消耗现象严重，水产养殖户效益显著下滑，价格下降。

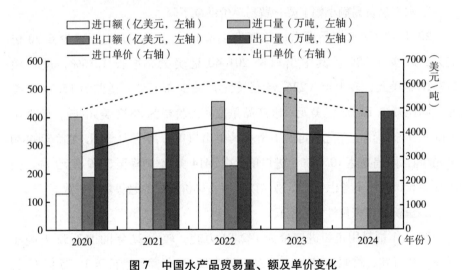

图7　中国水产品贸易量、额及单价变化

资料来源：中华人民共和国海关统计月报。

（二）水产品进口量额双减，进口集中度有所提升

1. 水产品进口量[①]、额均有所下滑

2024年水产品进口量484万吨，其中食用水产品进口470万吨，占比

----

① 此处不包含鱼粉。

达97.11%。受国内需求较弱影响，食用水产品进口同比下降17万吨，降幅为3.39%；非食用水产品进口14万吨，与上年基本持平。2024年进口额为185.42亿美元，较上年减少12.36亿美元，降幅为6.25%；其中食用水产品进口额为182.56亿美元，同比下降5.85%，非食用水产品进口额2.86亿美元，同比减少1.0亿美元。

2.进口来源集中度提升，自东南亚国家进口规模扩大

2024年中国水产品进口前十大来源国家按进口额由大到小依次为厄瓜多尔、俄罗斯、加拿大、印度尼西亚、越南、印度、美国、挪威、智利、泰国，合计进口额137.76亿美元，占比达到75.68%，较上年增加2.62个百分点；合计进口量371.57万吨（见表3），占中国水产品进口总量的76.84%，较上年提升1.16个百分点。

表3　2024年中国水产品进口前十大贸易伙伴

贸易伙伴	进口量（万吨）	同比增长（%）	进口额（亿美元）	同比增长（%）
厄瓜多尔	68.49	−2.63	31.17	−12.50
俄罗斯	111.23	−12.83	27.42	−5.19
加拿大	11.07	−4.92	12.80	−4.58
印度尼西亚	49.84	18.64	12.19	9.37
越南	33.81	7.44	12.06	51.44
印度	32.49	−8.67	11.49	−8.55
美国	27.78	−3.60	10.99	−4.91
挪威	18.81	20.60	9.84	2.70
智利	10.62	9.28	5.19	−11.74
泰国	7.42	10.87	4.62	−9.26

资料来源：中华人民共和国海关总署数据库。

前三大进口来源的地位均有不同程度下降。一是厄瓜多尔仍为中国食用水产品第一大进口来源国。2024年中国自厄瓜多尔进口水产品金额为31.17亿美元，同比减少4.45亿美元，降幅达12.50%；进口量68.49万吨，同比减少1.85万吨。二是俄罗斯仍为中国第二大水产品进口来源地。2024年中

国自俄罗斯进口水产品金额为 27.42 亿美元，同比下降 5.19%，进口量为 111.23 万吨，降幅更是高达 12.83%。三是加拿大是中国第三大水产品进口来源国，2024 年中国自加拿大进口水产品 12.80 亿美元、11.07 万吨，较上年分别下降 4.58%、4.92%。

与前三大水产品进口来源国的下降趋势不同，东南亚部分国家的进口来源地位趋强。2024 年中国前十大水产品进口贸易伙伴国中有 3 个来自东南亚地区——印度尼西亚、越南、泰国，其排名分别上升至第 4 位、第 5 位、第 10 位（2023 年度分别为第 6、第 8、第 11 位）。2024 年自印度尼西亚进口水产品 49.84 万吨，较上年增长 18.64%，进口额 12.19 亿美元，增长 9.37%，主要增量来自鲜活或冷冻的鱼类和软体动物，该方面进口量由 2023 年的 8.36 万吨增长至 14.62 万吨，进口额由 2.34 亿美元增至 3.49 亿美元。自越南进口水产品 33.81 万吨，增长 7.44%，进口额 12.06 亿美元，增幅高达 51.44%，主要为甲壳类进口大幅增加，由 1.2 亿美元增至 5.4 亿美元，增长 3.5 倍。自泰国进口水产品 7.42 万吨，增长 10.87%，但进口额同比下降 9.62%，仅为 4.62 亿美元。

（三）出口增量明显，北美市场回暖

1.2024年6月开始出口显著回升

2024 年中国水产品出口共计 417 万吨，同比增长 12.70%，出口额 201.39 亿美元，同比增长 1.35%；其中食用水产品出口 416 万吨 201 亿美元，量、额占总出口比重分别高达 99.76%、99.80%。食用水产品出口量大幅增长，主要得益于 2024 年下半年国际市场需求回暖、航运成本大幅下调等，部分水产品出口回升显著，2024 年 6~12 月均实现了贸易量同比增长，其中 6 月、10~12 月同比增长超过 10%。

从贸易方式看，水产品出口仍以一般贸易为主，占水产品总出口量、额的比重分别达到 77.22%、78.52%。加工贸易、其他贸易显著减少，出口额同比分别下降 4.2% 和 68.2%。相反，保税物流贸易延续了上年的快速增长势头，出口量、额分别较上年增长 33.8%、11.4%（见表 4）。

表4　2024年水产品出口贸易方式及变化

贸易方式	一般贸易		加工贸易		保税物流		其他贸易	
项目	数量（万吨）	金额（亿美元）	数量（万吨）	金额（亿美元）	数量（万吨）	金额（亿美元）	数量（万吨）	金额（亿美元）
数量	322	158.13	78	40.15	17	3.03	1	0.09
同比变化(%)	13.3	2.8	6.4	-4.2	33.8	11.4	-5.2	-68.2

资料来源：中华人民共和国海关总署数据库。

2. 出口市场集中度下降，北美市场增量较大

2024年中国水产品出口前十大市场分别为日本、韩国、美国、泰国、马来西亚、中国香港、墨西哥、菲律宾、西班牙、越南。其中，日本仍是中国第一大出口市场，西班牙由上年第12位上升至第9位，中国台湾跌出前10，韩国、泰国、墨西哥排名有所上升，美国、马来西亚、中国香港三大市场排名下降。主要受深化改革、市场多元化和渠道拓展等影响，中国水产品出口目标市场集中度进一步下降。2024年中国水产品出口前十大市场合计出口量242.92万吨、出口额133.91亿美元，分别占水产品总出口量、额的58.26%、66.49%。这也延续了上年水产品出口市场集中度下降的态势。

表5　中国水产品出口前十大市场

贸易伙伴	出口量(万吨)	同比增长(%)	出口额(亿美元)	同比增长(%)
日本	54.31	8.90	34.40	3.44
韩国	43.46	7.43	17.34	-0.10
美国	39.81	14.14	21.98	9.24
泰国	20.34	6.86	10.50	-21.21
马来西亚	16.27	8.27	14.87	-3.64
中国香港	15.50	-10.07	12.07	-19.47
墨西哥	14.75	32.53	7.05	36.54
菲律宾	14.13	-22.43	5.36	-26.88
西班牙	12.30	38.59	5.26	28.70
越南	12.03	31.53	5.08	4.72

资料来源：中华人民共和国海关总署数据库。

具体到目标市场的变化来看，2024年中国水产品出口量增长主要来自日本、美国、西班牙、墨西哥等市场，出口额增量主要来源于日本、美国、墨西哥、西班牙、越南等市场，又以美国、墨西哥两国为主。与大多出口市场增长不同，对中国香港、菲律宾两个市场的水产品出口下降明显。

3. 出口品类结构稳定，各品类单价均有不同程度下降

2024年中国水产品结构保持以鱼为主的格局。一是作为主要出口产品，鱼类水产品产量增长显著，达到299.91万吨，较上年增加34.80万吨，增长13.13%，占总出口量的71.93%，较上年增加0.32个百分点；鱼类出口额为116.57亿美元，同比增长4.03%，占总出口额的比重达到57.88%。二是头足类、贝类的产品出口均呈现量增额减，2024年出口头足类60.30万吨，同比增长8.81%，占总出口量的14.46%；但出口金额36.53亿美元，同比下降8.32%。出口贝类水产品21.83万吨，同比增长13.09%，出口额12.21亿美元，同比下滑1.59%。三是甲壳类水产品出口量额双增，2024年出口量23.69万吨，同比增长15.91%，出口额28.37亿美元，较上年扩大5.20%。四是藻类出口增幅较大，2024年出口8.75万吨，合6.29亿美元，量额同比增长均达到20%以上，占总出口量的比例由上年1.93%提升到2.10%，出口额所占份额由上年2.63%增至3.12%。五是海参、海胆等其他水产品类出口量额双减，2024年出口2.48万吨，同比减少10.72%，出口金额1.43亿美元，同比缩减35.33%。

可能受竞争加剧、拓展市场需求等影响，各品类平均出口单价均有不同程度下跌。2024年鱼类产品出口单价为3.89美元/公斤，同比下跌8.04%；甲壳类出口单价11.97美元/公斤，下降1.22美元/公斤，跌9.24%；贝类出口单价5.59美元/公斤，同比减少12.97%；头足类产品单价7.19美元/公斤，同比下滑15.74%；藻类产品单价7.19美元/公斤，同比基本持平，仅下跌1.71%；其他产品单价5.76美元/公斤，跌幅高达27.56%。

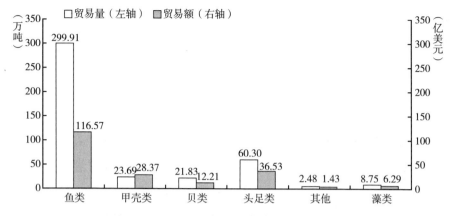

图8　2024年各品类水产品出口贸易额及贸易量

资料来源：中华人民共和国海关总署，笔者整理。

四　2025年渔业经济展望

2024年渔业经济形势总体向好发展，稳产保供能力持续稳定提升。2025年渔业经济发展的机遇和挑战并存，且机遇更优，具有运行平稳、结构优化的基础和势头。

（一）2025年渔业发展的机遇与挑战

1.渔业经济发展的机遇

第一，渔业政策体系持续健全。2024年，《中共中央　国务院关于学习运用"千村示范、万村整治"工程经验有力有效推进乡村全面振兴工作的意见》发布，包括《国务院办公厅关于坚定不移推进长江十年禁渔工作的意见》《2024年水产绿色健康养殖技术推广"五大行动"实施方案》《关于做好农业农村重大项目谋划储备　深化融资对接服务的通知》等一系列文件，多次提到，要推进现代渔业发展，注重推进水产绿色健康养殖，拓展渔业空间，积极发展深远海养殖、大水面生态渔业，做优做强渔业产业供应链，完善休禁渔期制度，推动农业机械化发展等多方面举措，为中国渔业发展提供了方向指引和政策保障。各省域积极推动政策落地，如北京市、湖南省、广西壮族自治区等均已出台相关配套政策，助推渔业产业升级发展。2025 年中央一号文件提出"进一步深化农村改革，扎实推进乡村全面振兴"，其中直接涉及渔业的包括深远海养殖、水产科技及种业、智慧渔业等，全国行业主管部门也印发了相应的贯彻落实文件和拟出台具体的落地措施，这将为全年甚至今后一段时期的渔业经济稳定和高质量发展提供良好的政策环境。

第二，渔业技术集成应用可能性增加。水产养殖技术不断提升强化和集成应用，有助于渔业产业方式优化升级。首先是深远海养殖技术。2024 年"深远海网箱安全高效养殖技术"等入选农业农村部农业主推技术，全国首座深远海封闭式综合试验平台"渔机 1 号"投入运营，"深蓝 2 号"大型智能深海养殖网箱实现陆地完工，是中国应用海域最远、用水深最深、养殖水体最大、功能性能最先进的深远海养殖网箱装备。其次是水产生物育种技术。2024 年中国首个草鱼新品种"沪苏 1 号"问世，应用全基因组育种技术培育了凡纳滨对虾品种"广泰 2 号"，通过细胞工程育种技术选育了牡蛎新品种"前沿 2 号"等。再次是养殖尾水处理、水产低蛋白饲料替代及常见病害防控技术不断取得新进展，将为水产养殖绿色健康转型、节本增效和质量安全水平提升等提供更坚实技术支撑。最后是智慧技术。人工智能技术、数字化信息管理技术等与渔业深度结合，如上海海洋大学发布了"海鹰 AI"金枪鱼智慧渔情预报系统，中国电信帮助湖北仙桃建立了黄鳝智慧云平台。ChatGPT、DeepSeek 等人工智能接连发布，其在渔业产业中的应用与发展也将为渔业技术发展和产业管理方式变革提供机遇。深海科技、北斗导航、水利及船舶工程等多个领域也均有较多技术成果投入应用，为渔业经济生产的融合发展提供了更多可能，比如，海上风电+海洋牧场、可持续捕捞、养殖工船等。

第三，市场总体稳定、持续拓展。一是市场经济温和复苏，消费需求有序回升。国家统计局数据显示，2024 年中国 GDP 增速达到 5%，2025 年政府工作报告将年度 GDP 增长预期目标设定为5%左右，且提出居民收入增长同经济增长同步，这将为水产品消费扩张提供有利条件。二是水产品消费升级，银发经济、健康消费等趋势带来新的产业增长潜力。随着收入水平的不断提高，中国乃至全球对健康和可持续水产品的消费需求日益增长，水产品作为优质蛋白、多种重要微量元素重要来源，愈加受到消费者青睐，特别是高营养、高新鲜度、口感好、高品质的有机水产品市场广阔；同时居民对美好生活的需要日益增长在休闲渔业中有所体现，休闲渔业发展规模不断扩大，以休闲垂钓为代表的消费群体规模不断扩大，相关的海钓、渔业科普及研学游等市场也前景乐观，将给渔业经济带来新的增长极。三是市场渠道不断拓展，冷链物流和电商平台为水产品扩展消费半径提供了可能，消费场景也不断拓展，家庭餐桌、外卖、烧烤店、日料店、自助餐厅、商超预制菜等多场景带动水产品消费，提升了水产品的可获得性和多样性。

2. 渔业经济需关注的问题

第一，产业供需结构性失衡。部分品种，如大宗淡水鱼品种，因技术简单、养殖周期短受到生产主体青睐，存在一定过度养殖问题，产量超过市场需求。捕捞资源"局部改善、总体退化未扭转"，捕捞渔获物质量仍持续下降，高价值野生鱼类捕捞量大幅减少，幼杂鱼比例偏高。与此相对，消费端对水产品品质关注和需求提升势头显著，对海水鱼、虾蟹类、部分特种淡水鱼品类需求增加，传统的口感较差、刺较多的大宗淡水鱼，肥满度下降的贝类和具有质量风险的水产品逐渐受到冷落或面临淘汰。

第二，资源环境约束趋紧。渔业资源稀缺性增加，生态环境约束总体趋紧，极端气候、病害严重等问题及其对渔业经济的冲击频发，而中国水产养殖、捕捞主体仍以"散、小、乱"主体为主，加上现代化的渔业治理政策和机制还未建立，尤其是环境友好型的养殖和捕捞行动激励机制不足，以及渔业保险政策不健全等，导致经营主体的短期行为明显、组织化程度低、风险应对能力小，渔业经济发展的可持续水平亟须提升。

第三，头部企业利润下滑。多个典型或头部企业 2024 年度利润下降明显，不利于渔业经济的资本深化和升级转型。如 2024 年上半年中水渔业净

利润同比下降 19.76%；中国海洋发展前三季度营收同比减少 27.46%，归母净利润同比减少 127.06%；国联水产预计亏损 5 亿元。

第四，质量安全形势仍不容乐观。2024 年农业农村部例行抽检结果显示水产品合格率仍为各类农产品最低。特别是高密度养殖带来的病害问题严重，养殖户私自使用禁限用药物、滥用药物现象屡禁不止。

第五，渔业发展面临的外部风险值得关注。一是鱼粉、豆粕等饲料原料对外依赖性较大，2024 年中国进口鱼粉达 192 万吨，豆粕进口量高达 1 亿吨，国际价格行情变化直接影响中国水产饲料价格和需求。二是关税壁垒较高。保护主义抬头，贸易摩擦重现，2025 年 2~4 月，美国两度提升中国出口商品关税，叠加 2018 年贸易摩擦影响，部分输美水产品关税税率已高达 79%。同时，2025 年中国已宣布对美国、加拿大的水产品分别加征 10%、25% 的反制关税，从其进口的虾蟹、鲑鱼、鳕鱼等具有高价值属性的水产品成本及其市场价格或将明显上升。此外，部分发达国家对进口产品提出严格的质量要求，包含药残、环保标准、质量认证、标签等方面，中国水产品出口面临的技术壁垒有所提高。

（二）2025 年渔业经济预测

综合考虑 2025 年渔业发展的机遇与挑战，渔业经济稳定运行的外部环境和条件总体更加有利，较大冲击和不确定因素的可能性较小，预测 2025 年渔业经济将持续稳中有进发展。

1. 渔业产量、产值稳定双增长

在科技强国建设、乡村全面振兴、深入践行大食物观等推动下，2025 年渔业经济运行的机遇强于挑战，特别是拥有前期的产业有序扩张和平稳发展基础，以及供给端和需求端的利好条件。预计 2025 年在供需总体有利因素的作用下，中国渔业产量、产值大概率实现双增，参考近 3 年水产养殖产量年均增速，2025 年水产养殖产量有望实现 3% 左右的增长，达到 6200 万~6300 万吨，捕捞稳定在 1300 万吨左右，水产品总产量增至 7500 万~7600 万吨。

2. 水产品价格预计企稳回升、平稳运行

2024年，受需求疲软、存塘量较高等因素影响，水产品价格总体低迷，但2024年下半年已现上涨趋势，高于2023年下半年水平。展望2025年，水产品供给结构性失衡和需求错配问题短期内难以解决，供应宽松带来的价格下行压力仍然较大；另外，中国经济平稳发展，社会消费需求逐步恢复，通胀回升预期增大，水产品价格有望企稳回升，部分品类可能受种苗短缺、病害等因素影响价格有所上涨从而带动水产品总体价格上涨。随着养殖技术水平的不断提升，水产品供给更为平稳、供给周期更长，推动水产品价格平稳运行，季节性波动幅度可能减小。

3. 水产品贸易规模有望稳步扩大

2024年下半年，中国水产品贸易已明显回暖。在国际地缘冲突得到缓解、航运有效恢复和国内消费提振、汇率调优等利好下，2025年中国水产品贸易将保持稳中有进态势，预计出口增速回落、进口增速提升，使总体贸易量、额较上年度大概率略有增加，贸易逆差规模很可能有所扩大。

G.8
2024年农业对外开放形势分析及2025年展望

翟天昶　胡冰川*

摘　要： 2024年中国农产品出口额首次突破千亿美元，在全球农业增产引致的国际农产品价格普遍下降和国内需求下降的情况下，贸易逆差显著下降。展望2025年，随着全球农业产出的普遍提升，在全球经济低迷、需求不振的情况下，国际农产品价格的下行趋势还将进一步延续。对于中国而言，随着农业产出水平的稳步提升，在高水平开放战略举措的进一步推动下，农产品贸易的抗风险能力还将得到更有效的保障，国际农产品市场的风险不会对农产品贸易和国内供给构成太大影响。

关键词： 农产品贸易　农产品市场　农业对外开放

　　2024年，中国农业对外开放在复杂多变的国际国内形势下取得了显著进展。农产品贸易在规模和结构上均呈现多元变化态势，各类农产品进出口态势各异，反映出全球农业市场供需格局的调整与国内农业产业的动态发展。同时，农业领域的对外投资与吸引外资情况也折射出中国农业国际合作的深度与广度。在高水平开放战略的持续推进下，中国农业正积极融入全球经济体系，提升国际竞争力与影响力。

＊ 翟天昶，管理学博士，中国社会科学院农村发展研究所助理研究员，主要研究方向为食物消费、农产品贸易；胡冰川，管理学博士，中国社会科学院农村发展研究所研究员、农产品贸易与政策研究室主任，中国社会科学院大学应用经济学院教授、博士生导师，主要研究方向为农产品贸易、农产品市场政策的数量评估。

一　农产品贸易

2024年，中国农产品贸易在多重因素交织作用下呈现复杂且多元的变化态势。整体规模有所调整，进出口额及贸易逆差均出现一定变动，各主要品类如谷物、油料、棉花等的贸易状况也各有特点。下面将从总体和主要品类的贸易数据及影响因素两方面展开详细剖析。

2024年，中国农产品进出口额3181.6亿美元[1]，同比减少4.3%。其中，出口1030.0亿美元，增长4.1%，历史上首次突破千亿美元；进口2151.6亿美元，减少7.9%；贸易逆差1121.6亿美元，减少16.7%。农产品贸易在货物贸易中占比为5.2%，较2023年的5.6%有所降低，仍然处于2001年加入WTO以来的高水平（见图1）。其中，农产品出口额占总出口额的比例为2.9%，农产品出口份额维持在历史低位，而农产品进口额占总进口额的比例为8.3%，仍处于1984年以来的历史高位。

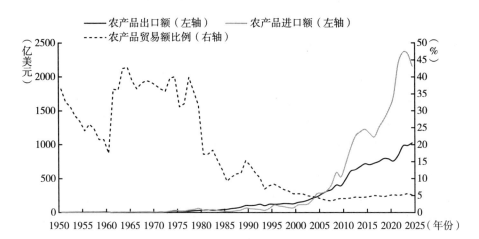

图1　1950~2024年中国农产品进出口及占比情况

资料来源：①1950~1960年数据来自对外贸易统计年鉴；②1961~1979年为FAO数值；③1980~1994年为对外贸易统计年鉴；④1995年以后数据来自农业农村部和中华人民共和国海关总署公布数据。

[1]　数据来源：农产品进出口贸易额数据来自中华人民共和国海关总署官网。分品种贸易数据按农业农村部农产品分类口径编写。

从整体来看，影响 2024 年中国农产品贸易的四个关键因素为：一是全球农业产能的总体提升，二是国内需求的萎靡，三是农业国际合作的进一步加强，四是不利天气对农业产出的负面影响。

（一）谷物贸易情况

2024 年，中国谷物进口 5020.3 万吨，同比减少 15.0%；进口额 150.2 亿美元，减少 27.8%。出口 134.0 万吨，减少 30.3%；出口额 9.1 亿美元，减少 9.9%。净进口 4886.3 万吨，减少 14.5%。

1. 大米进口显著下降

2024 年中国进口大米 165.6 万吨，同比减少 97.7 万吨，降幅为 37.1%。2024 年中国累计出口大米 114.4 万吨，同比减少 48.1 万吨，降幅为 29.6%；大米净进口 51.2 万吨，同比减少 49.4 万吨，降幅为 49.1%。按品种看，全年碎米进口 63.3 万吨，占比 38.2%，同比增加 6.1 个百分点。精米、糙米进口 99.2 万吨，占比 59.9%，同比减少 6.6 个百分点。中国大米进口来源国主要是东南亚和南亚国家，其中进口自缅甸 56.4 万吨、泰国 46.5 万吨、越南 28.1 万吨、巴基斯坦 15.9 万吨、柬埔寨 9.4 万吨、印度 5.7 万吨。

在中国稻谷产量提升的情况下，国内产能对进口产生显著替代，2024 年上半年中国稻米进口量继续保持下降。此外，进口来源也发生显著变化，从越南进口大米量增加，以抵消印度出口大米减少的不利影响。随着异常气候对全球稻米生产不利影响的逐渐消弭，2024 年全球稻米产量普遍提升，加上印度于 9 月取消了部分品种稻米出口限令，中国稻米进口量逐渐回升，但总体而言，2024 年进口量相比 2023 年仍有所下降。2025 年，在全球稻米产量提升引致稻米价格持续下降的情况下，预计中国大米进口量相比 2024 年会有所增长。

2. 小麦进口小幅下降

2024 年中国小麦进口 1117.9 万吨，同比减少 92.0 万吨，降幅为 7.6%。2024 年中国小麦进口主要来源国是澳大利亚、加拿大、美国、法国、哈萨克斯坦、俄罗斯。其中进口自澳大利亚335.9万吨，占比30.0%，同比下降27.4%；进口自加拿大252.6万吨，占比22.6%；进口自法国230.4万吨，同比增长1.8倍；进口自美国190.2万吨，同比增长1.1倍；进口自哈萨克斯坦59.2万吨；进口自俄罗斯45.3万吨，同比增长58.9%。

从进口来源来看，随着以"一带一路"倡议深化为代表的农业国际合作的进一步加强，2024年中国小麦进口结构进一步调整，各来源占比更加均衡。加上中国小麦产能进一步提升，小麦保供能力持续提升。

3. 玉米进口显著下降

2024年中国玉米进口量为1363.8万吨，同比减少49.7%。其中，从巴西进口玉米的数量显著下降，进口量646.6万吨，同比减少634万吨，降幅49.5%，从占比来看，占进口总量的47.4%，同比增加0.2个百分点；从美国进口玉米207.3万吨，同比减少507.1万吨，占进口总量的15.2%，同比减少11.1个百分点；其次是乌克兰，进口量为451.5万吨，占进口总量的33.1%，同比增加12.8个百分点。相对于玉米进口而言，中国玉米出口规模很小。

受不利天气影响，2024年全球玉米产量有所下降，使国际玉米价格提升。在国内玉米产量持续提升以及生猪产能下降引致饲用玉米需求减少的情况下，国内外玉米价差逐步缩小，饲用玉米需求中，国内产量对国外玉米产生了显著替代，使玉米进口量显著下降。从国际市场来看，由于相对较高的价格和运输成本，美国玉米的竞争力正在下降，巴西和乌克兰的玉米在价格上的优势，使其进口占比持续提升。2025年，这一趋势可能还将进一步延续，考虑到生猪产能的恢复，预计玉米进口量可能会稳中有降。

4. 大麦进口显著增长

2024年中国大麦进口量为1424万吨，同比增长25.8%。其中进口自澳大利亚525.1万吨，占比36.9%，澳大利亚再次成为我国大麦进口第一大国；进口自法国213万吨，占比15.0%；进口自阿根廷167.3万吨，占比11.7%；进口自加拿大191.3万吨，占比13.4%；进口自俄罗斯和乌克兰合计219.5万吨，同比增长1.9倍；进口自哈萨克斯坦81.9万吨，占比

5.8%。2024年中国高粱进口量为865.6万吨，同比增长66.0%；其中进口自美国568.3万吨，占比65.7%，同比增加17.7个百分点；进口自澳大利亚195.0万吨，占比13.7%，同比减少22.3个百分点；进口自阿根廷102.0万吨，占比7.2%，同比减少8.7个百分点。

尽管欧洲产区受不利天气的影响，大麦产量有所下滑，但澳大利亚等主产区产量有所提升，使2024年全球大麦产量增长，引致国际大麦价格下降，加上中国对澳大利亚反倾销、反补贴政策的取消，2024年中国大麦进口量（尤其是来自澳大利亚）显著增加。此外，2024年全球高粱的增产引致高粱价格显著下降，成为中国高粱进口显著增长的主要因素。

在中国贸易政策调整的刺激下，进一步考虑到欧洲主产区不利天气影响的消退，2025年预计全球大麦产量提升和价格下降的趋势将得到延续，中国大麦进口量可能稳中有增。相对之下，预计全球高粱产量可能会稳中略增，考虑到美国贸易政策的调整，进口量可能会稳中有降。

5. 木薯产品进口结构显著变化

除了谷物以外，2024年中国木薯干片进口量为247.2万吨，同比减少313.6万吨。进口来源地主要是泰国和越南，进口自泰国的木薯干片为204.7万吨，占比82.8%；进口自越南的木薯干片为41.2万吨，占比16.7%；中国木薯淀粉进口量为383.0万吨，同比增长15.5%，其中进口自泰国181.6万吨，占比47.4%；进口自越南156.4万吨，占比40.8%。

受国内玉米价格下降的影响，木薯在国内淀粉加工业中的原料份额被玉米所替代，使2024年中国木薯干片进口量大幅下降，木薯淀粉进口量显著增加以满足国内对木薯产品的需求。随着国内食品和纺织工业对木薯淀粉需求的增加，预计2025年木薯淀粉的进口量将继续保持增长。

2024年谷物总进出口显著下降，部分产品进口来源结构显著变化，原因主要包括以下四个方面。

其一，全球谷物产能整体依然处于增长态势。根据FAO发布的《谷物供求简报》，2024年全球谷物产量预报数为28.41亿吨，同比下降约0.6%，但是仍为有史以来第二大产量。全球谷物产能提升引起的进口价格下降成为推动部分农产品进口增长的核心因素。但与此同时，中国谷物产能也在提升，使国内外价差有所缩小，在国内需求相对稳定的情况下，玉米等谷物的国内产能对进口形成了显著替代。

其二，"一带一路"农业国际合作进一步深化，俄乌冲突对全球谷物市场负面影响消退，成为推动中国谷物进口来源显著变化的重要因素，使小麦等谷物总进口量下降的情况下，从部分国家进口量依然保持增长。

其三，气候变化的影响依然显著。一方面，异常气候的不利影响使2023年全球部分谷物品种产量显著下降，由此带来国际价格的显著提升和中国进口量的下降。2024年，这一情形出现好转，全球农业普遍增产，这也使诸如印度等主产国出口政策发生调整，中国相应谷物进口量也在恢复增长；另一方面，国外诸如玉米等个别品种的生产遭遇了不利天气的负面冲击，产量显著下降，由此也带来了中国进口量的下降。

其四，贸易政策的变化。随着中国对澳大利亚"双反"政策的取消和印度稻米出口限令政策的放宽等贸易政策调整，中国部分农产品进口量和进口来源结构发生显著变化。

2025年，在新一轮千亿斤增产行动的影响下，预计中国谷物产量将保持稳定增长，国内需求会相对稳定甚至下降。此外，考虑到以美国为主的国家贸易政策的调整、地缘冲突等负面因素，中国谷物进口量预计还将有所下降。

（二）油料贸易情况

1. 食用油籽贸易逆差显著缩小

2024年，中国食用油籽进口11482.4万吨，同比增长5.6%；进口额594.4亿美元，同比下降11.1%。出口112.6万吨，同比减少12.0%；出口额19.6亿美元，同比增长3.7%。贸易逆差547.8亿美元，同比减少15.7%。

其中，大豆进口10503.2万吨，同比增长5.7%。从进口来源看，大豆进口结构变化显著。具体来讲，进口自巴西7464.7万吨，占比71.1%，同比增加0.7个百分点；进口自美国2213.4万吨，占比21.1%，同比减少3.2个百分点；进口自阿根廷410.2万吨，占比3.9%，同比增加1.9个百

分点；进口自加拿大 122.8 万吨，占比 1.2%，同比减少 0.3 个百分点；进口自俄罗斯 61.4 万吨，占比 0.6%，同比减少 0.7 个百分点。

2. 食用油进口显著减少

2024 年中国食用植物油进口 720.9 万吨，同比减少 29.4%，进口额 72.2 亿美元，同比减少 32.0%；出口 19.9 万吨，同比减少 0.1%，出口额 2.9 亿美元，同比减少 6.3%；贸易逆差 69.3 亿美元，同比减少 32.8%[1]。其中，豆油进口量 28.2 万吨，同比减少 23.6%；棕榈油进口量 366.5 万吨，同比减少 4.4%；菜籽油进口量 188.1 万吨，同比减少 20.3%；葵花籽油和红花籽油进口量 109.2 万吨，同比减少 28.2%。

受地缘冲突和主产区气候异常导致油料减产的影响，伴随着全球经济复苏引致的需求增长，2024 年全年国际食用油价格总体有所提升，使中国食用油进口显著下降。食用油需求来源中国内加工的比例有所提高，由此带来食用油籽进出口的减少，并最终带来 2024 年中国油料贸易逆差的显著下降。

2025 年，尽管地缘政治冲突持续、欧洲部分国家动荡以及美国新一届政府的经济、货币等相关不利因素的存在可能会对食用植物油价格造成一定的动荡，但考虑到大豆增产趋势，以及异常气候对棕榈产量负面冲击的消退，全球油料供给会显著增长，食用油价格大概率会趋于下降，这将使中国油料进口有所增长。

（三）棉花和食糖贸易情况

1. 棉花进口显著增长

2024 年，中国棉花进口 271.4 万吨，同比增长 33.7%；进口额 53.7 亿美元，同比增长 27.8%[2]。其中，进口自巴西 112.4 万吨，占比 41.4%，同

---

[1] 农业农村部农业贸易促进中心：《2024 年 1—12 月我国农产品进出口情况》，http：//www. moa. gov. cn/ztzl/nybrl/rlxx/202501/t20250120_ 6469303. htm。

[2] 农业农村部农业贸易促进中心：《2024 年 1—12 月我国农产品进出口情况》，http：//www. moa. gov. cn/ztzl/nybrl/rlxx/202501/t20250120_ 6469303. htm。

比增加 13.1 个百分点，巴西成为中国棉花进口第一大国；进口自美国 87.9 万吨，占比 32.4%，同比减少 4.2 个百分点；进口自澳大利亚 32.9 万吨，占比 12.1%；进口自印度 11.6 万吨，占比 4.3%，同比增加 0.8 个百分点；进口自土耳其 8.8 万吨，占比 3.2%。棉花替代性产品棉纱进口 152.0 万吨，同比减少 9.9%。其中，自越南纱线进口量 67.5 万吨，占比 57.4%；自巴基斯坦纱线进口量 14.5 万吨，占比 12.3%。与此同时，2024 年中国纺织服装出口依然保持增长。2024 年，中国纺织服装累计出口额 3011.0 亿美元，同比增长 2.8%。其中纺织品出口额 1419.6 亿美元，同比增长 5.7%；服装出口额 1591.4 亿美元，同比增长 0.3%。

2024 年棉花进口量增长的原因在于，其一，在全球经济增速放缓、需求不振的情况下，国际棉花价格相对较低，刺激了棉花进口；其二，国外纺织服装加工订单相对稳定，尤其是欧美国家对进口棉加工的刚性需求，国内对进口棉需求相对较高。2025 年，随着异常气候对全球棉花主产区负面影响的消退，加上全球需求的相对低迷，棉花价格将趋于下降。考虑到美国新任政府主张的加征关税措施对中国纺织服装出口的不利影响，加上纺织产品内需疲软，中国棉花进口可能会稳中有降。

2. 食糖进口小幅增长

2024 年，中国食糖进口 434.8 万吨，同比增长 9.4%；进口额 23.9 亿美元，同比增长 3.6%。进口主要来源于巴西，为 383.3 万吨，占比 88.2%，同比增加 3.8 个百分点；其次为韩国，进口量为 17.8 万吨，占比 3.8%，同比减少 0.3 个百分点；进口自泰国 6.5 万吨，占比 1.5%，同比减少 1.4 个百分点；进口自印度 1.8 万吨，占比 0.4%，同比减少 4.1 个百分点。糖浆以及固体混合物（预混糖粉）的进口量 237.65 万吨，同比增长 29.81%。

2024 年食糖进口量增长的主要原因在于全球（尤其是巴西）糖料（甘蔗）产量的提升下食糖供给的增长，使国际糖价有所下降。在不利天气对全球糖料主产区造成不同程度影响的情况下，中国食糖进口来源结构也发生显著变化。2025 年，考虑到地缘冲突和美国新任政府加征关税政策引致的全球能源价格增长的背景下，甘蔗能源加工比例可能会有所增加，由此可能

会对国际糖价带来一定的抬升作用，但全球食糖产能也将进一步增长，国际糖价下行趋势预计还将进一步延续。考虑到国内食糖需求的相对稳定，预计2025年中国食糖进口量可能会稳中有升。

（四）蔬菜和水果贸易情况

1. 蔬菜贸易额稳定增长

2024年中国蔬菜贸易额197.1亿美元，同比增长0.9%；蔬菜出口额186.6亿美元，同比增长0.6%；进口额10.5亿美元，同比增长6.1%；贸易顺差176.1亿美元，同比增长0.3%。

从出口去向来看，最主要的市场为日本、中国香港、越南、美国和韩国。其中，出口中国香港21.3亿美元，占比11.4%；出口日本24.4亿美元，占比13.1%；出口越南15.6亿美元，占比8.4%；出口美国13.5亿美元，占比7.2%；出口韩国12.3亿美元，占比6.6%。从蔬菜进口来源看，排名前三的国家分别为泰国、越南和新西兰。

分蔬菜品种来看，中国主要出口的蔬菜包括大蒜、蘑菇、番茄、辣椒、生姜、香菇、木耳、洋葱、胡萝卜及萝卜、西兰花、马铃薯等，以上品类合计出口额占比58.6%。其中，大蒜是中国蔬菜第一大出口品种，出口额为40.8亿美元，占比21.9%；其次为蘑菇，为16.0亿美元，占比8.6%；番茄的出口额排在第三位，为14.4亿美元，占比7.7%。蔬菜进口品种主要为辣椒、马铃薯、胡椒、豌豆、番茄、洋葱、甜玉米等，以上品种进口额占比68.4%。其中，最主要的进口品种为辣椒，进口额为5.1亿美元，占比48.6%。

得益于智慧农业等技术的发展和应用，中国蔬菜种植技术持续进步、产能进一步提升，加上冷链物流的升级和RCEP协议的深入实施，2024年中国蔬菜出口显著增长。此外，随着居民食物消费结构的逐步升级和健康意识的增强，蔬菜需求多元化趋势进一步延续，推动了蔬菜进口的稳步增长。上述因素，使2024年中国蔬菜贸易额稳步增加，2025年，预计这一趋势还将进一步延续。

2. 水果进出口进一步增长

2024年，中国水果出口额85.4亿美元，同比增长20.9%；出口量658.9万吨，同比增长31.1%。全年鲜冷冻水果主要出口品类包括柑橘、苹果、梨和葡萄等。其中，柑橘出口额15.4亿美元，出口量161.2万吨，同比分别增长23.2%和32.2%；苹果出口额10.5亿美元，同比增长8.3%，出口量59.4万吨，同比增长23.0%；葡萄出口额9.3亿美元，同比增长14.8%，出口量59.4万吨，同比增长23.0%；梨出口额6.1亿美元，出口量64.3万吨，同比分别增长13.0%和34.2%。

2024年水果进口额194.5亿美元，同比增长6.0%；进口量868.0万吨，同比增长9.4%。按进口额排序，全年鲜冷冻水果进口主要品类为榴梿，进口额为69.9亿美元，同比增长4.1%，进口量为156.0万吨，同比增长9.4%；其次为樱桃，进口额和进口量分别达到36.5亿美元和45.1万吨，同比分别增长37.5%和29.8%；香蕉位列第三，进口额和进口量分别为9.1亿美元和168.7万吨，同比分别减少15.7%和4.6%。随后为山竹、猕猴桃、龙眼、椰子、葡萄、柑橘及火龙果。以上主要品类进口金额占鲜冷冻水果总进口额的68.4%。

分贸易地区来看，中国水果主要出口地为越南、美国、泰国、印度尼西亚和日本等国，对以上五个国家的水果出口额占中国水果出口总额的48.9%，其中，增幅最大的是美国，为25.4%。中国水果进口来源国主要为泰国、智利、越南、新西兰和菲律宾，来自以上五个国家的水果进口额占中国水果进口总额的83.2%，其中，增幅最大的是越南，为33.4%。

2024年中国水果贸易逆差22.6亿美元，同比减少31.6%。得益于品种改良、标准化种植与智慧农业的应用等技术创新，中国水果的品质和国际竞争力显著提升，随着《区域全面经济伙伴关系协定》（RCEP）的深入实施和"一带一路"物流通道的完善，2024年中国水果出口显著增长，推动了中国水果贸易逆差的显著减少。此外，随着国内食物消费结构的升级，农业贸易的高水平开放也在推动中国水果进口的稳步增长，随着中国贸易水平的不断提升，2025年这一趋势还将进一步延续。此外，美国新一届政府对进

口自中国的产品加征关税的措施可能会对未来一定时期中国水果出口产生一定的影响，2025年中国水果出口目的国家金额和数量占比可能会发生较为显著的变化。

（五）畜产品贸易情况

2024年，中国畜产品贸易额464.1亿美元，逆差332.3亿美元。其中，畜产品出口额65.9亿美元，同比增长8.3%；畜产品进口额398.2亿美元，同比减少11.9%；进口总量1268.4万吨，同比减少0.2%。

1. 猪肉进口显著下降

2024年，中国生猪产品进口额47.3亿美元，进口量222.7万吨，同比分别下降24.9%和11.6%。其中，猪肉进口额21.0亿美元，进口量105.1万吨，同比分别减少39.7%和31.8%。猪杂碎进口额25.5亿美元，同比减少7.3%；进口量116.7万吨，同比增长5.6%。生猪产品进口主要来自西班牙、巴西、美国、丹麦、荷兰、加拿大等国家，其中西班牙是第一大进口来源国，进口量为53.0万吨，占比23.8%；而后依次是美国38.6万吨，占比17.3%；巴西26.0万吨，占比11.7%；加拿大19.9万吨，占比8.9%；荷兰19.3万吨，占比8.7%；丹麦17.7万吨，占比7.9%。

2024年生猪产品进口额和进口量下降的主要原因在于2023年国内生猪养殖产能扩大的情况下，引致的2024年国内市场供给的显著增加，国内产能的提升对猪肉及生猪产品进口产生了抑制作用，并且促进了出口。国内供过于求的现状压低了养殖利润，生猪出栏量逐渐下降，2024年下半年起猪肉价格有所回升。预计2025年生猪出栏量会在猪肉价格逐渐提升的情况下有所增长，但考虑到居民饮食健康化理念的提升和猪肉消费的相对饱和，生猪产品进口可能会稳中有增。

2. 其他肉类进口小幅增长

2024年，中国牛产品进口量293.6万吨，同比增长4.1%，进口额139.7亿美元，同比减少5.4%。进口的牛产品来自巴西、阿根廷、乌拉圭、澳大利亚、新西兰等国家。2024年，中国羊产品进口量36.9万吨，同比减少 16.3%；进口额 12.1 亿美元，同比减少 36.8%。进口的羊产品来自新西兰、澳大利亚、乌拉圭等国家。

2024 年，中国鸡肉产品进口量达 97.6 万吨，同比减少 25.0%；进口额 31.5 亿美元，同比减少 25.9%。进口的鸡肉产品来自巴西、俄罗斯、泰国、美国等国家，其中巴西是第一大进口来源国，进口量达 55.8 万吨，占比 57.2%；而后是俄罗斯 12.86 万吨，占比 13.2%。

2024 年中国牛、羊产品进出口变化的原因主要在于主产国产能的显著变化。一方面，受巴西等肉牛养殖产能提升的影响，牛产品国际供给量进一步提升，价格有所下降，加上 RCEP 深入实施和"一带一路"国际合作的深化，中国牛产品进口有所增加；另一方面，受异常气候的影响，澳大利亚等主产国肉羊产能有所下降，可供出口产品减少，抑制了中国羊产品的进口。与此同时，受禽流感疫情的影响，肉鸡主产国产能显著下降，加上地缘冲突引致的物流成本提升，使国际鸡产品价格有所增长，在国内肉鸡产能扩张的情况下，2024 年中国鸡肉产品进口显著下降。

3. 乳品进口小幅下降

2024 年我国共进口各类乳制品 262 万吨，同比减少 9.0%，进口额 112.3 亿美元，同比减少 7.0%，进口乳制品折合生鲜乳为 1587 万吨，同比减少 7.5%；其中，进口干乳制品 189.3 万吨，同比减少 7.2%，进口额 97.0 亿美元，同比减少 7.0%，进口液态奶 72.2 万吨，同比减少 13.5%，进口额 15.3 亿美元，同比下降 6.4%。

分品种来看，除进口量比较少的稀奶油、奶油、蛋白和炼乳进口量增长外，其余品类进口量全部下降，具体而言：包装牛奶进口 41.7 万吨，同比减少 24.2%；大包粉进口 63.8 万吨，同比减少 17.5%；酸奶进口 1.8 万吨，同比减少 16.5%；婴幼儿配方奶粉进口 20.9 万吨，同比减少 6.4%；奶酪产品进口 17.3 万吨，同比减少 3.2%；乳清产品进口 66.1 万吨，同比减少 0.3%；稀奶油进口 28.8 万吨，同比增长 8.9%；奶油产品进口 13.6 万吨，同比增长 4.3%；蛋白类产品进口 5.8 万吨，同比增长 6.7%；炼乳进口 1.9

万吨，同比增长 9.6%。中国乳制品出口量较小，主要产品为大包粉、婴幼儿配方奶粉和炼乳。

分来源地看，折合原料奶后，2024 年中国乳制品进口总量的 42.0% 来自新西兰，其次是美国，占 10.1%，德国居第 3 位，占 7.6%。按进口额来看，2024 年进口总额的 46.5% 来自新西兰，德国居第 2 位，占 7.0%，澳大利亚居第 3 位，占 5.1%。

2024 年中国乳品进口显著下降的原因主要在于国内生鲜乳品产能的提升和需求的相对饱和。在中国人口老龄化和人口总量下降的情况下，国内乳制品的需求相对稳定甚至趋于饱和，国内生鲜乳产能提升导致其进口需求下降，进而推动了大包粉、炼乳和液态奶等乳制品进口量的显著下降。乳制品进口以高端品类为主，以调节国内需求，从而使乳制品进口结构进一步变化。

（六）水产品贸易情况

根据中国海关公布的数据，2024 年，中国水产品出口 208.2 亿美元，同比增长 1.8%；进口 230.8 亿美元，同比减少 2.9%；净进口 22.6 亿美元，同比减少 31.6%，贸易逆差显著下降。

水产品贸易逆差显著下降的原因在于全球经济疲软引致的消费降级。在全球经济不振、国内消费降级的情况下，伴随着中国水产品产能的提升，全球水产品价格普遍下降，中国水产品进口量也有所减少，国内产能增长带来的过剩产能推动了出口的进一步增加。

二　农业吸引对外投资和开放

在农业对外开放格局不断深化的背景下，农业领域的对外投资与吸引外资情况成为反映农业国际合作深度与广度的重要指标。2024 年，农业外商直接投资企业数与实际使用资金的变化，以及农业对外投资的增长态势，既体现了国际资本对中国农业投资环境的复杂认知，也彰显了中国农业"走出去"战略在政策引导、资源需求与贸易联动等多因素驱动下的积极进展。

（一）农业外商直接投资企业数变化不大

根据国家统计局公布的《中华人民共和国2024年国民经济和社会发展统计公报》数据，2024年全年外商直接投资（不含银行、证券、保险领域）新设立企业59080家，比上年增长9.9%。实际使用外商直接投资金额8263亿元，下降27.1%，折合1162亿美元，下降28.8%。其中，共建"一带一路"国家对华直接投资（含通过部分自由港对华投资）新设立企业17172家，增长23.8%；对华直接投资额1147亿元，下降6.2%，折合161亿美元，下降8.4%。全年农林牧渔业外商直接投资企业数为374家，比上年减少10.5%，实际使用资金27亿元，比上年下降46%。从比例看，农林牧渔业利用直接投资额比例为0.3%，与2023年相比，占比有所减少。

农业外资流入收缩主要受三方面因素影响。一是产业特性制约。农业生产周期长、回报率低、风险高的特性与外资短期逐利性存在天然矛盾，导致外资更倾向于流向制造业、服务业等领域。二是政策环境调整。随着国内农业供给侧结构性改革深化，外资准入门槛优化，部分低端加工项目受阻，而高附加值农业项目仍处于培育期。三是国际市场波动。全球经济复苏乏力叠加地缘政治冲突，外资更倾向于短期财务性投资。

（二）农业对外投资稳定增长

根据国家统计局公布的《中华人民共和国2024年国民经济和社会发展统计公报》数据，全年对外非金融类直接投资额10245亿元，比上年增长11.7%，折合1438亿美元，增长10.5%。其中，对共建"一带一路"国家非金融类直接投资额2399亿元，增长6.5%，折合337亿美元，增长5.4%。在对外非金融类投资中，农林牧渔业投资总计14亿美元，比上年增长72.0%。

2024年中国农业对外投资增长驱动因素主要有以下几个方面。

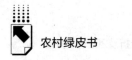

一是政策红利释放。近年来，党中央提出要"加快构建以国内大循环为主体、国内国际双循环相互促进的新发展格局"的战略。在此基础上，2022年，农业农村部制定的《"十四五"农业农村国际合作规划》中进一步明确提出，高质量推进"一带一路"农业农村合作，优化农产品贸易布局，扩大农业对外投资，深化农业科技合作。在政策推动下，2024年，我国对共建"一带一路"国家非金融类直接投资进一步增长，其中农业领域占比显著提升。

二是国内资源获取需求的刺激。为缓解国内结构性短缺，我国通过海外投资获取优质农产品以调节国内需求，保障国内高水平供应。例如，中国企业在巴西布局仓储物流中心，保障国内油脂加工原料供应，同时在新西兰建设乳制品产业链，提升奶源稳定性。

三是贸易投资联动。RCEP原产地规则加速区域产业链重构，企业通过"投资+贸易"模式优化产能配置。

2024年，随着"一带一路"农业合作战略的推动和RCEP合作协议的深入实施，中国农业国际合作在不断推进，与共建"一带一路"国家的农业双向投资显著增长。未来随着中国农业高水平对外开放战略的深化，这一趋势还将进一步延续。

三　2025年农业对外开放形势展望

（一）农产品贸易规模保持稳定

2024年，全球农产品市场受多种因素影响，价格整体下行，供需格局宽松。其主要原因在于，农业技术进步持续提高了全球农业产出，而全球宏观经济复苏缓慢则抑制了食物消费需求增长。在此背景下，全球仍面临诸多挑战，如外部冲击引发的经济衰退致使部分地区营养不良人口比例增加，"零饥饿"目标的实现尚需时日。

展望2025年，全球农业增产的趋势预计将延续，农产品价格将在货币政策、地缘政治等多重因素的支撑和干扰下呈现复杂波动。在这种多重因素交织的市场环境中，农产品价格虽将经历波动，但总体仍受到一定的支撑。与此同时，中国农产品市场在政策调控、供需结构以及技术创新的共同作用下，将保持相对稳定。随着消费者对高附加值农产品需求的逐步升级，中国农产品市场也将迎来更多的市场机会和增长空间。

全球农产品价格趋势方面，在全球经济持续低迷、需求不振的背景下，伴随着不利气候影响逐渐消弭和全球农业的持续增产，全球农产品价格预计仍将处于下行通道。根据国际货币基金组织等权威机构的预测，全球经济增速虽有所上调但仍低于历史平均水平，全球通胀预期持续放缓，这将进一步限制农产品需求的提振。尽管地缘冲突和个别农产品主产区的异常气候仍可能对局部市场造成扰动，但在全球农业产能稳步提升的趋势下，这些不利因素对市场整体供需平衡的影响将逐渐减弱。

中国农产品贸易规模方面，随着中国农业千亿斤粮食增产行动的深入实施，国内农业产能将进一步提升，农产品供给将更加充足。在国内需求相对稳定的情况下，中国农产品进出口规模预计将保持相对稳定，甚至略有增长。

进出口结构变化方面，面对美国新一任政府的贸易制裁，中国农产品进出口结构预计将发生一定变化。预计2025年中国会进一步加强与共建"一带一路"国家及其他贸易伙伴的农业合作，推动进口来源多元化，减少对单一市场的依赖。同时，中国将加大对具有竞争优势农产品的出口支持力度，如蔬菜、水果等，以平衡贸易逆差。在政策调控、供需结构以及技术创新的共同作用下，中国农产品市场将保持相对稳定，进出口结构将更加合理和优化。

（二）农业对外投资预计将有所增长

2024年，中国农业吸引外资新设立企业数量增长，但实际使用资金下滑，投资意愿进一步减弱，规模整体进一步收缩。2025年，随着中国农业高水平开放的推动深化和政策调整，中国农业国际合作将继续深化并取得更

加显著的成效，而农业外资投资下滑的趋势将会见底并有所改善，中国农业对外投资预计将有所增长。

综上所述，2025年中国农产品贸易和农业国际合作预计将保持稳定发展态势。尽管可能面临美国新一任政府贸易制裁措施的挑战，但考虑到全球农产品市场的整体趋势、中国农业产能的提升以及农业国际合作的深化，这种不利影响将在很大程度上被抵消。

热点篇 ⊳⊳

G.9
中国粮食等重要农产品增产潜力
挖掘方向与措施

李婷婷*

摘 要: 中国粮食等重要农产品需求保持刚性增长,内循环系统面临水土资源约束加剧的核心瓶颈,外循环系统则承受进口依赖增强和国际冲突加剧的双重风险,亟须多措并举挖掘粮食和重要农产品生产潜力。未来粮食等重要农产品供给应重点聚焦"调结构"和"提质量"两大核心任务:一方面,通过优化粮饲供给体系,缓解口粮与饲料粮的资源竞争矛盾;另一方面,通过发展绿色农业、生态农业,全面提升农产品品质,满足城乡居民日益增长的高质量消费需求。针对内外循环系统面临的双重约束,两大任务完成应聚焦存量耕地资源高效利用这一关键议题,创新实施"三个转换"战略:通过提升土地利用强度实现"以存量换增量",提高土地利用效率;通过优化粮饲种植结构与布局实现"以结构换增量",提升资源配置效率;通过强化

---

* 李婷婷,理学博士,中国社会科学院农村发展研究所副研究员,主要研究方向为粮食安全与资源配置、土地利用转型。

农业科技创新与推广应用实现"以技术换增量",提高技术边际效率。通过系统推进"三个转换"战略,着力实现供给能力提升、结构优化和质量升级的协同发展目标。

关键词: 粮食 农产品 增产潜力 调结构 提质量

  粮食等重要农产品安全是关乎国计民生的重大战略问题。无论是发达国家还是发展中国家,粮食安全始终是农业政策制定者和学术界关注的焦点议题。作为人地关系紧张的发展中人口大国,粮食等重要农产品在中国始终被视为保障国家安全的基础性战略性资源。近年来,在中国粮食生产成本持续攀升、国内外粮食价格倒挂以及粮食产量、进口量和库存量"三量齐增"的复杂背景下,粮食安全问题引发了广泛而深入的研究与讨论。

  面对人口总量持续增长和城镇化快速推进的双重压力,依靠增量耕地提升粮食等重要农产品供给能力的空间已十分有限,亟须在存量耕地资源优化利用上寻求突破。本报告旨在系统评估当前粮食等重要农产品需求变化趋势,深入分析支撑供给体系的内循环和外循环系统面临的主要挑战。基于此,本报告提出未来粮食等重要农产品增产与供给的核心任务方向。针对内外循环系统面临的双重约束,本报告聚焦存量耕地资源高效利用这一关键议题,重点探讨粮饲供给结构调整与农产品供给质量提升的可行路径和实施方案,并就实施过程中可能面临的困难提出有针对性改进建议,以期为构建高效、可持续的粮食供给体系提供决策参考。

一 中国粮食等重要农产品增产面临的挑战

  科学评估当前粮食等重要农产品需求变化,以及支撑粮食等重要农产品供给的内循环和外循环系统面临的挑战,既是开展粮食等重要农产品生产潜力挖掘研究的前提,也为其生产潜力挖掘路径指明方向。

(一)粮食等重要农产品需求刚性增长的态势未改变

中国居民的膳食消费水平正经历从温饱型向全面小康型的转变,这一过程表现为食物需求的刚性增长。随着国家经济发展水平和城镇化率的提升,特别是进入 21 世纪,居民对食物的需求已从单纯的温饱需求转向对品质和多样化的追求。从能量需求的角度来看(见图 1),尽管人均每日能量需求存在波动,但总体呈上升趋势。2000 年,人均每日能量需求为 2419 大卡,至 2023 年已增至 2457 大卡,增长了 1.98%。即使在 2018 年这一近年低点,人均每日能量需求仍为 2434 大卡,较 2000 年高出 15 大卡。此外,考虑到中国人口总量的持续增长,2000~2023 年,全国每日能量总需求从 3.07 万亿大卡上升至 3.46 万亿大卡,增幅达 12.97%,能量总需求持续增长。与此同时,耕地资源因其供给缺乏弹性,多用途属性又增加了非农化压力,稀缺性日益凸显。需求刚性增长与耕地供给缺乏弹性决定了供求长期紧平衡的格局并未改变。

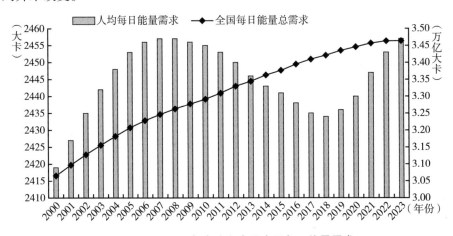

图 1　2000~2023 年人均和全国人民每日能量需求

资料来源:FAO(https://www.fao.org/faostat)。

中国居民的膳食结构正从传统的"粮菜型"向"粮肉菜果"多元型转变，并逐步朝营养均衡方向发展。如图2所示，2014~2023年，除粮食（原粮）的年人均需求从141.0kg降至134.4kg外，其他食物消费量普遍增长，其中，蛋类、肉类和禽类消费增长尤为显著。蛋类年人均消费量从8.6kg增至15.0kg，增幅达74.4%；肉类和禽类年人均消费量分别从25.6kg和8.0kg增至39.8kg和12.4kg，增幅均约为55%；此外，鲜瓜果和蔬菜及食用菌年人均消费量分别增长了41.7%和17.2%；奶类食物在中国的普及率相对较低，每年人均消费量从12.6kg增至13.2kg，仅增长0.6kg。尽管粮食直接消费减少，但肉、蛋、禽和奶类等食物消费的增加对饲料粮需求提出了更高要求。对于水土资源供给缺乏弹性甚至紧缺的中国而言，满足居民能量和食物需求的挑战异常严峻。

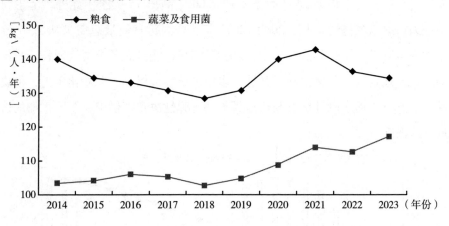

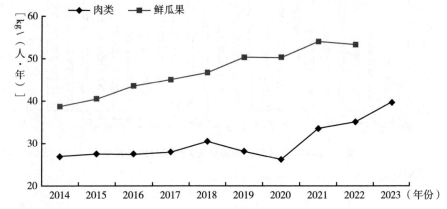

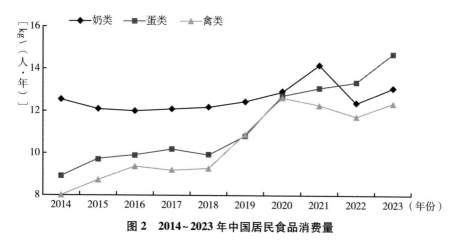

图2　2014~2023年中国居民食品消费量

资料来源：《中国统计年鉴2024》。

随着城镇化进程的持续推进，农转非带来了居民膳食结构和食物来源的显著变化，这对粮食等重要农产品的稳产保供提出了更高要求。通过构建城乡居民食品消费比指标（见表1），对比城乡居民膳食结构差异发现，城镇居民除粮食（原粮）消费量低于农村居民外，其他食物消费量大部分均高于农村居民。尽管城乡居民食物消费差距逐渐缩小，甚至出现农村居民猪肉和蛋类等消费量反超城镇居民的现象，但城镇居民对奶类、牛肉、水产品、羊肉、禽类和蔬菜及食用菌的消费量仍高于农村居民，其中奶类消费量长期为农村居民的2倍左右。农转非必然伴随着膳食结构的趋同，居民更加注重食物的营养和多样化，通过多样化的食物组合提升消费福利，进而导致食物消费总量的增加。此外，农转非还意味着农村居民过去自给自足或半自给自足的生活方式被市场供给所取代，进一步提高了对食物供给的要求。未来持续的城镇化进程意味着保障粮食等重要农产品的稳产保供将是一项长期任务，必须予以高度重视。

表1　2017~2023年城乡居民食品消费比

食品种类	2017年	2018年	2019年	2020年	2021年	2022年	2023年
粮食（原粮）	0.71	0.74	0.71	0.71	0.73	0.71	0.72
蔬菜及食用菌	1.18	1.18	1.18	1.15	1.05	1.06	1.01
肉类	1.24	1.13	1.16	1.28	1.11	1.04	0.99

续表

食品种类	2017 年	2018 年	2019 年	2020 年	2021 年	2022 年	2023 年
猪肉	1.06	0.99	1.00	1.11	0.99	0.93	0.87
牛肉	2.89	2.45	2.42	2.38	2.13	2.00	1.77
羊肉	1.60	1.50	1.40	1.40	1.33	1.15	1.13
禽类	1.23	1.23	1.14	1.05	0.99	1.04	1.05
水产品	2.00	1.83	1.74	1.61	1.53	1.51	1.43
蛋类	1.22	1.29	1.20	1.14	1.03	1.05	0.95
奶类	2.39	2.39	2.29	2.34	1.96	1.83	1.83

资料来源:《中国统计年鉴 2024》。

（二）水土资源约束是制约粮食等重要农产品增产的关键因素

与食物需求的刚性增长形成鲜明对比，中国水土资源正面临着数量减少和质量退化的双重压力。作为拥有 14 亿多人口的发展中大国，中国通过持续提升土地生产率和劳动生产率，创造了以全球 9% 的耕地和 6% 的淡水资源养活世界近 18% 人口的显著成就，实现了从粮食短缺到基本自给的历史性跨越。然而，当前粮食增产潜力的进一步挖掘正面临日益严峻的水土资源约束。

从耕地资源来看，2013~2023 年，中国耕地数量呈现显著下降趋势，从 20.27 亿亩减少至 19.29 亿亩，净减少 9832 万亩，降幅达 4.85%。同期，人均耕地面积从 1.48 亩降至 1.37 亩（见图 3）。中国人均耕地资源仅为世界平均水平（4.8 亩/人）的 28.5%。与主要农业强国相比，这一差距更为显著：澳大利亚、俄罗斯、美国、加拿大的人均耕地资源分别是中国的 20.8 倍、9.2 倍、7.7 倍和 13.3 倍[①]。即使与同为人口大国的印度相比，中国的人均耕地资源也处于相对劣势地位。此外，耕地撂荒现象的频发进一步加剧了耕地资源的稀缺性。

耕地资源的减少伴随着质量的显著退化，主要体现在以下两个方面。一

---

① FAO，2023.

方面，中国耕地空间分布呈现"南退北进"和"西进东缩"的调整趋势，导致农业生产地区发生显著漂移。北方干旱和半干旱区、东北平原区耕地面积快速增加，与中国"南丰北欠"的水热资源空间分布格局形成明显矛盾，导致耕地适宜性下降2.6%。另一方面，长期以来，中国农业依赖高强度的化肥和农药投入。国家统计局数据显示，2022年中国平均化肥施用强度达到398kg/hm²，是国际公认的化肥施用安全上限（225kg/hm²）的1.61倍。这种高投入增长模式已对耕地质量造成严重破坏，具体表现为黑土地耕作层退化、土壤重金属污染加剧、土壤盐碱化和酸化问题突出。这些质量退化现象严重制约了耕地的可持续生产能力。

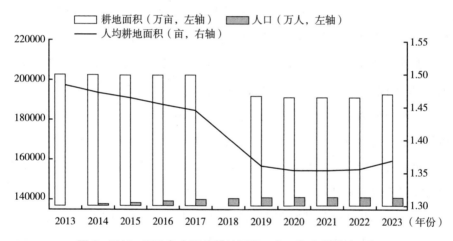

图3 2013~2023年中国的耕地面积、人口和人均耕地面积

资料来源：《中国统计年鉴2024》。

以水资源来看，中国是全球人均淡水资源严重短缺的国家之一。水资源作为一种日益稀缺的战略性资源，对国家粮食安全和农业经济发展具有深远的全局性影响。日益加剧的水资源短缺问题已对灌溉农业和粮食安全构成严重威胁，亟须加强水资源的保护与节约利用。低效的水资源利用模式加剧了水资源短缺问题。此外，中国水资源空间分布严重失衡，多年平均水资源量北方占18.8%，南方占81.2%，而耕地却呈现向北方集中的趋势。这种空间错配现象导致北方地区水资源超采问题日趋严峻，其水资源开发利用率已

达 49.0%，① 显著超出国际公认的 40% 警戒阈值。这一现象不仅加剧了区域水资源的供需矛盾，还可能引发一系列生态环境问题，如地下水位持续下降、地表沉降以及生态系统退化等。

综上可知，水土资源对农业的制约日益增强。在短期内没有重大技术变革、种子创新等先进生产力注入的情况下，凭借现有水土资源禀赋提高生产效率来增加食物等重要农产品供给成为保障粮食安全的根本途径。

（三）进口依赖与国际冲突加剧中国粮食等重要农产品贸易风险

基于中国国情，利用国内国外两种资源构建"双循环"新发展格局是保障粮食安全的重要举措。然而，过度依赖国际粮食市场可能为中国这样一个人口大国带来不可预测的风险。事实上，伴随食物需求的刚性增长以及水土资源约束的加剧，中国对国际粮食市场的依赖呈现显著上升趋势。自 20 世纪 80 年代后的 20 多年间，中国粮食进口依存度始终维持在 5% 以下，部分年份甚至成为粮食净出口国。然而，自 2004 年起，粮食进口呈现指数型增长，而国内粮食生产增速放缓，导致粮食进口依存度急剧攀升。至 2020 年，粮食进口依存度已超过 20%，意味着净进口粮食占国内粮食生产总量的 1/5 以上（见图 4）。

"谷物基本自给"战略将谷物安全视为粮食安全的核心。然而，根据 FAO 数据，中国谷物进口依存度逐年攀升，对国际粮食市场的依赖逐步增强（见图 5）。21 世纪初，中国尚为谷物净出口国，但自 2004 年起逐渐转变为谷物净进口国，谷物进口依存度从 0.2% 逐年递增。尽管 2017 年前后有所缓和，但此后再次快速增长。2020~2022 年，谷物平均进口依存度已达 8.8%，较 2004 年增长 8.6 个百分点。谷物进口增加的原因主要包括：人口增长带来的需求刚性增加、耕地非农化导致的耕地面积减少与质量退化，以及进口策略由供需缺口驱动转向价差驱动。即使国

---

① 水资源开发利用率是区域用水量占水资源可利用量的比率，利用《中国水资源公报》中的北方 6 区用水总量和水资源总量计算得来。

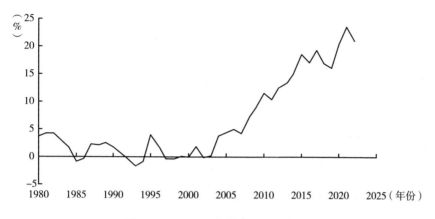

图4　1980~2022年粮食进口依存度

注：粮食进口依存度=（进口量-出口量）/国内产量。

资料来源：《中国农村统计年鉴》。

内产量有所提升，国内外谷物价格倒挂导致大量进口，形成国内库存与
进口同时增加的矛盾局面。

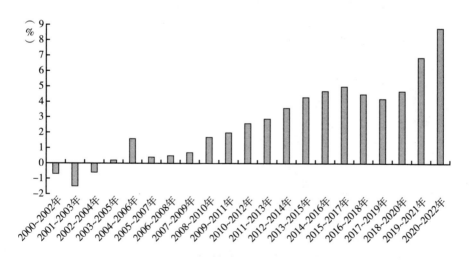

图5　2000~2022年谷物进口依存度

资料来源：FAO（https：//www.fao.org/faostat）。

分品种看谷物的进口依存度，主要考虑作为口粮的小麦和作为饲料粮的玉米和大豆①。如图6所示，玉米和小麦以国内生产为主，进口依存度总体维持在10%以下，但近年来显著上升。大豆则以进口为主，进口依存度长期保持在300%~700%，意味着大豆净进口量通常为国内产量的3~7倍。此外，不同谷物的生产与进口的协同变动趋势反映了其进口动机。② 小麦和玉米的生产量与进口依存度呈同步变化，表明其进口行为并非以补充供需缺口为目的，而是受价差驱动，导致国内生产过剩与进口增加并存的矛盾局面。

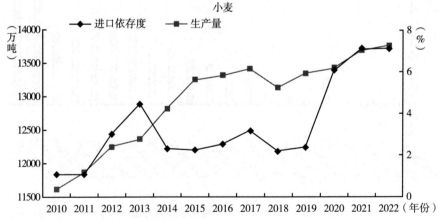

---

① 国内水稻产量一般以稻谷计算，而往往进口精米，统计口径有差异，且中国通常还是大米的出口国，此处不再分析和赘述。

② 数据分析发现净进口量和进口依存度变化趋势保持高度一致，故不赘述净进口量。

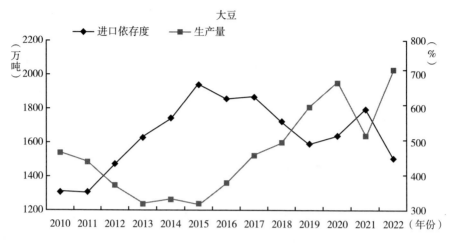

图6 2010~2022年中国谷物生产量及进口依存度

资料来源：FAO（https：//www.fao.org/faostat）。

相比之下，大豆的生产量与进口依存度呈反向变动，表明其进口策略主要基于补充国内供需缺口。

中国谷物进口来源高度集中于与中国国际关系日趋紧张的国家，进一步加剧了粮食安全风险。玉米进口集中度最高，自2013年以来，美国和乌克兰始终是中国玉米进口的主要来源国，占比超过90%，2021年甚至达到98.99%。考虑到美国对华全面战略竞争及乌克兰的地缘政治动荡，当前高度依赖美乌两国的玉米进口策略存在显著风险。大豆进口主要依赖美国、巴西和阿根廷，占比长期保持在95%左右，其中巴西占比近年来显著上升，2021年达到60%左右，而美国占比则从40%左右下降至33%左右。小麦进口来源相对分散，主要进口国由美国、加拿大、澳大利亚和哈萨克斯坦转变为澳大利亚、加拿大、美国和法国，2022年澳大利亚占比达57.93%。[1]

中国粮食系统正面临日益加剧的外溢风险。中国粮食进口依存度持续攀升，进口来源日趋集中，导致中国在国际粮食贸易市场中的话语权相对薄弱。当前国际形势充满不确定性，潜在冲突与高风险事件频发，其中影响最

---

[1] FAO（https：//www.fao.org/faostat）.

深远的事件包括中美在贸易、经济、军事、科技等领域的全面战略竞争、中东地区局部战争的持续爆发以及俄乌冲突的延宕。受这些因素叠加影响，中国粮食的进口贸易稳定性面临严峻挑战。在当前国际变局冲突不断的情况下，提升中国粮食安全保障体系的韧性，增强应对外部冲击的能力，是确保"口粮绝对安全、谷物基本自给"的底线要求。

二　粮食等重要农产品增产潜力挖掘方向

从国家安全战略高度出发，粮食等重要农产品未来增产和供给方向应重点聚焦"调结构"和"提质量"两大核心任务。"调结构"旨在优化粮饲供给体系，缓解口粮与饲料粮之间的资源竞争矛盾，实现粮食安全与畜牧业高质量发展的协同并进；"提质量"则着眼于推进农业供给侧结构性改革，通过发展绿色农业、生态农业，全面提升农产品品质，满足城乡居民日益增长的高质量、绿色化、多样化消费需求，构建现代农业高质量发展新格局。

（一）调结构：调整粮饲供给结构

当前中国的粮食安全已不再是总量问题。就生产能力而言，2010年、2012年、2015年中国粮食总产量先后突破1.1万亿斤、1.2万亿斤、1.3万亿斤，全国粮食总产量连续9年稳定在1.3万亿斤以上，2024年更是首次突破1.4万亿斤，人均粮食占有量达到501公斤，比国际公认的400公斤粮食安全线高了25%。就能量供应而言，中国食物系统的能量供应充足率①逐年攀升，21世纪初期只有115%左右，在2020~2022年已经增加到138%，超过人体所需能量38个百分点，能源摄取严重超标，并带来严重的肥胖问题。成人肥胖率也从2000年的2.2%攀升到2022年的8.3%（见图7），中国肥胖问题已十分突出，即营养视角的中国居民营养摄入量过高问题突出并因此导致多种慢性病患病风险，阻碍健康中国行动的目标实现。

———————————

① 能量供应充足率＝能量供应总量/能量需求总量×100%。

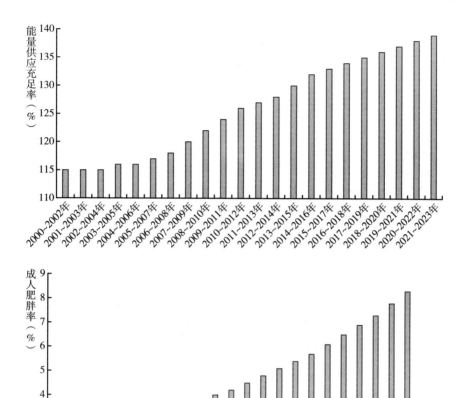

图7 21世纪以来中国的能量供应充足率和成人（18岁及以上）肥胖率

资料来源：FAO（https：//www.fao.org/faostat）。

目前需要警惕的是结构性问题。人体能量主要来源于蛋白质、糖类、脂肪和碳水化合物。尽管中国粮食安全战略强调"口粮绝对安全、谷物基本自给"，但谷物、根茎和块茎等碳水化合物在能量供应中的占比逐年下降。21世纪初，谷物、根茎和块茎食物提供了人体所需能量的60%，而到2020~2022年，这一比例已降至51%左右（见图8）。与此同时，蛋白质摄入量显著增加，尤其是动物蛋白的增速最快。2000~2002年，人均每日植物蛋白和动物蛋白摄入量分别为55.8克和28克，合计83.8克；至2020~

2022 年，这一数值上升至 75.4 克和 50.2 克，合计 125.6 克，较 21 世纪初增长 49.9%。尽管植物蛋白仍是主要来源，但动物蛋白摄入量的增速（79.3%）远超植物蛋白（35.1%），使动物蛋白在总蛋白摄入中的占比从 21 世纪初的 33.4% 上升至 40.0%（见图 9）。

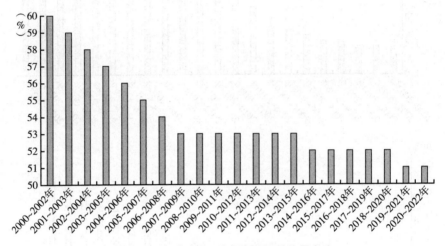

图 8 谷物、根茎、块茎食物提供能量占比

资料来源：FAO（https：//www.fao.org/faostat）。

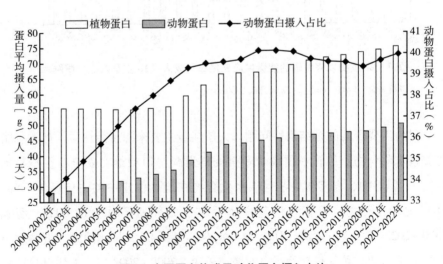

图 9 中国蛋白构成及动物蛋白摄入占比

资料来源：FAO（https：//www.fao.org/faostat）。

根据供需理论，消费需求的变化决定了农业供给结构的调整方向。中国居民对谷物、根茎和块茎等传统主食的直接消费需求下降，而对蔬菜、水果、肉类、蛋类和奶制品的需求显著上升。动物蛋白摄入的快速增长推动了对饲料用粮（如玉米、大豆）的需求，并在粮饲价差驱动下，口粮饲用现象日益普遍。例如，小麦饲用消费一度占小麦消费总量的13%左右，成为仅次于玉米和大豆的重要饲料粮。保障饲料粮供给安全是实现"大食物观"下肉蛋奶等畜产品供给安全的基础。因此，国家对食物安全的关注重点和政策目标需相应调整。当前以保护口粮品种为主的政策导致粮饲结构失调和资源禀赋错配，亟须通过优化口粮与饲料粮的种植布局来应对饲料粮需求的快速增长。

（二）提质量：提供高质量农产品

提供高质量农产品是全面建设农业强国的核心目标之一。中国从农业大国向农业强国的转型，标志着农业发展重点从对总量和结构的关注向对质量的提升延伸。农产品质量提升的农业强国之路也是一条绿色生态发展之路，既包括农业生产环境的生态化，也包括农业生产方式的绿色化，最终目标是实现绿色农产品的广泛供给。这一目标既契合消费者饮食需求的升级趋势，也有助于推动全球可持续发展。

随着居民收入水平和消费能力的提高，市场需求逐渐向高端化和绿色化方向转变，消费者的饮食需求经历了从"吃饱"到"吃好"再到"吃得健康"的升级过程。在当前"吃得健康"的膳食结构转型中，消费者对高质量农产品的需求日益增强，并愿意为其支付溢价，导致农产品市场价格呈现明显的两极分化趋势，优质优价现象显著。此外，考虑到日益严重的农业环境污染问题，消费者对高质量农产品的定义也从传统的口感导向扩展至绿色、无害和生态属性，甚至在必要时愿意牺牲部分口感以满足绿色消费需求。因此，在农业生产与消费需求动态平衡的过程中，应系统推进高质量、高附加值的绿色农业发展，以满足市场对健康、安全农产品的需求。

农业绿色发展不仅是中国农业现代化的必然选择，也是全球可持续发展的重要组成部分。已有研究表明，全球约 1/3 的人为温室气体排放来自食物系统，这对人类生存环境构成了严重威胁。为实现全人类的永续发展，绿色转型已成为全球共识。各国通过立法和政策制定（如农业绿色发展政策的颁布与实施）推动农业绿色转型。全球农业绿色发展政策在经历长期缓慢发展后，于 20 世纪 90 年代进入快速发展阶段，其中控制化肥施用成为各国政策的核心关注点（见图 10）。

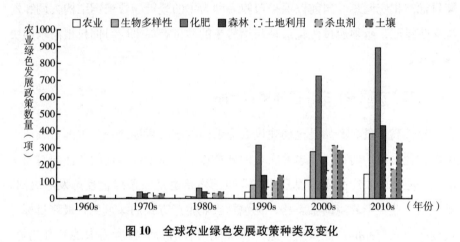

图 10　全球农业绿色发展政策种类及变化

注：图 10 和图 11 使用的原始数据来自发表在 *Nature Food* 上的文章 "Agri-environmental policies from 1960 to 2022" 的数据附件。

中国作为全球农业大国，其绿色发展路径对全球可持续发展具有重要意义。然而，中国农业绿色发展政策的起步相对较晚，直至 1993 年《中华人民共和国农业法》的颁布才标志着农业绿色发展的政策化进程正式启动。尽管如此，相关法律法规的数量和覆盖范围仍显不足。近年来，全国性和区域性的农业环境政策数量逐年增加，重点关注化肥、农药施用及土壤健康等问题，但其政策严格性和执行力度与欧美发达国家相比仍存在差距（见图 11）。例如，欧盟在政策数量和执行强度方面表现突出，更注重生物多样性和杀虫剂使用的管控，而对以增产为导向的化肥施用的关注度相对较低。

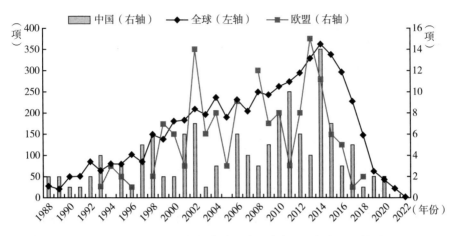

图 11　1988~2022 年中国与全球和欧盟的农业绿色发展政策对比

绿色产业既是市场需求驱动的结果，也是自然资源发展规律的必然选择，已成为现阶段推动农业产业升级的核心力量。发展绿色农业、提供绿色农产品是中国未来长期需要突破和创新的重点领域。为此，需进一步以市场需求为导向，推动农业产业从产量优先向产量和质量并重转型，实现农产品的多样化、个性化、差异化和品牌化，更好地满足现代消费者对健康、优质、营养食品的需求。同时，应加快农业绿色化进程，通过政策支持、技术创新和市场机制优化，构建可持续的农业生产体系，为全球农业绿色发展贡献中国智慧和中国方案。

三　粮食等重要农产品增产潜力挖掘路径

面对内循环资源约束持续增强与外循环风险日益加剧的双重挑战，本报告聚焦存量耕地资源优化利用这一核心议题，重点探讨粮饲供给结构调整与农产品供给质量提升的可行路径与实施方案。

（一）以存量换增量：提高土地利用效率

中国粮食供给高度依赖国际市场的现状正面临外部环境不确定性加剧的

严峻挑战，挖掘国内生产潜力已成为保障粮食安全底线、掌握粮食安全主动权的根本途径。然而，粮食等重要农产品供求长期紧平衡的基本格局尚未改变，加之粮食结构调整和质量提升的双重压力，急需充足的耕地资源作为根本保障。尽管从长期来看，城乡一体化的城镇化进程可通过复垦农村建设用地和促进规模农业发展来增加食物供给，但短期内市民化进程滞后于城镇化的现实难以改变。流动人口的城乡建设用地双栖占用现象普遍存在，加之城镇空间扩张不可避免地导致耕地非农化占用，改革开放 40 余年的快速发展已造成大量耕地资源的不可逆非农化。因此，短期内中国后备耕地资源严重不足，补充潜力十分有限。通过增加耕地供给来保障食物安全既不符合中国国情，也不具备现实可行性。相反，将食物供给增长的潜力从依赖耕地增量供给转向存量优化，成为当前的至优之选，简称为"以存量换增量"路径。这一路径的本质是在存量耕地上实现更高的食物产出。

单产提升作为"以存量换增量"路径的核心举措，在 2024 年对粮食增产的贡献率已超过 80%。然而，从长期趋势来看，中国粮食单产增速呈现显著放缓态势，年均增长率已降至不足 1%（见图 12）。当前，优质耕地的产能已接近饱和，高标准农田的粮食增产空间极为有限。同时，由于优质耕地普遍存在农业集约化程度过高的问题，化肥、农药等投入品的大规模使用已导致土壤污染问题日益突出，进一步集约化发展的空间受到严重制约。虽然中低产田仍存在一定的增产潜力，但其改造提升面临多重挑战：一方面，这些耕地主要分布在自然条件较差的区域，受积温、水资源等自然因素制约明显；另一方面，改造工程成本高昂且伴随较大的生态风险。因此，在缺乏重大技术突破的前提下，单纯依赖提高单产来满足食物刚性需求增长，不仅面临边际效益递减的经济困境，还将受到生态环境承载力的严峻挑战。

提高土地利用强度是"以存量换增量"路径的关键着力点，其核心在于破解当前耕地利用强度下降导致的生产力损失问题，主要表现为季节性撂荒和全年撂荒现象。尽管适宜农业扩张的土地资源日益稀缺，但农户弃耕现象仍普遍存在，特别是在"双改单"现象突出的水稻种植区域，复种水平显著下降。这一现象的形成主要源于以下三方面：首先，种植边际收益因生

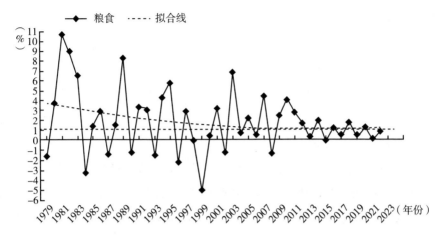

图12　1979~2023年中国粮食单位面积产量增速

产成本上升而显著降低，农民在经济利益驱动下由多季作物转向单季种植，甚至直接撂荒；其次，随着农民就业选择空间不断扩大，非农就业的劳动边际收益超越农业，农户更倾向于将劳动时间和生产资源转移至兼业或非农生产活动，这在劳动密集型经济作物种植区和城郊区域表现尤为明显；最后，多数农户"双改单"后，由于缺乏统防联防功能，粮食易受病虫害和鸟兽侵害，反而导致减产。总体而言，降低复种水平乃至弃耕是农民在种植效益低下情况下的理性市场选择。然而，撂荒耕地蕴藏着巨大的粮食增产潜力。相较于新开垦和复垦土地，现有耕地的水、土、气等生产条件更为优越，通过提高耕地复种指数来提升粮食生产效益是保障粮食安全的有效途径。推进撂荒耕地复垦不仅能在短期内增加食物供给、降低粮食安全风险，更对中国粮食安全战略的实现具有深远意义。

（二）以结构换增量：提升资源配置效率

在大食物观框架下，确保饲料粮供给安全是保障肉蛋奶等畜产品供给安全的基础性条件。然而，当前中国饲料粮供给体系面临供给不足、粮饲结构不合理等多重挑战，使其对外依存度持续攀升。2024年，中国大豆和玉米进口量分别达到1.05亿吨和1364万吨，占进口总量的75.09%。然而，国

际经贸环境日趋复杂多变，外循环风险不断积聚。在此背景下，亟须在确保口粮绝对安全的前提下，着力提升国内饲料粮供给能力，适度降低对外依存度，为国家粮食安全赢得必要的战略回旋空间。考虑到中国人均耕地资源紧缺和严守耕地红线的刚性约束，依靠扩张饲料粮种植面积的传统路径面临巨大挑战，必须创新思路，探索在不增加耕地和生产资料投入的前提下，充分释放饲料粮生产潜力的新路径。

"以结构换增量"路径正是基于这一现实需求提出的创新方案。该路径着眼于存量耕地资源，通过优化饲料粮及调整粮饲空间布局，提升资源利用效率，充分释放存量耕地的生产潜力，从资源配置全局保障饲料粮供给安全。其可行性一方面源于当前多数地区仍延续计划经济时代的作物种植布局模式，导致农业布局与资源禀赋优势错配，资源生产潜力未能得到充分释放。另一方面，随着农业对世界贸易的开放程度不断提高，饲料粮的国际贸易策略从供需缺口转向价格差异。在价格差异的驱动下，养殖户或饲料加工企业即使在国内供应增加的情况下，也可能选择进口饲料粮。增加饲料粮供应但价格高昂，难以改变对进口的高度依赖。本报告的优化方案不仅可以改善饲料粮和资源禀赋的空间布局扭曲，充分挖掘潜在产量并增加饲料粮生产，还可以提高资源利用率，有效降低饲料粮的生产成本和价格，缩小国内外价格差异，减少进口，有效缓解饲料粮生产和进口同步增长的矛盾。

具体而言，"以结构换增量"路径包含两个实施维度。其一，基于资源禀赋优化大豆和玉米等饲料粮的生产空间布局，使其向具有高产潜力地区集中，进而释放生产潜力；其二，基于资源禀赋实施饲料粮与口粮种植结构调整，在饲料粮生产优势区域推动口粮作物向饲料粮作物转型。这一调整既有助于缓解口粮过剩与饲料粮不足的结构性矛盾，又可提升饲料粮自给率，降低对外依存风险。已有研究证实，东北平原、黄土高原和北方干旱半干旱地区的饲料粮产量有较大提升潜力。大豆产量可增加约 25%，玉米产量增幅更大。同时，将原本用于口粮生产的耕地调整为饲料粮种植，从而提高资源配置效率。可见，这一创新路径的提出，极大地拓展了粮食安全和重要农产品稳产保供的实现路径，推动粮饲结构从失衡走向优化。

（三）以技术换增量：提高技术边际效率

随着全球人口增长和资源环境压力加剧，粮食增产成为保障粮食安全的核心任务。然而，传统粗放型增产模式已接近极限，亟须通过技术创新突破技术边界。"以技术换增量"路径的本质是将技术看作一种可以替代稀缺资源的生产要素，从而达到提高生产效率、破解水土资源限制、提高农产品质量的目标。根据目标的不同，可以将技术归为"基于效率""基于节能""基于提质"三类。

"基于效率"的农业技术通过最大化资源利用效率，在有限资源下实现更多食物产出。传统技术分为生物技术和机械技术。生物技术以提高土地生产率为目标，通过培育高产、抗逆性强的作物品种，优化化肥和农药使用，直接提升单产；机械技术通过引入拖拉机、灌溉设备等替代人力，解决劳动力稀缺问题，并通过深耕、精准灌溉等方式间接增产，甚至复垦撂荒地。现代技术，尤其是智慧农业，整合大数据、人工智能和物联网等手段，显著提升全要素生产率；高效育种技术（如基因编辑和分子标记辅助育种）缩短育种周期，培育高产、抗逆性强的新品种，提高土地效率；人工智能通过智能化农机装备（如无人驾驶拖拉机、植保无人机）和智慧生产系统，优化劳动资源配置，提升劳动生产率；同时通过精准监测与治理，降低生产成本，提高资源利用效率。传统技术与现代技术协同作用，有助于全面提升土地效率、劳动效率和全要素生产率，为农业现代化和可持续发展提供了坚实支撑。

"基于节能"的农业技术聚焦于减少粮食生产中的能源消耗和环境影响。免耕或少耕技术能够减少机械作业能耗，保护土壤结构，降低侵蚀退化风险，从而维持土地的长期生产力；节水灌溉技术（如滴灌、喷灌）通过精准控制水资源分配，有效减少水资源浪费，控制土壤系统中养分流失带来的面源污染，并减少因电力消耗产生的碳排放；可再生能源（如太阳能、风能）在农业机械和灌溉系统中的应用，通过替代化石能源，减少温室气体排放，推动农业向低碳化发展；气候智能农业通过推广适应气候变化的农

业技术，如抗旱、抗涝作物品种的培育和精准农业管理系统的应用，减少温室气体排放，增强农业气候韧性。这些技术通过节能降耗，为粮食生产创造可持续的增量空间。

"基于提质"的农业技术旨在通过提升农产品的营养品质和市场附加值，间接促进增产，以满足未来农业供给端向差异化、品质化和绿色原生态化转型的需求。农产品品质的核心决定因素包括水质、土壤等生产环境质量，以及生产与加工环节的技术水平。在生产过程中，通过传感系统收集信息、大数据技术和云计算技术处理数据，精确化肥、农药的用量以及使用方法，降低化学物质对耕地、土壤以及灌溉用水质量的破坏。实现农业的精准化生产和管理以及自动化调节。在加工环节，加工技术的创新（如低温烘干、智能仓储）能够减少粮食损耗、提升粮食利用率。生产及经营环节借助农业物联网及大数据分析，实现了农产品全生命周期和全生产流程的数据共享及智能决策，以期能够达到提供足量优质农产品的目标，并通过提升农产品附加值，激励生产积极性，间接推动食物生产的规模化、集约化发展。

四 "三个转换"路径实施面临的困难和对策建议

"三个转换"路径在实施过程中面临诸多困难和挑战，亟须总结这些困难并提出相应的对策建议。

（一）"以存量换增量"路径的难点及建议

复垦常年撂荒耕地或提升季节性撂荒地的利用强度，虽为挖掘食物增产潜力的重要途径，却面临务农心理价值下降、农业劳动力流失等诸多挑战。伴随中国城镇化的快速推进，农民获得了更多的非农就业机会，"弃耕务工"逐渐成为众多农户的理性之选。在农业比较收益低的推力与非农就业机会增多的拉力双重作用下，农户策略性地选择离农。与此同时，近年来土地流转和农业社会化服务的发展陷入低增长甚至负增长状态，似乎进入瓶颈期，这阻碍了撂荒耕地由自营向他营的转变。究其根源，中国耕地细碎化和小规模经营的现状是耕地撂荒的根本原因，这不仅导致规模经济效益的损失，还成为制约耕地流转和农业社会化服务发展的关键因素。

为此，建议依托工程项目解决耕地细碎化问题。推进高标准农田建设和整村流转，探索"小田并大田"模式；将撂荒耕地纳入高标准农田建设范围，完善基础设施并实施宜机化改造；结合耕地保护与质量提升项目，通过增施有机肥、秸秆还田等措施恢复撂荒地肥力；深化土地制度改革，清除流转障碍，提供流转信息咨询，减少农户对土地流转的"失去感"；推广农业社会化服务，试行"荒地入股"模式；提供小型农机具服务，降低丘陵山区种植难度，提高种田积极性，推动一季改两季，缓解耕地撂荒问题。

（二）"以结构换增量"路径的难点及建议

基于资源禀赋的饲料粮和口粮空间布局优化方案具有高度的计划性，其有效实施面临诸多挑战。优化方案旨在最大化资源利用率和饲料粮产量，与政府强调的"供应保障"目标一致。但受农户种植习惯黏性和结构调整成本的制约，种植结构调整虽可能提高产量，却未必带来高收益，甚至可能因供应增加导致价格下降，削弱农户积极性。因此，优化方案需配套价格支持政策，确保农户关注的"收入保障"与政府强调的"供应保障"同步实现。此外，优化方案未充分考虑复种制度的影响。在单一种植区（如东北平原、黄土高原等），方案适用性较强，可实现显著增产；但在复种区，冬小麦和早籼稻通常作为补充作物种植，因种植特性难以调整为饲料作物。为此，需通过生物育种等技术开发短生长期饲料品种，推动口粮—饲料系统向饲料—饲料系统转型。

长期来看，饲料粮产量增长依赖高水平投入和管理，如种子研发、智能农业和土壤改良；短期则需解决饲料粮空间错配问题。高潜力地区应优化基础设施，加强灌溉、施肥等生产辅助措施，激励农户增加对饲料粮生产投入；低潜力地区需推广高效品种和资源节约技术，避免因饲料粮过度开发可

能引发的生态风险。同时，为推动口粮作物向饲料作物结构调整，政策设计需兼顾粮食安全与作物互补性，通过综合规划协调饲料粮与粮食布局，将农业政策法制化，纠正口粮过剩与饲料粮短缺的不平衡现象。

（三）"以技术换增量"路径的困难及建议

传统农业技术存在无效边际和技术溢出效率低等问题。化肥和农药等传统生物技术并非中性技术，其使用存在最适宜区间。过量投入可能导致边际收益下降甚至为负，产生无效边际现象。而完全禁止或减少使用化肥和农药的绿色农业方案，虽满足对绿色农产品的需求，却难以兼顾粮食稳产保供的宏观目标，导致绿色诉求与粮食安全之间的冲突。此外，高效农业技术的推广虽能提升生产效率和农民福利，但其技术溢出效率常受质疑。由于技术设计基于特定区域条件，难以普适化应用，加之小农户和生计脆弱农户在资金、知识和风险承受能力上的局限，技术采纳率较低。同时，农村地区信息不对称和社会网络薄弱，进一步阻碍了技术扩散。

为此，建议开展"人工智能+"，农业技术升级计划。一是加快基础设施智能化转型。重点推进无人机、智能收获机、智能除草机等设备的研发与应用，提升粮食生产效率。二是构建智能化生产体系。利用多源异构农业大数据，实现土壤湿度、水肥施用和病虫害的精准监测与治理，解决传统技术的无效边际问题。三是强化技术推广与服务。农技人员应深入田间地头，向农民传授最新科技成果，确保技术落地。同时，鼓励社会化服务组织提供产前、产中、产后全方位服务，提升农业生产效益，为粮食增产和农民增收注入活力，解决技术溢出效率不足的问题。以上措施，既能提升农业生产效率，又能协调绿色农业与粮食安全目标，推动农业可持续发展。

参考文献

陈志钢、胡霜：《气候变化对全球粮食安全的影响与应对策略》，《农业经济问题》

2024 年第 10 期。

黄海潮、温良友、孔祥斌等：《中国耕地空间格局演化对耕地适宜性的影响及政策启示》，《中国土地科学》2021 年第 2 期。

朱晶、李天祥、臧星月：《高水平开放下我国粮食安全的非传统挑战及政策转型》，《农业经济问题》2021 年第 1 期。

Li Tingting，Planting Structure Adjustment and Layout Optimization of Feed Grain and Food Grain in China Based on Productive Potentials，*Land* 2023.

G.10
中国农业企业发展现状及建议

张延龙 王明哲 冯 伟*

摘 要： 农业企业在中国农业现代化进程中发挥着关键作用，不仅承担农产品生产和供应的主体职能，还在农业技术创新、农民增收以及农村产业融合发展方面发挥重要引擎作用。近年来，在政策支持和市场需求的双重驱动下，农业企业整体规模持续扩大，农业产业化龙头企业数量稳步增长，区域间特色产业集聚效应初显。然而，农业企业的发展仍面临诸多挑战，包括科技研发投入不足且分布不均衡、产业结构单一导致农产品附加值较低、融资渠道受阻影响企业扩张能力、人才结构失衡与激励机制不足以及品牌建设滞后等。这些问题不仅制约了农业企业自身的高质量发展，也影响了农业现代化整体水平的提升。针对上述问题，农业企业应从多个方面采取措施，以促进其高质量发展，包括在科技创新、产业升级、融资优化、人才管理和品牌建设等方面综合发力。通过多维度的改革，农业企业能够在乡村振兴战略的推进过程中发挥更大作用，进一步提升中国农业现代化水平，推动农村经济社会的全面发展。

关键词： 农业企业 农业现代化 高质量发展

农业企业在中国农业现代化进程中具有重要作用，其发展水平直接影响

---

* 张延龙，经济学博士，中国社会科学院农村发展研究所副研究员，主要研究方向为农业产业化、乡村治理；王明哲，清华大学公共管理学院博士生，主要研究方向为农村发展理论与政策；冯伟，管理学博士，农业农村部规划设计研究院正高级工程师，主要研究方向为乡村产业及农产品加工业经济和政策。

农村经济的结构优化与产业升级。作为农产品生产、加工、销售及相关服务的核心主体，农业企业不仅承担着保障农产品供给的职能，还在推动农业科技进步、促进农村产业融合、提升农民收入等方面发挥关键作用。近年来，伴随乡村振兴战略的深入实施，农业企业在政策扶持与市场需求推动下实现了快速发展，产业规模不断扩大，经营模式逐步优化。然而，农业企业在科技创新、融资结构、产业链布局、人才引进及品牌建设等方面仍面临诸多挑战，制约了其高质量发展进程。因此，系统分析农业企业的发展现状，识别其面临的主要问题，并探索有针对性的优化路径，对于促进农业企业转型升级、推动农业现代化进程、加快乡村振兴步伐具有重要现实意义。

国家统计局对农业企业的定义相对宽泛，它涵盖了所有从事农业生产、加工、销售及相关服务活动的经济组织。这一定义不仅包括直接从事种植、养殖等农业生产活动的企业，还包括那些对农产品进行加工、销售以及提供相关服务（如农业技术咨询、农资供应等）的企业。在这个庞大的企业群体中，农业产业化龙头企业脱颖而出，成为一类具有示范性作用的企业。根据农业农村部的相关定义，农业产业化龙头企业是指在农业产业链中发挥引领和带动作用，具有较大规模、较强实力和良好市场前景的企业。这些企业不仅在规模上占据优势，更在技术创新、品牌建设、市场拓展等方面表现出色，是推动农业产业化、现代化的重要力量。本报告的农业企业是指农业产业化龙头企业，相关分析基于农业农村部全国农业产业化龙头企业监测数据展开。这一数据覆盖了全国范围内 5 万多家市级及以上级别的农业产业化龙头企业，其广泛分布于 31 个省（自治区、直辖市）和新疆生产建设兵团，涉及 355 个地级行政区及 2863 个县级行政区，具有较高的代表性和广泛的适用性。

一 中国农业企业发展现状

中国农业企业正迎来前所未有的发展机遇，企业数量持续增长，中小企业和民营企业成为推动农业产业化的主导力量。这些企业在地区差异化发展

中展现出鲜明的特色，同时经营稳健，联农带农成效显著，社会化服务广泛覆盖。特别值得一提的是，随着电子商务的蓬勃发展，农业企业积极拓展网络销售渠道，助力营收增长。此外，企业还呈现专业化区域集聚的现象，为农业产业的持续发展注入了新的活力。

（一）企业数量持续增长，中小企业和民营企业占主导

近年来，中国农业产业化龙头企业数量持续展现出强劲的增长势头。这一增长不仅体现了农业产业化的深入推进，更揭示了中小企业和民营企业在这一进程中的核心作用。统计数据显示，农业产业化龙头企业数量从2021年的59217家增长至2024年的68372家，短短三年内增长了近15.5%。从规模层面分析，营业收入在2亿元以下的中小企业占比高达87.6%，这不仅说明了中小企业在数量上的优势，更凸显了它们在农业产业化中的基石作用。这些中小企业灵活多变，能够快速适应市场变化，是推动农业创新和发展的重要力量。而从注册类型来看，私人控股的民营企业占据绝大多数，比例高达约90.9%，这反映出民营企业在农业产业化进程中的主导地位。这一数据清晰地表明，民营企业在农业产业化中扮演着至关重要的角色。

（二）企业地区差异化发展显著

中国农业产业化龙头企业展现出明显的地区差异化发展特征。从企业数量来看，华东地区持续领跑，2024年达到20639家，年均增长率保持在5.3%左右，显示出该区域在农业产业化方面的强劲实力和持续增长态势。华中地区紧随其后，以13697家企业数量位居第二，年均增长率为4.9%，同样展现出良好的发展势头。相比之下，华北、西北和东北地区虽然企业数量相对较少，但也呈现稳步增长的趋势，年均增长率分别为4.7%、4.4%和4.8%。深入行业分布，各地区特色更加鲜明。西南地区在种植及加工行业中占据绝对优势，2024年占比高达65.2%，且近年来持续保持在这一水平，显示出该地区在种植业方面的深厚底蕴和稳定发展。华北地区则在畜牧养殖及加工行业占比最高，达到30.9%，并呈现逐年上升的趋势，反映了该地

区在畜牧业方面的强劲发展势头。华东地区在水产养殖及加工、林业种植及加工行业的占比也分别达到 6.7% 和 4.3%，同样保持稳定增长。

此外，从县域分布情况来看，农业产业化龙头企业的差异化发展同样显著。全国各县区农业产业化龙头企业平均数量为 20.6 家，但中位数仅为 16 家，众数更是只有 1 家。这说明在众多县区中，农业产业化龙头企业的数量分布并不均衡。高达 70.2% 的县区的农业产业化龙头企业数量少于 25 家，显示出大部分县区在农业产业化方面仍有巨大的发展空间和潜力待挖掘。然而，也有一些县区在农业产业化方面取得了显著成效。例如，有 22.9% 的县区农业产业化龙头企业数量在 26~50 家，这些地区已经形成了较为稳定的企业群体，对当地农业产业的发展起到了积极的推动作用。更有 1.3% 的县区农业产业化龙头企业数量达到 51~75 家，甚至 0.6% 的县区超过 100 家。

（三）企业经营稳健发展，但营收和利润增速均有所放缓

总体来看，农业产业化龙头企业在复杂的经济环境下，依然保持了稳健的发展势头。营业收入方面，2024 年农业产业化龙头企业总计实现 139652.6 亿元，同比增长 1.6%，显示出涉农业务的持续增长能力。在固定资产方面，2024 年农业产业化龙头企业固定资产净值总额为 4.2 万亿元，同比增长 2.3%。其中，国家重点农业产业化龙头企业固定资产净值同比增长 2.1%，省级和市级重点农业产业化龙头企业也均有所增长。加工业、养殖业、种植业的固定资产净值总额较高，且均实现正增长。然而，在新增固定资产投资方面，2024 年农业产业化龙头企业总体投资额为 5035.1 亿元，同比下降 8.5%。加工业、养殖业、种植业的新增投资均呈现下降趋势，可能与市场需求变化、行业调整等因素有关。与此同时，运输业、批发市场和仓储业的新增固定资产投资却实现正增长，特别是运输业增速显著，显示出农业产业化龙头企业在优化产业布局、提升物流效率方面的积极举措。

经营效益方面，受宏观经济压力和消费需求不足影响，2024 年农业产业化龙头企业净利润同比下降 17.5%，平均净利润率也下降 0.5 个百分点。历史数据显示，2021~2023 年，这些企业的年平均净利润增长率分别为

8.6%、7.7%和7.0%，呈现逐年下降的趋势。在细分行业中，养殖业净利润大幅下降，而休闲农业与乡村旅游、批发市场则表现出强劲的增长势头，这反映出消费者在疫情后对于户外活动和本地农产品需求的增加。具体而言，2024年休闲农业与乡村旅游的净利润增长率达到15%，而批发市场的净利润增长率也保持在8%以上，成为农业产业化龙头企业中的亮点。此外，细分行业中肉类企业净利润由正转负，而糖料、皮毛羽丝以及棉麻企业则实现净利润增长，油料和奶类企业净利润明显下降。这些数据反映出农业产业化龙头企业在不同行业和业态门类中的发展差异与市场竞争态势。

（四）企业联农带农成效显著，社会化服务广泛覆盖

农业产业化龙头企业在与农户的联结方面展现出显著成效。2024年，这些企业对农户的总支出额达到24628.8亿元，平均每家企业向农户支付3602.2万元。这一数据不仅体现了农业产业化龙头企业对农户的深厚责任感，也反映出企业与农户之间紧密的利益联结机制。在具体支付项目中，支付农户土地等租金、农民工资福利、农户分红以及农户原料收购额均占有一定比例。这些支出项目的多样化，既保障了农户的土地收益，又提高了农民的工资性收入，同时还通过分红形式让农户分享到企业经营的成果。特别是原料收购额高达19414.9亿元，显示出农业产业化龙头企业与农户在产业链上的深度融合。从事加工业、农林牧渔服务业、批发市场经营的企业对农户的平均支出总额较高，这表明这些行业的企业与农户的合作更为紧密，对农户的带动作用也更为明显。

农业产业化龙头企业在带动就业方面同样表现出色。随着乡村产业功能的不断拓展，农业产业化龙头企业积极创造非农就业岗位，帮助农民实现就地就近就业。2024年，参与调查的农业产业化龙头企业共带动就业1461万人，其中带动农民就业人数占全部从业人员的70.4%，这一比例充分说明了农业产业化龙头企业在促进农民就业方面的主力军作用。值得一提的是，中小型企业在带动农民就业方面占比更高，这体现了这些企业在乡村经济发展中的独特贡献。此外，从事批发市场、零售业、运输业、加工业运营的企

业平均带动农民就业人数较多，这些行业的企业在吸纳农村劳动力就业方面发挥了重要作用。

在社会化服务方面，农业产业化龙头企业同样展现出强大的实力。2024年，具有储藏和运输能力的企业占比分别高达74%和52.3%，这为企业开展社会化服务提供了坚实的物质基础。特别是从事加工业、种植业、零售业等行业运营的企业储藏能力最强，这对保障农产品供应链的稳定发挥了关键作用。2024年，农业产业化龙头企业开展社会化服务的面积达到117639.1万亩次，同比增长32.1%，这表明农业产业化龙头企业在社会化服务方面的投入正在逐年增加。市级重点农业产业化龙头企业的服务能力明显提升，展现出这些企业在推动农业现代化方面的引领作用。从事农业生产资料制造及销售、加工业、种植业运营的农业产业化龙头企业社会化服务能力较强，这些行业的企业在为农户提供全方位服务方面作出了突出贡献。

（五）企业电子商务蓬勃发展助力营收增长

随着电子商务的迅猛发展和新业态新模式的不断涌现，越来越多的农业企业开始积极拓展网络销售渠道，以适应市场变化和消费者需求。数据显示，2024年参与调查的农业产业化龙头企业中，开展电子商务的比例达到37.2%，比2023年提高了0.5个百分点。这一增长趋势表明，越来越多的农业企业开始认识到电子商务的重要性，并积极参与其中。企业通过电子商务实现的营业收入达到6123.5亿元，同比增长7.4%，占营收总额的4.4%。这一数据充分显示了电子商务在农业企业营收增长中的重要贡献。平均每家企业通过电子商务实现的营业收入为2409.8万元，显示出电子商务为农业企业带来了可观的收益。从细分行业来看，奶类、棉麻类、糖料、肉类、粮食行业的农业产业化龙头企业通过电子商务获得的平均收入较高。其中，奶类企业平均每家通过电子商务获得11328.4万元的收入，位居各行业之首。这可能与奶类产品的特殊性质以及消费者对高品质奶制品的线上购买需求有关。在电商营收增长方面，糖料、皮毛羽丝、奶类、油料、淡水水产等行业表现出强劲的增长势头。其中，糖料行业的电商营收同比增长50.5%，位

居各行业之首。这反映了消费者对这些行业产品的线上购买需求在不断增加。此外，水果和茶叶行业的电商收入占总营收的比例最高，分别达到5.6%和5.4%。这两个行业的产品具有较大的线上销售潜力，可能与消费者对健康饮食和生活品质的追求有关。

（六）企业呈现专业化区域集聚的现象

农业企业分布逐渐呈现专业化产业区的现象，通过对养殖业及农产品加工业的数据进行深入分析，揭示了这一趋势。在养殖业领域，自建生产基地的选择性布局特点突出。具体来说，肉牛、羊和禽蛋的生产活动并未在广泛的县区范围内形成均衡分布，而是呈现高度的集中性。2024年的数据显示，全国范围内仅有不到30%的县区建立了具备相当规模的自建养殖业生产基地，这表明大多数县区在养殖业方面并未形成显著的生产规模。特别是在肉牛和羊的饲养上，超过75%的县区并未设立自建生产基地，这一数据凸显了养殖业在基地选址上的严格选择性和高度专业性。进一步的数据研究揭示了养殖业生产基地的集中程度。2024年，前10%的县区承载了养殖业绝大多数的生产活动，这显示了生产资源向少数优势区域高度集中。尤为突出的是禽蛋生产，前1%的县区所产出的禽蛋量占全国总量的比例高达91.5%，这一惊人的数据不仅证明了禽蛋生产基地的专业化水平极高，也揭示了养殖业生产正向极少数专业化区域集中的趋势。

农产品加工业方面同样出现了显著的集中化趋势。尽管粮食加工因消费量大而分布相对广泛，但2024年的数据显示，前10%的县区所承担的粮食加工量依然占据了全国总量的78.46%，这表明粮食加工业在逐渐向特定区域集中。而薯类、棉花、生猪、活牛、活羊以及食用油的加工的集中程度更为显著。在2024年的数据中，前10%的县区几乎包揽了这些行业全国的加工量，特别是薯类、活牛和活羊的加工，前1%的县区所占比重分别高达83.6%、89.5%和90.1%。这一系列数据明确显示，农产品加工业正在逐步向具有优势条件的特定县区集聚，进而形成专业化的产业区域。

二 中国农业企业发展面临的挑战

（一）企业研发创新投入不足且分布不均

随着科技的快速发展，企业研发创新能力已成为推动行业进步的关键因素。然而，根据2024年的调查数据，参与调查的农业产业化龙头企业在研发创新方面的投入情况并不理想，这在一定程度上制约了农业企业的全面升级和高质量发展。从科技研发投入来看，虽然参与调查的农业产业化龙头企业科技研发投入总额为1692.4亿元，同比增长4.3%，但研发投入强度仅为1.2%，与上一年持平，显示出企业在研发投入上的增长缓慢。此外，不同级别的企业之间研发投入差异显著。国家重点农业产业化龙头企业平均科技研发投入远高于省级和市级农业产业化龙头企业，这反映出中小企业在研发资金上的匮乏。在研发机构和人员方面，虽然有一定数量的企业建立了省级及以上研发机构，并获得了一些有效发明专利，但整体而言，拥有研发机构的企业占比仅为10.2%，技术人员和研发人员在企业中的占比也相对较低。这表明大多数企业在研发机构和人才队伍建设方面还有很大的提升空间。

更为关键的是，农业企业的创新投入在各领域分布极不均衡。数据显示，2024年，近80%的研发机构集中于加工领域，而种植环节的技术攻关投入却不足15%。这种不平衡的投入结构对农业产业的创新发展构成了限制。种植环节作为农业产业链的起点，其技术创新和数字化转型对于提升农业生产效率、改进农产品品质以及推动农业高质量发展具有重要意义。然而，由于创新投入不足，种植环节的技术进步受到严重制约。相比之下，加工业由于市场需求反应迅速且附加值较高，更容易吸引资本和技术的支持，从而导致创新资源在该领域的过度集中。这种资源分配的不均衡可能会进一步拉大农业产业链各环节之间的发展差距。

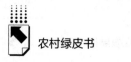

（二）企业产业结构单一、加工程度低、产业链条短

农业产业化龙头企业在产业结构、加工程度和产业链条方面存在明显的问题，这些问题不仅限制了农业产业的多元化发展，也影响了农产品的附加值提升和市场竞争力的增强。首先，农业产业化龙头企业的产业结构相对单一。2024年的数据显示，以农产品加工业、种植业和养殖业运营为主的企业合计占比高达83.9%，其中农产品加工业企业占比约为51.01%，种植业企业占比约为29.45%，养殖业企业占比约为19.54%。这一数据明确显示了企业对这些传统农业领域的严重依赖。相比之下，从事农业生产资料制造及销售的企业仅占4.9%，农林牧渔服务业等其他农业相关产业的企业占比也仅为11.2%。这进一步凸显了新兴领域和辅助产业的发展相对滞后，整体产业结构显得单一且不均衡。进一步深入各细分产业，粮食类农业产业化龙头企业占所有农业产业化龙头企业的18.25%，肉类占13.77%，水果类占8.83%，蔬菜类占8.82%。这一数据反映出，中国农业产业化龙头企业还是以传统的大宗农产品生产为主，缺乏对如有机农业、生态农业等新兴产业和特色产业的足够关注和布局。

其次，数据显示，中国农业产业化龙头企业的农产品加工程度普遍较低。2024年的数据显示，在中国农业产业化龙头企业中，仅有40%的企业专注于农产品加工业，这与发达国家农产品加工业占比高达80%以上的情况形成了鲜明对比。这意味着，中国大部分农产品在加工环节上仍停留在初级阶段，缺乏足够的深加工和精加工，从而导致农产品的附加值相对较低。这不仅限制了农产品的市场竞争力，也影响了消费者的购买意愿。

最后，数据显示出一个明显的问题：中国农业产业化龙头企业的产业链条普遍偏短。2024年的数据显示，流通类农业产业化龙头企业仅占所有农业产业化龙头企业的2.56%，生产性服务业农业产业化龙头企业更是仅占0.98%。这一数据直接反映了资源要素在农业产业链中的流通不畅，长产业链的形成受到严重阻碍。由于这些关键环节的缺失，农产品的多元化开发和利用受到极大的限制。

（三）企业财务杠杆比率低与融资渠道窄

随着各级政府部门涉企纾困政策的落实，农业产业化龙头企业虽然获得了更多的贷款支持，但融资问题依然突出，主要表现在杠杆比率低和融资渠道窄两个方面。首先，从杠杆比率的角度来看，参与调查的农业产业化龙头企业虽然银行贷款余额有所增长，但整体资产负债率仍维持在相对较低的水平。2024年的数据显示，企业平均资产负债率为50.2%，尽管较上一年有所上升，但相较农业全行业平均64%的资产负债率，仍偏低。特别是从事农林牧渔服务业和运输业运营的企业，其资产负债率增长较快，但仍未达到行业平均水平。这种低杠杆比率可能限制了企业的扩张能力和市场竞争力，因为低负债率意味着企业在运营中更多地依赖自有资金，而较少利用外部资金来扩大经营规模。其次，融资渠道窄是另外一个显著问题。2024年的数据显示，农业产业化龙头企业的主要融资来源仍为银行贷款，占比高达40.7%，部分地区甚至超过50%。这表明企业在寻求资金时缺乏多样化的选择。银行贷款虽然稳定，但受限于金融机构的风险评估和信贷政策，特别是农业企业由于风险高、抵押担保品不足，往往难以获得高额度的贷款或优惠的贷款条件。这种单一的融资渠道不仅增加了企业的财务风险，还可能在资金紧张时期加剧企业的融资压力。

低杠杆比率和狭窄的融资渠道对农业产业化龙头企业的发展产生了多方面的不利影响。一方面，由于农业生产的季节性和周期性特点，企业在收购季节需要大量资金购买原材料。然而，低负债率和现金流不足可能导致企业无法充分利用其生产能力。另一方面，技术升级和市场拓展需要大量资金投入，而外部融资的缺乏可能使企业错失转型升级的良机，进而影响其市场竞争力。

（四）企业人才结构失衡与激励机制不足

企业的人才结构与激励机制，对于优化企业管理、提升市场竞争力具有直接的现实意义。在年龄结构上，2024年的数据显示，虽然57.2%的农业

产业化龙头企业主要负责人年龄在 50 岁以下，显示出一定的年轻化趋势，但其中也隐藏着潜在的接班人问题。特别是那些 50 岁以上的企业创办人占比高达 83.4%，这意味着在未来几年内，这些企业将面临领导层的更替。如何平稳过渡、确保企业战略的延续性和稳定性，是当前这些企业亟待解决的问题。受教育水平方面，2024 年的数据显示，虽然 68.0%的农业产业化龙头企业主要负责人拥有大专以上学历，显示出整体受教育水平较高，但仍有超过三成的负责人学历层次相对较低。在知识经济时代，领导者的知识水平和视野直接影响企业的创新能力和市场竞争力。因此，提升领导者的教育水平，特别是加强对新一代领导者的培养和选拔，是农业产业化龙头企业未来发展的关键。

此外，在激励机制方面，2024 年的数据显示，仅有 20.9%的农业产业化龙头企业给予管理层股权激励，这一比例相对较低。股权激励作为一种有效的长期激励手段，能够激发管理层的积极性和创新精神，促进企业持续健康发展。然而，目前大多数农业产业化龙头企业在这方面的实践显然不足，这可能与管理层对股权激励的认识不足、企业内部的治理结构不完善或资金压力等多种因素有关。值得注意的是，国家重点农业产业化龙头企业在激励机制上表现相对较好，给予管理层股权激励的比例达到 30.5%，但仍存在进一步提升的空间和必要性。

（五）企业品牌建设不足且地区差异显著

农产品品牌作为农业企业立足市场之基石，其蕴含的社会价值与经济价值不言而喻。品牌化农业不仅能引领农业生产、加工和经营方式的革新，还能通过标准化生产提升市场认知度，进而获取更高的经济效益。从全国范围来看，中国农业产业化龙头企业在品牌建设方面的表现并不乐观。2024 年这些企业获得的"绿色食品、有机农产品和农产品地理标志"认证的产品数量平均仅为 1.2 个。更令人担忧的是，超过 17 个省份的农业产业化龙头企业平均获得的认证产品数量甚至不足 1 个。这一数据充分表明，在品牌建设方面，中国农业企业普遍存在较大的提升空间。从地区分布来看，华东地区和华中地区在品牌建设方面表现出较强的实力。这两个地区的农业产业化龙头企业平均拥有的注册商标数量和获得"两品一标"认证的产品数量均高于全国平均水平。这可能与这些地区较为发达的农业经济和较强的品牌意识密切相关。然而，其他地区的品牌建设则相对滞后，需要进一步加强引导和扶持。

进一步分析县区层面，可以发现品牌质量建设的差异性更为显著。2024年的数据显示，虽然大多数县区都拥有注册商标和获得"两品一标"认证的产品，但75%的县区拥有的注册商标数量和获得认证的产品数量均低于平均水平。这表明在品牌建设上，不同县区之间的发展水平存在较大差距。此外，注册商标方面的集聚现象并不明显，前10%的县区注册商标数量占全国总量的59.6%，而前1%的指标仅占26.4%。相比之下，"两品一标"认证的集聚程度则更为明显，前10%的县区获得的认证数量占全国总量的85.5%，前1%的县区更是占据了77%的份额。这反映出在品牌建设的高端领域，少数县区具有较强的实力和优势。

三 中国农业企业发展的对策建议

当前，中国农业企业正处于转型升级的关键时期。在科技进步、市场需求升级与政策支持等多重因素的推动下，农业企业迎来了新的发展机遇。然而，受限于产业链布局不完善、技术创新能力不足、融资渠道狭窄、人才结构失衡以及品牌建设滞后等问题，农业企业在迈向高质量发展的过程中仍面临诸多挑战。因此，农业企业需从单纯的规模扩张向创新驱动、精细化管理和产业链延展转型，以提升市场竞争力、增强可持续发展能力。针对当前农业企业发展的主要制约因素，本报告提出五项针对性对策建议，以期为农业企业高质量发展提供实践路径和战略指引。

（一）加大研发投入，优化创新资源配置

科技创新是农业企业提升竞争力、实现产业升级的重要驱动力。然而，

当前农业企业的研发投入总体偏低，且创新资源在产业链条上的分布不均衡，导致农业科技创新进程缓慢，尤其是种植环节的技术进步受到限制。因此，农业企业需采取系统性措施，加大研发投入，优化资源配置，以增强企业的科技创新能力。

首先，农业企业应提高研发资金投入比例，增强创新驱动力。企业应根据自身发展阶段设定合理的研发投入强度，逐步向发达国家农业企业2%以上的研发投入水平看齐。同时，政府可通过发放研发补贴、采取税收减免和发放低息贷款等措施，引导农业企业持续增加研发投入，并鼓励社会资本投资农业科技领域，促进农业科技成果的市场化应用。其次，应优化创新资源在农业全产业链中的配置。目前，农业科技创新主要集中在农产品加工环节，而种植、养殖等生产环节的技术研发投入明显不足。企业应合理分配创新资源，在提高加工环节技术含量的同时，增加对种植环节的投入，推动智能农机、智慧农业系统、生物育种技术等领域的创新。此外，政府应引导农业企业与科研院所、高校合作，建立联合研发机构，推动农业技术攻关和科技成果转化。最后，应强化农业科技人才队伍建设。当前农业企业技术人员占比较低，创新人才短缺成为制约企业研发能力提升的重要因素。因此，企业应通过设立专项基金、提供人才激励政策等方式，加强高端科研人才的引进和培养。同时，政府可实施农业科技人才培训计划，通过"产学研"合作培养复合型人才，为农业企业的科技创新提供有力支撑。

（二）拓展产业链条，提高农产品附加值

农业产业链的完整性直接影响农产品的市场竞争力和农业企业的盈利能力。目前，中国农业企业的产业结构单一、加工程度低、产业链条较短，导致农产品附加值较低，难以满足市场多元化需求。因此，农业企业应通过延长产业链、提升精深加工能力、推动产业融合等手段，增强农业产业链的完整性和竞争力。

首先，农业企业应积极向产业链上下游延伸，构建全产业链模式。企业

可通过"农业+食品加工+物流+销售"的方式，打造涵盖种植、养殖、加工、流通、销售等环节的完整产业链，以提升农产品的市场价值。例如，企业可建立自有农产品品牌，通过直销、线上平台、供应链合作等方式，减少中间流通环节，扩大利润空间。同时，鼓励农业企业与第三产业融合，发展休闲农业、观光农业、农产品体验营销等新业态，提升产业附加值。其次，应加快农产品深加工技术的发展，提高加工水平。目前，中国农业企业农产品加工率仍然较低，与发达国家相比存在较大差距。农业企业应加大对精深加工技术的投入，推动农产品向高附加值方向发展。例如，利用冷链技术、现代食品加工技术等提高产品保鲜度和质量，开发即食食品、功能性食品等，提高农产品的市场认可度。最后，应支持农业企业的产业结构调整，鼓励企业进入新兴农业领域，如有机农业、生态农业和智慧农业等，提高农业产业的多样性。通过政策支持和市场引导，推动农业企业从传统大宗农产品生产领域向高端、特色化农产品生产领域拓展，提高市场竞争力。

（三）拓宽融资渠道，提高企业资本利用效率

融资能力是农业企业扩大生产、技术升级和市场拓展的重要保障。然而，当前农业企业的资产负债率较低、融资渠道较为单一，严重制约了企业的扩张能力和市场竞争力。因此，应采取措施优化农业企业的融资结构，提高资本利用效率。

首先，农业企业应合理提高资产负债率，增强资本杠杆作用。目前，中国农业企业平均资产负债率低于行业水平，这意味着企业在运营中更多依赖自有资金，而较少利用外部资本进行扩张。因此，企业可适当提高银行贷款比例，加大财务杠杆，提高资金利用效率。同时，政府可通过设立农业产业基金、提供担保服务等方式，降低企业的融资门槛，帮助企业获得更多资金支持。其次，应拓宽融资渠道，减少对银行贷款的依赖。目前，农业企业的主要融资来源仍是银行贷款，缺乏股权融资、债券融资等多元化融资方式。农业企业可积极寻求与投资机构、农业产业基金的合作，吸引股权投资，提高资本流动性。同时，政府可鼓励农业企业发行农业专项债券，利用资本市

场进行融资，增强企业的资金筹措能力。最后，应优化农业企业的信贷支持政策。由于农业企业普遍缺乏抵押物，融资难问题较为突出。金融机构可推出基于农业生产数据、信用评估体系的新型金融产品，如供应链金融、订单融资等，以提高农业企业的融资可得性。同时，政府可建立农业信贷风险补偿机制，提高银行对农业企业的贷款意愿，降低企业的融资成本。

（四）完善人才结构，提高管理能力与创新能力

人才是企业发展的核心竞争力，农业企业要实现高质量发展，必须优化人才结构，完善激励机制，吸引和留住优秀人才。然而，当前农业企业的管理人才存在年龄偏大、教育水平不均衡的问题，且股权激励机制普及度较低，导致人才活力不足。因此，应采取措施完善人才结构，提高企业管理与创新能力。

首先，农业企业应加强新一代管理人才的培养和引进。企业可以与高校合作，特别是在农业科技、市场营销、企业管理等相关领域，通过设立企业实习基地、联合培养等方式，引入具备现代农业理念和创新思维的年轻人才，弥补企业在管理、科技和市场等方面的短板。同时，企业应制定明确的接班人培养机制，确保管理层平稳过渡。在一些家族式或创业型农业企业中，企业领导层的更替往往缺乏系统性规划，可能导致企业经营策略的断层。因此，企业应提前制定接班人选拔与培养计划，明确未来管理层的晋升路径，确保企业管理的稳定性。同时，可借鉴国际先进企业的做法，建立管理层职业发展路径，让中高层管理者通过晋升机制逐步承担企业的核心决策职能，减少过度依赖个别创始人的情况。除了优化人才结构外，农业企业还需建立科学合理的激励机制，以增强人才的归属感和创造力，提高企业整体竞争力。企业可逐步推行股权激励计划，增强核心管理团队和技术人才的长期稳定性。股权激励作为一种长期收益激励方式，能够使核心员工与企业利益深度绑定，提高他们的忠诚度和工作动力。农业企业可以通过期权、限制性股票等形式，为企业高管和核心技术人员提供股权激励，确保人才与企业共同成长。

（五）加强品牌建设，提高市场竞争力

品牌建设是农业企业提升市场认知度和产品溢价能力的重要途径。然而，目前中国农业企业品牌影响力普遍较弱，品牌认证产品数量较少，且不同地区之间发展不均衡。因此，应采取措施加强品牌建设，提高市场竞争力。首先，农业企业应从品牌定位、品牌特色塑造及品牌价值提升等方面入手，打造具有市场影响力的农产品品牌。企业应明确品牌定位，结合自身产品特性和目标消费群体，塑造独特的品牌形象。例如，可根据地域特色、产品品质和文化背景，打造具有地域特色的农业品牌，如云南的普洱茶、阳澄湖大闸蟹等，增强品牌的辨识度。同时，企业可通过挖掘品牌背后的故事，如生产方式、传统工艺、生态理念等，增强品牌的文化内涵，提高消费者的认同感。

此外，区域公用品牌是农业品牌发展的重要方向，通过区域品牌的集聚效应，可以提升地方特色农产品的市场影响力，增强农业企业的品牌竞争力。目前，中国部分地区已成功打造具有全国影响力的区域公用品牌，如"赣南脐橙""武夷山大红袍""阳澄湖大闸蟹"等，带动了地方农业产业的发展。各地方政府应加大对区域公用品牌的扶持力度，推动品牌标准化建设。政府可牵头制定区域品牌的生产标准、质量控制体系和市场推广计划，确保区域品牌的产品质量稳定，提高市场竞争力。例如，可建立统一的品牌质量检测中心，对区域品牌产品进行严格监管，防止市场上的假冒伪劣产品损害品牌信誉。

参考文献

寇光涛、卢凤君、彭涛：《我国农业产业链生产、加工与销售环节的动态博弈优化研究》，《中国农业资源与区划》2016 年第 12 期。

李江一、仇童伟、秦范：《新型农业经营主体的非农就业带动效应研究》，《华中农业大学学报》（社会科学版）2022 年第 3 期。

刘欣雨、朱瑶、刘雅洁等：《我国农产品加工业发展现状及对策》，《中国农业科技

导报》2022 年第 10 期。

吕长江、郑慧莲、严明珠等：《上市公司股权激励制度设计：是激励还是福利?》，《管理世界》2009 年第 9 期。

申云、刘彦君、李京蓉：《数字普惠金融赋能农业新质生产力提升的逻辑、障碍及路径》，《南京农业大学学报》（社会科学版）2024 年第 5 期。

魏亚男：《农业产业链与创新链融合发展的理论内涵与实践路径》，《农业经济》2024 年第 12 期。

奚国泉、李岳云：《中国农产品品牌战略研究》，《中国农村经济》2001 年第 9 期。

张延龙、汤佳、王海峰等：《农产品加工业高质量发展：理论框架、现状特征与路径选择》，《中国农村经济》2024 年第 7 期。

张延龙、王明哲、钱静斐等：《中国农业产业化龙头企业发展特点、问题及发展思路》，《农业经济问题》2021 年第 8 期。

农村集体"三资"管理的问题挑战及对策建议

芦千文　余家林*

摘　要： 伴随着农村集体"三资"规模持续快速扩大，各地推动农村集体产权制度改革，把探索加强农村集体"三资"规范管理的制度机制作为重要举措。虽然农村集体"三资"管理机制逐步健全，但仍呈现问题多发频发的态势，一些苗头性隐蔽性问题挑战凸显。健全农村集体"三资"管理机制，健全长效管理制度，需要从规范管理、监督约束和警示教育等多维度着手，完善适应新型集体经济发展的规范管理和监督约束机制，为新型集体经济健康可持续发展创造良好条件。

关键词： 农村集体"三资"　农村集体经济　帮扶资产管理

一　农村集体"三资"管理的现状和趋势

农村集体"三资"是指农村集体所有的资金、资产和资源。其中，资源是指农村集体所有的土地、林地、山岭、草地、荒地、滩涂、水面等自然资源。农村集体"三资"也是广义上的农村集体资产范畴。2016年，党中央、国务院部署了农村集体产权制度改革工作，把开展集体资产清产核资作为推进农村集体产权制度改革的基础和前提，明确对集体所有的各类资产进

---

* 芦千文，管理学博士，中国社会科学院农村发展研究所副研究员，研究方向为农村组织与制度；余家林，经济学博士，中国社会科学院农村发展研究所助理研究员，研究方向为农村组织与制度。

行全面清产核资,摸清集体家底,健全管理制度,防止资产流失。自 2017
年起,农业农村部与 16 个联席会议成员单位通过 5 批试点,到 2020 年底全
面完成农村集体资产清产核资,共清查核实集体土地等资源 65.5 亿亩、农
村集体资产 7.7 万亿元,其中经营性资产 3.5 万亿元①,为规范农村集体
"三资"管理和利用奠定了基础。随后,各地积极利用农村集体产权制度改
革成果,健全农村集体"三资"规范管理制度,推动新型农村集体经济加
快发展,使农村集体"三资"管理呈现如下特点。

(一)农村集体"三资"数量持续快速增长

农村集体"三资"中的资源以集体所有的各类土地为主。受城镇化和
工业化稳步推进影响,集体所有土地规模总体呈下降趋势,但经济评估价值
迅速提升,呈现形式不断创新。据农业农村部统计的数据,集体所有的农用
地总面积,2017 年为 64.62 亿亩,2018 年为 65.79 亿亩,2019 年为 76.13
亿亩,2020 年以来保持在 59.07 亿亩。2023 年,在集体所有农用地中,耕
地面积 17.75 亿亩,园地面积 1.06 亿亩,林地面积 21.67 亿亩,草地面积
15.78 亿亩,养殖水面 0.63 亿亩,农田水利设施用地 0.57 亿亩,其他农用
地 1.61 亿亩。集体所有土地经济价值在迅速提升;生态环境、宜居康养、
文化传承等多功能凸显,也使其价值呈现形式多样化。最典型的是"绿水
青山"向"金山银山"的转化,赋予集体所有土地新的价值,可以被折股
量化或评估为可开发可利用的新型资产。

农村集体"三资"中的资金和资产,是集体经济规模和实力的象征。
各级地方政府大力支持农村集体经济发展,推动了农村集体资金和资产迅速
增长。据农业农村部统计,到 2023 年底,包括资金在内的农村集体经济资
产总量达到 9.61 万亿元,相比 2020 年增长了 24.7%。其中,货币资金从
2017 年的 0.75 万亿元增长至 2023 年的 1.69 万亿元,年均增长 14.50%;经

---

① 本报告数据均来自历年《中国农村经营管理统计年报》和《中国农村政策与改革统计
年报》。

营性资产从 2017 年的 1.11 万亿元增长至 2023 年的 4.31 万亿元，年均增长 25.37%（见图 1）。

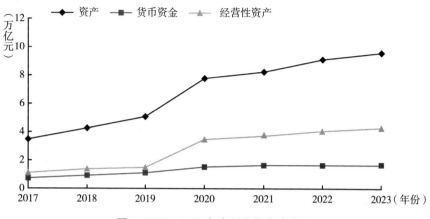

图 1　2017~2023 年农村集体资产变化

农村集体资金和资产快速增长的原因主要有三个：一是农村集体经济加速发展，推动了资金和资本积累；二是财政资金不断加大对村"两委"办公场所及农村党建、教育、医疗、体育、文化等设施建设的投入力度，形成资产作为村集体的非经营性资产；三是财政资金支持农村产业发展形成的资产，直接确权或折股量化为村集体经营性资产。各地在清查核实"三资"和加强规范管理过程中，不断把账外的"三资"纳入账内管理①，也使账面资金和资产不断增长。

（二）农村集体"三资"结构加快演变

伴随着新型农村集体经济迅速发展，农村集体"三资"呈现多元化、经营化和资本化的结构演变特征。多元化是指从较为单一的集体所有农用地、建设用地和集体所有资金资产拓展到财政投入农业农村的惠农资金、设

---

① 对长期借出或者未按规定手续租赁转让的，要清理收回或者补办手续；对侵占集体资金和资产的，要如数退赔，涉及违规违纪的移交纪检监察机关处理，构成犯罪的移交司法机关依法追究当事人的刑事责任。

施装备、帮扶资产以及确权量化的生态环境资产、公共基础设施、产权股权股份等。新增集体资产主要是农村集体"三资"边界拓展和财政投入形成的新型集体经济资产。截至 2023 年底，全国帮扶项目资产原值达到 3.28 万亿元，其中 70% 以上确权到村到户。经营化是指农村集体"三资"中经营性资产比重相对提升。2023 年，经营性资产占比为 44.84%，相比 2018 年提高了 12.72 个百分点。这是因为新增集体资产以经营性资产为主，中央财政衔接资金用于产业发展的比例要求超过 60%，集体资源量化的新增资产基本属于经营性资产。资本化是指农村集体"三资"的市场化运营从直接经营和成员使用日益转向跨主体、跨区域的股权投资、股份合作、资产运营等，让集体资产具备了资本属性。2023 年，农村集体经济组织的长期投资达到 5916.98 亿元，其中长期股权投资达到 4300.64 亿元，所有者权益中资本达到 11774.92 亿元。

（三）农村集体"三资"管理机制逐步规范

农村集体产权制度改革中，加强农村集体"三资"规范管理的制度机制是重要改革举措。近年来，相关部门推动全面加强农村集体"三资"监督管理，开展集中专项整治，监管制度不断健全，为农村集体经济组织规范运行、新型农村集体经济发展提供保障。一是实行台账管理，明确要求各地建立健全集体资产登记、保管、使用、处置等制度，将清查核实的集体资产纳入规范管理。二是明确集体资产所有权，完善集体经济组织，按照法律法规行使集体资产所有权。三是强化农村集体资产财务管理，修订完善农村集体经济组织财务会计制度，推动农村集体资产财务管理制度化、规范化、信息化。四是建设农村集体"三资"交易平台，规范交易流程。通过这些举措，把清查核实及新增的集体资产纳入规范管理，基本堵住不规范交易和使用的制度漏洞。

（四）农村集体"三资"监督约束日益严格

规范管理解决了农村集体"三资"有效利用的问题，仍需要监督约束机制堵住集体经济经营风险和农村集体"三资"交易形成违规违纪违法行为的制度漏洞。各地积极探索、采取了一些有效办法,开展了农村集体"三资"集中专项整治,聚焦财务收支、合同管理、村级债务、工程项目等,追回集体资金,查清"遗漏"资产,纠治流失问题,不断探索长效管理机制,提升农村集体"三资"监管质效。一是实行村财镇(乡)管,建立村级组织财务收支审核机制,聘用第三方为村集体经济组织记账,形成对村级组织收支的日常监督机制。二是开展村级财务审计,包括日常财务收支定期审计、村干部任期和离任经济责任专项审计。三是完善村务公开机制,推动村务公开由"虚"到"实",创新村务公开栏、党员夜会、数字化治理平台等公开公示形式。四是加大对侵占农村集体"三资"的查处力度,防止和纠正发生在群众身边的腐败行为。经过努力,农村集体"三资"领域的违规违纪违法数量迅速减少。

二 加强农村集体"三资"管理面临的问题挑战

总体上看,农村集体"三资"管理中存在的问题,特别是违规违纪违法行为,可以分为两类:一是开展农村集体产权制度改革前,"三资"管理不规范、制度不完善、监督不到位形成的不规范利用和侵占问题;二是清产核资工作完成后,面临发展集体经济和村级组织调整的新形势,对市场机制不熟悉、参与市场竞争能力弱,给管理和监督农村集体"三资"带来新的挑战,因相关制度没有及时跟进而形成的"三资"被侵占或流失问题。

(一)历史累积的农村集体"三资"问题持续显现

农村集体"三资"清产核资摸清了村集体家底,集中把被侵占和不规范使用的"三资"清理出来,也把以往随意处置导致的"三资"流失问题清理出来。在农村集体产权制度改革推进过程中,对于发现的问题进行了集中处置,并将"三资"纳入规范管理轨道。但在一些历史累积的矛盾问题上仍持续显现,主要因为,一是清产核资不彻底,不少农村集体"三资"

没有被纳入账面；二是清产核资虽然完成，但规范管理和监督约束制度没有及时建立或流于形式。新一轮村级组织换届完成后，大量能力突出、富有精力、善于干事的青壮年走上村级组织负责人岗位，村级组织的执行力、履职力明显增强，亟须化解历史累积的矛盾问题。这些问题集中在长期占用集体土地或设施、低价转包集体资源、虚增村级组织债务等领域。

（二）农村集体经济经营活动存在不规范行为

发展新型农村集体经济主要是适应市场经济，参与市场竞争，进而创新集体经济实现形式。其间，农村集体"三资"在流程上做到了规范，但由于规范管理和监督约束机制未充分考虑市场机制的复杂性，出现了假借发展集体经济名义，利用市场机制侵占农村集体"三资"或集体经济收益的监管漏洞。一是将不良资产高价租赁给集体经济组织经营，让村集体承担经营损失，不良资产所有者享受稳定收益。二是将村集体优质资产资源转移到村集体领办合作社、村办企业，或入股其他市场主体。这里存在多种导致集体利益流失的可能，如通过隐瞒收益（财务手段）减少分红；营造持续亏损假象，贱卖集体资产资源；将优质资产交给利益关联人使用，或者公开竞选经营主体时收取不当利益。三是超额领取工资报酬，违规进行福利分配。上述情形，大多在规范的流程下进行，按照现有制度机制难以进行有效监管。

（三）组织调整造成农村集体"三资"流失风险

近年来，不少地方推动村级组织调整，实现跨村抱团联合发展，实现了农村集体"三资"整合利用，加快了农村集体经济发展。但组织调整过程中也造成了"三资"流失风险。一是村级组织合并形成联合村组织。一些地方将地域相近的数个行政村合并为联合村，原先的行政村变成网格村。联合村作为新的行政村后，各种政策资源都以联合村为单位实施，尤其是新增农村集体经济项目。二是组建区域性农村集体"三资"平台公司。一些地方为整合分散的集体资产资源，创新集体经济组织形式，以县或乡镇为单元组建平台公司，运营"装入"平台公司的集体资产资源。如浙江等地的强村公司，山西、山东等地的共富公司等。对于这些新的组织形式，尚没有有效的规范管理和监督约束机制，造成农村集体资产资源流失的案例时有发生。

（四）村级组织"一肩挑"监督约束机制尚待健全

村"两委"负责人普遍实现了"一肩挑"，有的还兼任村集体经济组织负责人。目前，对"一肩挑"的规范管理和监督约束机制尚未健全，产生了农村集体"三资"管理新漏洞。一些村的"一肩挑"负责人不仅是集体经济组织法人，还是村集体领办合作社、村办企业等市场主体的法人，存在自己与自己签合同的情形。有些村的"一肩挑"负责人虽然不是村集体领办合作社、村办企业等市场主体的法人，但是这些市场主体的法人由村"两委"委员担任，"一肩挑"负责人仍然是实际控制人。这使"村干部经济"的廉政隐患仍然存在。由于缺乏对"一肩挑"负责人的监督约束，村级组织在组织村民参与经济活动，或在村内外交易中，容易出现不维护村集体和村民权益的情形。如不规范流转承包地，违规以村集体名义对外提供担保，违规将宅基地或集体建设用地交予企业使用等。各地存在不少以租代征、少征多占的情形，这也是基层信访集中的领域。

（五）农村集体经济收益分配缺乏有效监管

随着农村集体经济迅速发展，集体经济净收益迅速增多。不少村庄的集体经济净收益多达数百万元甚至上亿元，由此带来了集体经济收益分配中的腐败和作风问题。现有制度规定，农村集体经济净收益优先用于村庄公益事业。完成集体产权制度改革的村庄，明确要求给集体经济组织成员分红。调查发现，只有少数村为村民象征性分红，绝大部分村将集体经济净收益完全用于村庄公益事业，包括村庄建设和村民福利等方面。村庄建设主要是公共基础设施建设、人居环境美化绿化等。一些村存在超前或过度建设，且流程不规范，导致资金浪费现象。村民福利主要是代缴社保、水电费、保险费等以及发放节日福利品、慰问品等。其中存在"被福利"现象。一些所谓的

福利，其实是代替农民决策，如购买保险、代缴电费等。由于对上述集体经济收益用于公益事业缺乏有效的制度规范和监督约束，农村存在村干部替农民决策，以及不规范支出，或违规收取回扣等风险。

（六）村级债务累积局部风险隐患突出

调查发现，历史累积债务逐步得到化解，新增不良举债"漏洞"基本堵住，但村级账面负债规模持续增长，主要是发展集体经济举债和举办公益事业举债。村级债务正向经济发达地区集中，且无还款资金来源的债务多形成于财务规范管理前，村级账面负债"水分"较多，部分历史债务可以财务核销。从全国层面来看，村级债务处于相对安全范围，但并不意味着不需要化解村级债务。对历史累积债务和新增借款，不能因规模小就忽视个别村存在的风险隐患，要及时采取措施化解债务、防范风险。村级组织抗风险能力弱，一旦个别村因债务产生不良影响，不仅对这些村而且对区域内的整体乡村振兴进展产生负面影响。村级债务存在的局部风险隐患表现在如下几个方面。

一是财政"缺口"造成部分村庄公益事业举债。一般地区特别是财政紧张的县域，农村公益事业的财政资金存在缺口，集体经济薄弱的村容易因此新增债务。

二是举债发展集体经济隐含债务偿付风险。不少地方通过金融机构贷款解决农村集体经济发展的资金难题。举债发展集体经济，经营风险较高，一旦产业经营失败，容易形成债务风险且难以偿付。

三是村级组织透支信用承担对外担保风险。很多村级组织在经济活动中扮演中间人角色，提供居间服务。如组织村民流转土地给企业经营，一边与村民签订流转协议，一边与企业签订流转协议，从中收取居间服务费或赚取租金差。表面上村级组织只是提供居间服务，实际上为双方提供了信用担保。村级组织还参与了其他很多交易活动。在监管机制不健全的情况下，存在村级组织负责人以村级组织名义为村民或企业提供信用担保的情况。村级组织承担担保风险出现的债务，因没有还款资金来源，难以从集体经济收入中偿还，化解起来难度很大。

四是村级组织隐性负担暴露村级债务防控新漏洞。村级债务尚没有明确概念和统计口径，能掌握的都是村集体经济组织的账面负债。各地实行村委会与集体经济组织分账管理，村委会直接支出的款项，并不在集体经济组织账上，部分村级债务因此不能体现出来。近年来，村级组织承担的隐性负担逐渐加重，由此形成的隐性债务需要重点关注。如基层事务下沉、迎评送检、接待调研等，多隐藏在村级组织运转支出中。这些事项需要动员村民参与，产生的费用支出多由村级组织负责人垫付，最终转变为村级组织的借款。

五是村级组织化债能力和意愿"双弱"。不少村因为村"两委"换届，或更换负责人，任由村级债务长期积累拖欠，影响了乡村治理和村庄发展。

（七）新时期农村集体"三资"管理更加复杂

农村集体"三资"的多样化、资本化和跨主体经营的规范管理具有复杂性，功能性和专业性要求大幅提升。复杂性方面，山水田园、惠农政策、帮扶项目形成的量化资产，除了登记、收支、使用等记账管理外，还涉及资产运营、收益分配、审计监督等。功能性方面，从集体"三资"向集体资本的跨越，除了要求规范使用、合理分配外，还必须做到保值增值、联农富农，促进新型农村集体经济持续发展。专业性方面，除了要求严格执行会计记账要求外，还必须具备资产配置、财务管理、审计监督等专业技能，特别是资产运营、股权投资等需要具备较高的资本运作能力。

可见，探索新型农村集体经济实现形式，对农村集体"三资"规范管理提出了新要求。制度建设跟进不到位，规范管理措施不及时，将会导致农村集体"三资"流失、村级债务甚至腐败和作风问题。目前，新型农村集体经济"三资"管理问题集中表现在经营决策不能有效把控源头风险、资产运营管理专业能力薄弱、成本收支和经营风险把控不严、政府违规干预现象仍在发生等方面。这些新型农村集体经济"三资"管理漏洞，导致新型农村集体经济经营活动中的财务管理不规范，资源资产低效利用和流失，经

营管理风险等难以从根源上得到遏制。这是新型农村集体经济可持续发展面临的新问题、新挑战。

（八）帮扶资产管理短板亟待补齐

随着多数帮扶资产运营从政府全面支持、政策强力支持转入主体自主经营、政策普惠支持，帮扶资产管理运营面临的新问题、新挑战凸显。

一是账实不符、账账不符问题亟待化解。随着清产核资和一体管理的深入推进，帮扶资产的账实不符，以及不同部门、不同系统、不同主体的账账不符问题暴露出来，特别是在被纳入农村集体"三资"管理系统时难以并表，给后续规范管理和高效运营带来了挑战。底清账实是帮扶资产高效利用的前提，而账实不符、账账不符则给帮扶资产高效利用带来了极大困难。

二是低效使用、闲置荒废问题亟待化解。不少帮扶资产特别是具有公益属性的帮扶设施低效利用、闲置不用、荒废损毁。其原因多种多样，有建设脱离实际"用不了"，管护缺位"不能用"，资金缺乏"用不起"，权属不明"不敢用"等。一些地方以帮扶资金建设养老、供水、文娱等公益服务设施，但所在村庄空心化严重、服务人员缺乏、设施运维和服务供给资金不足，出现了建成即闲置的现象。一些帮扶设施建设时未考虑村民实际需求，设计不科学、功能不实用，有的是直接"为建而建"，导致建成就无法使用，后续也无法改造升级，只能闲置荒废。一些帮扶设施和项目，资金保障和机制设计对管护环节考虑不足，尤其是未充分动员村民参与，未明确实际经营或使用主体的管护责任，造成帮扶设施依赖政府财政资金管护，一旦资金缺乏就会出现管护不到位的问题。

三是收益下滑、风险积累问题亟待化解。不少帮扶产业项目，特别是偏远地区的经营性帮扶资产经营，受到市场竞争和政策转向影响，出现了收益下滑甚至持续亏损的问题。一些帮扶资产运营不规范、机制不合理，特别是不顾产业项目收益和运营主体实际，一味要求过高的分红比例，使运营主体压力过大，出现了少数项目亏损或主体破产现象，造成分红难以落实到位，部分帮扶资产运营主体退出后，难以找到新的运营主体。

四是运营服务、监督约束短板亟待补齐。目前，不管是帮扶资产的权属主体还是经营使用主体，大多数不具备全流程专业化资产管理能力，特别是实现资产保值增值的资本运作能力。一些地方虽然要求第三方进行独立审计监管，但往往流于形式，并未起到监督约束作用，反而造成帮扶资产运行维护不到位、财务管理不规范、收益分配不透明。

三 加强农村集体"三资"管理的对策建议

农村集体"三资"管理存在诸多问题，关键原因是相关制度建设没有及时跟进，集体经济组织的技能素质没有更新提升，基层监督力量相对薄弱，监管散弱短板突出，制度贯通和执行不到位。建立健全农村集体"三资"规范管理长效机制，需要从制度建设和执行、监督约束和警示教育等多维度着手，从根源上堵住管理失范、流失侵占以及腐败和作风问题发生的漏洞，健全完善适应新型农村集体经济发展的规范管理和监督约束机制。当前，要做的重点工作是健全信息管理平台、完善规范管理和审计监督机制、理顺工作体制、加大查处力度和警示教育、规范新型农村集体经济经营行为、加强管理培训，着重化解重点领域农村集体"三资"管理风险。

（一）健全农村集体"三资"管理工作机制

一是发挥农村集体"三资"信息管理平台作用。充分利用农村集体产权制度改革成果、农村土地和资源确权颁证成果，整合农村集体资产、承包地、宅基地、自然资源等平台数据和功能，谋划建立农村集体"三资"综合管理服务平台，将农村集体所有的"三资"全部纳入信息化平台，实现"三资"登记、管理、交易、利用、收益、分配等全流程信息化管理、智能化呈现，为规范管理和监督约束奠定基础。

二是实现农村集体"三资"规范管理运行。主要是健全适应新型农村集体经济发展的面向农村集体"三资"市场化开发利用的规范管理机制。严格村级财务收支管理，加强乡镇和村会计队伍培训，遴选专业化财

务服务机构，提高村级财务收支记账水平。依托信息化管理平台，对接银行等金融机构，实现全流程无现金支付。健全村财镇（乡）管机制，提高乡镇村级收支管理和服务水平。制定农村集体产权流转交易管理办法，建立符合农村实际需要的集体"三资"流转交易市场，健全市场交易规则，完善运行机制，实行公开交易。加强农村集体产权流转交易服务和监督管理。

三是理顺农村集体"三资"管理工作体制。农村集体"三资"一般由原农村经营管理服务体系管理。不少地方在机构改革中已经撤销了农村经营管理服务机构和体系，改革后相应管理职能被整合，造成了管理能力不足或"无人管"现象。应结合对新型农村集体经济发展的指导服务，建立农村集体"三资"专门管理机构。

（二）完善农村集体"三资"监管约束机制

充分发挥审计在农村集体"三资"规范管理中的作用，建立常态化、随机抽查式的农村集体"三资"和财务收支审计制度，加强对农村集体"三资"项目全流程审计和监管，加强村干部任期和离任审计。推动基层纪检监察组织和村务监督委员会有效衔接，把纪检监察工作向村延伸覆盖。借鉴经济领域查处违规违法行为的制度机制和工作手段，加大对新型农村集体经济经营活动的违规违法行为查处力度。针对农村党员干部的腐败和作风问题，建立常态化巡视工作机制，多渠道设立腐败和作风问题检举渠道。加强对村干部规范集体"三资"管理的业务培训，提升新型农村集体经济组织业务能力，增强农村集体经济组织管理人员规范履职从业的意识。常态化开展查处打击"小官巨贪""村霸"等的警示教育，坚决防止出现腐败和作风问题。

（三）健全村级债务风险长效防范化解机制

对村级债务要有全面的认知和正确的态度。要杜绝的是不合理负债，尤其是村级组织运转负债。防范化解村级债务风险，从短期看需要在准确界定债务的前提下，摸清村级债务真实情况；从中长期看需要明确债务管理责任、建立监测预警和化解机制，厘清村级组织功能定位，增强村集体经济内生发展能力。

一是建立村级债务监测制度。明确村级债务主管部门，研究界定村级债务概念和范围，将村级债务纳入统计范围，做好村级债务数据填报、汇总和分析工作，及时发现和预警村级债务风险。

二是开展村级债务常态清理行动。梳理历次村级债务化解工作经验，按照新的村级债务口径，部署开展村级债务清理行动。坚持应清尽清原则，结合村集体"三资"管理，摸清村级债务底数，挤出"水分"。对于存量村级债务，进行分类管理和化解。有还款资金来源的村级负债尽量避免逾期，加快财政资金兑付进度，建立租金支付风险防范机制，制定农村集体经济收入偿付计划等。无还款资金来源的历史累积债务，建立多方参与的工作机制，认真甄别债务真实性、合规性，采取财政兜底、财务核销、有序偿付等手段化解，短时期内无法偿付的，制订多方认可的偿付计划，力争历史累积债务动态"清零"。

三是规范村级组织举债行为。持续优化村级组织财务管理制度，堵住村级组织财务支出"漏洞"，制止新增不良债务。明确村级组织不得实施无还款资金来源的支出事项，不得举债发放报酬、福利、补贴等，不得高息借债。因发展集体经济或举办公益事业，确需村级组织举债的，要明确县级政府和基层政府的审批监管责任，指导村级组织建立债务风险防范机制，金融机构借款必须有相应的风险保障机制，举办公益事业举债必须有具体可行的资金偿付计划。建立覆盖全面的村级组织收支监管机制，明确村"两委"和村集体经济组织收支必须纳入监管范围，对于账外发生的借款、垫付等行为，要有明确规范的财务程序。

四是厘清村级组织支出责任。明确划分基层政府和村级组织的支出责任，提高对村级组织运转和公益事业的财政保障水平。规范乡村建设行为，注重实效，避免超前建设和铺张浪费，提高财政资金使用效能。开展乡村建设财政资金兑付进度清查，督促各地加快财政资金兑付。避免基层政府事务

盲目下沉,有序开展检查、评比、填表等工作,务求真调研、实调研,力戒形式主义,切实减轻村级组织负担。

(四)规范新型农村集体经济经营行为

发展新型农村集体经济,要探索发展风险较小、收益稳定的新型农村集体经济发展机制,既要明确支持发展,也要强调实事求是发展。清理和规范村级组织在经济活动中的居间服务行为,尤其是违规签订合同协议或提供担保行为,严禁假借村级组织名义对外提供担保。加大对村集体"三资"清理力度,建立规范的管理制度和交易平台,探索建立集体资本市场,创新集体资源资产盘活利用机制,拓展农村集体经济增收来源,不断增强农村集体经济内生发展能力。

(五)健全帮扶资产长效管理机制

把健全帮扶资产长效管理机制作为守住不发生规模性返贫致贫底线的基础工作,聚焦建档入库、确权登记、规范交易、运营管护、收益分配、动态监测、处置调整等关键环节,健全全周期全流程的帮扶资产管理制度、规范机制和政策体系,持续提升帮扶资产质量效益。

一是建立及时入库动态更新的台账管理机制。明确政府投入帮扶资产范围,建立全口径统计和管理制度,把建档入库作为帮扶项目实施的前置流程、约束条件,在源头上避免"体外循环"。坚持实事求是、依法依规原则,建立常态化动态清理工作机制,避免"一次摸排、全部入档"急躁倾向,尊重维护各方合法权益。加快帮扶资产与集体"三资"并表、一体管理,在厘清权责的前提下及时核销、调整和处置不实或无效资产,做到动态更新、账实相符。

二是建立科学分类、权能明晰的资产管理机制。从权属类别、功能性质、运营状态、利用质效等不同层次组合,对帮扶资产分类分级,实施精细化、差异化管理。按照公益职能、市场运营、合理分配、持续受益、有序监管的原则思路,因地制宜探索帮扶资产权能配置。坚持守住农民收益底线,结合实际探索创新所有权、经营权、收益权、监督权、处置权等灵活多样的权能结构。

三是建立全周期全流程规范的运营管护机制。全程覆盖、流程跟踪、规范严格的运营管护机制是帮扶资产有效管理、持续使用的关键。做好帮扶项目的前期规划论证,提前谋划管护运营方案,明确验收、检查、评估、审计等主体责任和追责机制,严把建设过程质量,确保帮扶资产实用可用、高质高效。经营性帮扶资产,坚持运营管护一体化,优先遴选或培育本地运营管护主体,发挥专业化市场服务主体带动提升作用。公益性帮扶资产以长效运行、便捷惠民为目标,合理划分政府部门、村级组织和受益对象的管护责任,科学分摊管护成本,结合乡村治理实践创新,调动各方参与帮扶资产管护、降低管护成本的积极性。

(六)健全集体经济收益分配机制

把健全完善收益分配机制作为新一轮农村集体产权制度改革的重点内容,作为构建新型农村集体经济治理机制的重要抓手,探索构建赋能新型农村集体经济发展、发挥新型农村集体经济多种功能的合理有效规范的新型收益分配机制。

一是明晰农村集体经济经营收支范围。收入方面,合理界定经营收入范围,剔除财政补助、资金往来等非经营性收入,规范投资、参股、合作、发包、经营等收入明细,清理各种隐蔽、低效的农村集体经济经营活动,实现集体经济经营收入完整准确呈现。支出方面,明确规范集体经济经营活动的成本投入,区分村级组织运营、村庄公共事务、基础设施和村民福利以及地方政府下沉事务等,剔除非经营性支出,精准呈现农村集体经济经营活动的成本投入。

二是优化细化经营收益分配优先方向。从原则性规定或要求转到出台定期动态更新的清单目录、标准规范、指导细则,增加扩大再生产和养老服务、托育护幼、设施管护等公共服务分配比重,创新收益分配与乡村治理结合机制,明确区分财政支出事项、生产经营投入、村级组织运行费用等。

三是加强农村集体经济组织财务规范管理。严格农村集体经济组织账户和收支管理，要求资金往来对象不得接受账外收付集体资金，杜绝账外收支集体资金现象。推动村级组织财务人员年轻化、专业化，规范代理记账主体，发展专业化社会化集体经济财务服务。严格落实决策程序、会计核算、用途开支、公告公示等规范要求，确保应分尽分。对于无效、闲置、低效资产，尽快制定处置调整的具体办法，明确主体、权限、标准、程序，杜绝挤占挪用，避免流失侵占。

参考文献

芦千文：《健全帮扶资产长效管理机制》，《农民日报》2024 年 12 月 20 日。

农业农村部政策与改革司编《中国农村政策与改革统计年报（2023 年）》，中国农业出版社，2024。

G.12
全面提高农业气候韧性的关键路径和政策建议

于法稳　林　珊　孙韩小雪*

摘　要： 　农业气候韧性作为农业应对气候变化的能力，具有适应性、抗逆性、稳定性、持续性、低碳性等内涵特征。全面提高农业气候韧性，不仅有助于保障国家粮食安全、促进农业可持续发展，而且有助于提高农户的福利水平、促进经济社会协调发展。为此，在系统谋划农业布局的基础上，通过完善农田基础设施、强化科技创新驱动、调整作物种植结构、注重气象监测预警等关键路径，全面提高农业气候韧性。为确保上述关键路径能够取得实效并保持可持续性，应构建"五大体系"，即研发投入体系、人才培养体系、技术推广体系、应急管理体系、政策保障体系。

关键词： 　农业气候韧性　气候变化　气候风险　粮食安全

近年来，全球气候变化形势严峻，气温持续增高、极端天气事件频发、海平面上升以及生态系统受损等问题日益突出。这些变化不仅对人类社会造成了巨大影响，也对全球生态环境构成了严重威胁。农业作为

---

* 于法稳，管理学博士，中国社会科学院农村发展研究所研究员、生态经济研究室主任，中国社会科学院大学应用经济学院教授、博士生导师，主要研究方向为生态经济理论与方法、生态治理、农业绿色发展；林珊，管理学博士，青岛市社会科学院助理研究员，中国海洋大学管理学院博士后，主要研究方向为农业农村绿色发展、海洋生态经济；孙韩小雪，中国社会科学院大学应用经济学院博士研究生，主要研究方向为农业农村绿色发展。

与气候联系最紧密的产业，无论是产能水平、生产成本，还是生产环境、区域布局，抑或发展质量都会直接或间接地受到气候变化的影响。农业气候韧性是指农业生态系统在面临气候变化及其所衍生的气象灾害时维持和恢复其基本系统功能与生产力的能力，可以有效地保持农业生产的稳定性，尤其是粮食产量的稳定性。因此，农业气候韧性日渐受到各国政府的广泛关注。

保障国家粮食安全始终是治国理政的头等大事。国家高度关注气候变化对中国农业生产，尤其是对粮食生产的影响。为此，围绕如何减少气候变化对农业生产的影响，国家出台了一系列政策性措施和行动方案，如2007年出台的《中国应对气候变化国家方案》提出了减缓与适应并重的原则，随后国家采取了加强监测预警和防灾减灾等一系列措施，并将农业作为推进适应气候变化的重点领域之一。2022年中央一号文件、2024年中央一号文件均对气候对农业的影响进行了阐述，2025年中央一号文件提出"强化气象为农服务，加强灾害风险监测预警预报"。这些举措有效地提升了农业气候韧性，对保障国家粮食安全和重要农产品的稳定供给发挥了重要作用。

进入新发展阶段，全球气候变化形势依然严峻。中国是受气候变化影响较大的国家，尤其是农业生产更易受到气候变化的影响。再加上中国农业生产系统的脆弱性特点，气候变化带来的影响可能会更加明显，成为农业绿色低碳发展的威胁。为此，需要采取系统性、综合性措施，全面提高农业气候韧性，更好地应对气候变化下极端天气对农业造成的负面影响，尤其是对农业生产能力的影响。

一 农业气候韧性的内涵特征及重要意义

气候变化对农业生产的影响是多维度、全方位的。从生态学意义来看，农业气候韧性具有丰富的内涵特征，这些特征在稳定农业产能水平方面发挥着重要作用。

（一）农业气候韧性的生态学内涵

农业气候韧性的概念表明，农业气候韧性具有适应性、抗逆性、稳定性、持续性、低碳性等生态学内涵。前两者是基础和路径，后三者则是目的和归宿。

一是农业气候韧性体现了适应性。全球气候变化趋势短期内难以实现根本性扭转，未来可能会成为一种常态，由此导致的气候风险也将成为农业发展面临的威胁。实践表明，气候变化下温度、降水的变化影响农业生产的空间布局，尤其是农作物种植边界沿纬度、海拔的空间迁移。发挥农业气候韧性稳定农业产能水平的作用，一个最根本的原则就是逐渐调整农业生产系统，以适应新的气候特点。

二是农业气候韧性体现了抗逆性。气候变化导致的极端天气对农业生产系统的产能水平造成直接影响。农业气候韧性通过增强作物自身抗逆性、提升农业系统抗逆性和增强农业生态系统抗逆性等多种途径，可以全方位提升农业生产应对气候变化等逆境条件的能力，为农业的可持续发展奠定坚实基础，保障国家粮食安全和重要农产品的稳定供给。

三是农业气候韧性体现了稳定性。农业气候韧性以提升农业应对气候变化能力为前提，其根本目标是实现农业生产系统产能水平的稳定性和可持续性。从因果关系来看，提高农业气候韧性，即使在极端气候事件频发的情况下，也能在一定程度上保障国家粮食安全和重要农产品的稳定供给，增加农民收入，促进共同富裕战略目标的实现。

四是农业气候韧性体现了持续性。农业气候韧性可以有效地保持农业生产系统的稳定产出，可持续地利用现有自然资源，尤其是有限的耕地资源、水资源，基于提高自然资源利用率，实现长期持续保持农业生产系统产能水平的目的，确保粮食安全和重要农产品的稳定供给。同时，这也成为增加农民收入的重要来源。

五是农业气候韧性体现了低碳性。农业气候韧性在资源利用高效化、生产方式低碳化、生态系统稳定化以及适应气候变化的低碳策略等方面均体现

了低碳性。这些措施不仅有助于提高农业生产的稳定性和抗灾能力，还促进了农业可持续发展和生态环境保护。

（二）提高农业气候韧性的重要意义

在气候变化背景下，提高农业气候韧性有助于巩固农业在国民经济中的基础地位，并对实现经济社会高质量发展具有重要意义。

一是提高农业气候韧性有助于保障国家粮食安全。粮食安全是国家安全的重要基石，也是中国式现代化的重要内容和基础支撑。提高农业气候韧性可以增强农业生产系统在面对干旱、洪涝、高温等极端天气时的适应和恢复能力，从而实现粮食生产的稳定性，有效保障国家粮食安全。

二是提高农业气候韧性有助于促进农业可持续发展。气候变化影响农业生产的稳定性，进而影响农业可持续发展。在生态优先、绿色发展的理念下，通过广泛采用绿色生产技术，推动农业生产方式的全面绿色转型，提高农业气候韧性，有助于减少农业生产对环境的负面影响，推动农业向绿色低碳方向转型。同时，通过科技创新和政策引导，实现农业资源的优化配置，提高农业资源的利用效率，为农业可持续发展筑牢资源基础。

三是提高农业气候韧性有助于提高农户福利水平。在气候变化背景下，提高生产经营主体，尤其是农户以经济收入为主的福利水平，是新发展阶段推进乡村全面振兴的重要内容之一。前面已经提到，提高农业气候韧性有助于稳定农业生产、提高农产品产量和品质，从而提高农业经营主体，尤其是农户的收入水平。同时，随着农业气候韧性的提高和农业生产方式的全面绿色转型，农户将会更加注重生态保护和资源节约，改善农村生态环境，提高生活质量。

四是提高农业气候韧性有助于促进经济社会协调发展。在气候变化背景下，提高农业气候韧性有助于稳定农业生产、保障粮食供应和农产品价格稳定，从而有效地为经济社会协调发展提供坚实的物质基础。同时，坚持因地制宜原则，提高农业气候韧性，可以发挥不同地区的资源优势和比较优势，促进区域间农业产业的协调发展和优势互补。

二 提高农业气候韧性的关键路径

全面提高农业气候韧性是应对全球气候变化对农业生产带来的挑战、确保粮食安全和重要农产品供给的关键所在。为此，在系统谋划农业布局的基础上，采取完善基础设施、强化科技创新、调整作物结构、提高气象监测预警水平等路径，全面提高农业气候韧性，保障农业生产系统应对极端天气的适应能力和恢复力。

（一）系统谋划农业布局

在气候变化背景下，区域气候特点、系统生态特性等会发生一定的变化，农业生产应按照适应性原则，积极采取有效措施，提高农业气候韧性。

一是开展适应气候变化特点的农业气候区划。开展适应气候变化特点的农业气候区划需要综合考虑多个方面。科学的区划工作，可以为农业生产提供更加精准的气候服务和技术支撑，促进农业可持续发展。将农业气候区划结果应用于农业生产实践中，可以为农业产业结构调整、种植制度优化、品种布局、农业基础设施建设等提供科学依据。

二是开展适应气候变化特点的农业生产布局。开展适应气候变化特点的农业生产布局是一个系统工程，需要政府、科研院所、农业企业以及广大农民等利益主体的共同努力和协作，通过不断调整和优化生产布局，推广应用新技术、新措施，加强基础设施建设和气象服务保障，这样才能实现农业可持续发展，确保粮食安全和农产品稳定供给。为此，根据以上农业气候区划结果，指导不同地区合理选择种植作物品种和种植时间，推广适宜的农业技术和措施，提高农业生产的适应性和抗灾能力。

三是开展气候韧性农业示范区建设。在一定原则指导下，按照受气候变化影响的程度，选择适宜区域开展气候韧性农业示范区建设，通过科学规划、技术创新、生态修复、产业融合、人才培养等多种措施，不断提高农业

气候韧性和可持续发展能力，为保障国家粮食安全和应对气候变化作出积极贡献。

（二）完善农田基础设施

农田水利工程、防护林体系等农田基础设施建设，是提高农业气候韧性、稳定农业生产系统产能的有效路径。

一是系统完善农田水利基础设施。高标准农田建设为提升农田水利设施建设水平提供了战略机遇。截至 2023 年底，全国累计建成超过 10 亿亩高标准农田，建成各类田间灌排渠道 1000 多万公里、小型农田水利设施 2700 多万处，农田抗灾减灾能力明显提升。按照国家推进高标准农田建设的战略部署，坚持高标准、系统性原则，以农田水利设施能发挥成效为最终目的，不断完善农田基础设施体系，全面提高农业气候韧性。

二是因地制宜恢复农田林网体系。因地制宜恢复农田林网体系，对于改善农田生态环境、提高农业生产力和抵御自然灾害具有极其重要的意义。需要注意的是，因地制宜恢复农田林网体系是一项系统工程，需要综合考虑多方面的因素。通过科学规划、合理选择树种、精心造林和有效管理，构建功能完善、结构稳定的农田林网体系，为农业可持续发展提供有力保障。

（三）强化科技创新驱动

农业科技创新是应对气候变化、化解农业气候风险的关键路径。研发气候智慧型农业技术，如抗旱、耐涝作物品种的培育以及精细化气象预警系统的应用等，能够有效缓解气候变化带来的不确定性对农业生产的负面影响。同时，农业科技创新还能提升生产效率、优化资源配置，助力农业生产方式向高效、可持续的生产方式转型。

一是强化农业关键核心技术攻关。强化农业关键核心技术攻关是推动农业现代化、保障国家粮食安全和促进农业可持续发展的关键举措。为此，应通过加大科研投入，优化科研机构与高校建设，聚焦生物育种、农业机械装备制造以及智慧农业等前沿领域的关键技术攻关，可以有效提升农业科技水平，为农业现代化和国家粮食安全提供有力支撑。同时，应注重适应气候变化特点的资源保护与利用。

二是加强适宜性农业机械技术创新。加大农业机械技术创新力度，逐步提升农业生产的机械化、设施化以及智能化水平，破解资源禀赋制约，不断提高土地产出率、劳动生产率和资源利用率，为提升农业气候韧性提供支撑。需要特别指出的是，应充分发挥区域科研人才队伍优势，研发适宜区域特点的农业机械，降低生产成本。同时，为开展气候韧性农业试点示范区建设提供科技支撑。

（四）调整作物种植结构

从生态学视角来看，气候变化影响作物生长发育进程，如改变作物生长的物候期，进而影响作物的产量。为此，在气候变化背景下，应按照气候适宜性原则，根据气候变化趋势调整作物品种布局和种植制度，选择适应性更强、抗逆性更好的作物品种，更好地提高农业生产效率和稳定性。

一是优化农作物种植布局。优化农业种植结构，确保农作物生长在最适宜的区域，实现最优生物生产量，是气候变化背景下农业发展的根本目标。不同品种对气候变化的敏感性不同，通过作物品种的多样性，提高农业气候韧性，可以有效降低单一品种失败的风险、确保农业生产的稳定性。为此，应根据气候变化趋势，科学规划作物布局，实现农作物多样性的优化配置。

二是推广抗逆性作物品种。加强抗逆性作物品种的选育与推广，提高作物的抗逆性，是提高农业气候韧性、稳定农业生产的关键。从生态学意义上来讲，本地适应性强的作物品种对极端天气条件的忍耐力更强。同时，保存和利用传统品种和野生亲缘种，可以为作物改良提供丰富的遗传材料，从而提高作物的适应性和生产力，培育出适宜气候变化背景下区域生态条件、具有更强抗逆性的品种。从中国农业生产的实践来看，近年来，中国小麦、玉米、水稻等主要粮食作物品种更新对产量增长的贡献率显著提高，这无疑为提高农业气候韧性、保障粮食稳产提供了有力支撑。

（五）注重气象监测预警

建立完善的气象监测和预警体系，利用物联网、云计算、大数据等前沿信息技术，实现对全国范围内气候变化，尤其是极端天气事件的精准监测与及时预报。

一是搭建天气监测与预警综合平台。搭建天气监测与预警综合平台是一个复杂但非常重要的任务，需全面考量需求、数据采集、存储管理、平台开发及预警功能实现等多个方面。通过精心设计与实施，可构建高效、准确的天气监测与预警系统，为提高农业气候韧性、稳定农业生产产能提供及时、有效的气象服务与保障。

二是建立部门间联动联防机制。提高农业气候韧性是一项复杂且涉及不同利益主体的系统工程，需要彼此之间密切协作、协同推进。为此，基于保障国家粮食安全和重要农产品稳定供给的战略需求，这些部门应提高对农业气候韧性重要性的认识，尤其是对所涉及主体之间协同行动重要性的认识，充分发挥本部门的职能优势，为提高农业气候韧性、促进农业发展提供最有效的服务。同时，建立农业气象监测信息的共享平台，充分实现这些部门专业职能与协同效应的最大化。需要特别指出的是，在提高农业气候韧性行动中，每个部门都是主力，都应尽全力发挥部门职能，而不是被动地应付式参与。[1]

三是强化气象部门服务保障作用。强化气象部门服务保障作用是提升公共安全、促进经济发展和优化人民生活的重要举措，需从提高监测水平、预报技术、服务产品、应急联动及增强公众意识等多方面着手。通过持续努力，构建高效、精准的气象服务体系，为实现农业的可持续发展提供坚实保障。

---

① 于法稳：《气候韧性农业：内涵特征、理论阐释及推进策略》，《中国特色社会主义研究》2024 年第 6 期。

三 提高农业气候韧性的政策建议

本报告系统提出创新研发投入体系、建立人才培养体系、恢复技术推广体系、建立应急管理体系以及健全政策保障体系等"五大体系",高质量提高农业气候韧性。

(一)创新研发投入体系

在气候变化背景下,提高农业气候韧性,实现农业可持续发展,需要建立在科技创新基础之上。为此,政府应加大对农业科技创新的研发投入,更好地服务于气候变化背景下的农业生产。

一是加大政府财政投入。加强农业科技创新,提高农业气候韧性,确保农业生产的稳定性,是气候变化背景下的一项长期任务。为此,政府应加大对农业科技创新的研发投入,特别是应高度关注应对气候变化的专门技术领域;同时,应设立专门的资金扶持渠道,如补贴、低息贷款或税收优惠政策等,激发相关企业和科研机构的积极性,增加适应气候变化的农业科技创新投入。

二是建立新型研发平台。不同区域对气候变化的敏感度不同,农业生产受气候变化的影响也具有明显的差异性。在加大对气候变化领域农业科技研发投入力度的同时,应按照区域气候适宜性原则,建立适宜地域农业生产特点的研发平台,促进科研机构与地方农业部门紧密协作,确保技术研发精准对接地方实际需求。

三是加大政策支持力度。在现有政策体系的基础上,针对气候变化背景下农业发展问题,围绕提高农业气候韧性,加大对气候适应性技术领域的政策扶持力度。同时,应制定针对气候变化背景下农业科技创新的激励机制,鼓励企业、高校和科研机构参与农业气候适应性技术的研发和应用。

（二）建立人才培养体系

前面有所提及，提高农业气候韧性需要科技支撑，实现适应气候变化的农业科技创新，需要强化人才培养，更好地为农业应对气候变化提供智力支撑。

一是健全人才培养体系。围绕提高农业气候韧性，建立完善的人才培养体系，全面提升农业人才素质，更好地推动农业现代化。一方面，应加大农业科技人才的培养力度，吸引和留住高端农业科技人才，为农业科技人才创新创业营造良好的发展环境。另一方面，应加强对一线农业生产经营主体，尤其是从业农民的培训，提升他们对气候变化背景下科技的认知与应用能力。

二是完善人才培养方案。严格来说，在气候变化背景下，应注重人才培养的共性与个性的统一。一方面明确人才培养目标。根据气候变化趋势与提高农业气候韧性的需求，站在保障国家粮食安全和重要农产品稳产供给的战略高度，明确人才培养的目标和方向。另一方面提升培训内容的系统性。根据不同区域气候变化背景下农业发展的实际需求，系统统筹基础技能培训、专业技能培训、管理能力培训和战略思维培训等内容，以体现其实用性、时效性。

（三）恢复技术推广体系

提高农业气候韧性，实现农业高质量发展，迫切需要完善农业技术推广体系。

一是构建技术推广体系。在气候变化背景下，农业技术创新本身具有滞后性，更需要及时将新技术应用于农业生产。为此，需要构建有效的技术推广体系，通过加强新技术的推广应用，将农业科技成果转化为农业现实生产力，推动农业新质生产力的发展，全面提高农业气候韧性，确保农业生产对气候变化的适应性，实现农业产能水平稳步提升。

二是恢复基层技术推广机构。实现农业技术的推广应用，需要自上而下完整的系统组织机构付诸实践。当前，农资零售商是农业新技术、农资新品牌、良种新品种等的推广主体，利润空间无疑会是他们确定推广对象的第一原则。要解决这个问题，应尽快恢复乡镇农技推广站所，发挥其农业生产一线的距离优势，一方面能提供及时的技术服务，另一方面能及时发现并反馈农业生产中出现的新问题。

三是建立技术推广队伍。当前，基层乡镇虽然挂牌设立了农村综合服务中心，但基层调研发现，这些站所的工作人员不够专业、工作不够聚焦。在气候变化背景下，农业技术推广不仅是专业性很强的政治任务，更是政治性很强的专业任务。为此，应注重农技推广专业人才队伍建设，在恢复乡镇农技推广站所的基础上，组建一支专业人才队伍，并加强其能力建设，更好地为提高农业气候韧性提供系统、及时、有效的服务，以加速农业技术从实验室向田间地头转化，确保技术应用的广泛性和实效性。

（四）建立应急管理体系①

在气候变化背景下，农业生产将面临日益频繁的极端天气及其诱发的各种气象灾害等严峻挑战，直接影响粮食安全和重要农产品的稳定供给。因此，建立涵盖减灾与救灾两个关键环节的应急管理体系显得尤为重要。

一是优化完善农业自然灾害的预防预警方案。新发展阶段，气候变化背景下的农业面临的自然灾害风险充满变数，构建一套有效的农业自然灾害预防预警方案，已成为农业减灾救灾长效机制中至关重要的一环。首先，要完善农业减灾救灾的组织架构体系，明确界定各减灾救灾主体的责任与义务，促进各方力量的高效协同与紧密联动，确保在灾害来临时能够迅速集结、有序行动，形成强大的工作合力。其次，要广泛深入开展农业自然灾害风险评估，借助科学的方法和手段，对灾害风险点进行更为精确、细致的识别与分析，进而制定更具针对性和实效性的风险管理策略和应急预案。再次，要建

---

① 于法稳：《气候韧性农业：内涵特征、理论阐释及推进策略》，《中国特色社会主义研究》2024年第6期。

立完善的农业监测与灾害预警系统，利用先进的技术手段，实现对农业自然灾害的实时监测、精准预警和有效防范。最后，要建立高效的农业自然灾害应急响应及恢复机制，确保灾害发生时能够迅速响应、有效处置，并在灾后迅速恢复农业生产秩序，最大限度地减少自然灾害造成的冲击和损失。

二是建立一支专业性强的自然灾害救援队伍。自然灾害救援队伍所具备的专业知识，对于稳固构建农业减灾救灾长效机制发挥着举足轻重的作用。首先，组建一支权威的专家团队。从农业、气象、水利、应急管理等关键部门，精心挑选出拥有深厚专业背景和丰富实践经验的人员，共同构建起一支实力雄厚的专家智库，为农业减灾救灾预警工作提供智力支撑。其次，打造一支专业化的救援队伍。农业减灾救灾工作对专业要求极高，必须有一支训练有素、技艺精湛的队伍来确保救援工作的顺利进行。因此，应组建起一支常态化的专业应急服务团队，通过系统培训和实战演练，不断提高队员的专业技能和应急处置能力，有效保障救援的成效，提高灾害应急处置能力。

三是储备丰富完备的自然灾害处置所需物资。应对极端农业自然灾害，必须事前储备充足的应急物资，全面做好应对各种气候风险的准备工作，将农业生产所受损失降到最低。首先，在救灾物资的管理和调拨环节，必须统筹规划，确保各项救灾物资能够迅速且精准地调拨到受灾区域。尤其要高度重视自然灾害风险较高的重点地域，提前将各类救灾物资部署到位，以便在灾害发生时能够即刻投入使用。其次，强化物资储备的管理与仓储检查，确保物资的数量充足、质量达标，为自然灾害处置工作的顺利推进筑起坚实的后盾。

四是健全跨部门协同合作机制。农业减灾救灾工作涵盖应急、农业农村、自然资源、水利以及气象等多个管理部门，为了保障对自然灾害应急的响应能力，确保减灾救灾工作的高质量开展，各部门之间的协同合作机制至关重要。首先，在完善农业灾害应急管理体系的同时，充分利用信息化技术手段，构建应急信息共享平台，以实现信息在部门之间的无缝整合与高效共享。通过系统、准确地判断农业自然灾害，提出精准的应急策略，并充分发挥各部门的专业优势，确保救灾工作及时、有效开展。其次，农业减灾救灾长效机制的建立离不开组织管理的强化。在地方政府的领导下，应建立健全统一指挥、信息畅通的指挥体系和信息共享平台，以确保信息的及时传递与资源的合理调配，为农业防灾减灾救灾工作的顺利开展提供有力支撑。[①]

（五）健全政策保障体系

在全球气候变化背景下，提高农业气候韧性是一项既长远又系统，兼具复杂性与挑战性的战略使命，这就需要不断深化和完善政策保障体系，为提升农业气候韧性提供系统的政策保障。

一是建立农业大灾保险制度。建立农业大灾保险制度是一项复杂而系统的工程，需完善制度、设计产品、构建机构并建立风险分散机制，形成高效、可持续的农业大灾风险保障体系，促进农业可持续发展，助力推进乡村全面振兴。为此，应在进一步完善政策性农业保险制度的基础上，建立农业大灾保险制度，与现有农业保险制度相互补充、相互促进，一方面为保障国家粮食安全筑牢根基，另一方面也为增加农业经营主体收入，尤其是农民收入提供保障，助力共同富裕战略目标的实现。

二是建立农业风险管理体系。完善与构建农业风险管理体系，也是建立农业减灾救灾长效机制的重要内容。首先，应尽快建立完善的农业风险管理体系，深入强化农业风险管理的核心理念，不断充实和优化农业风险监测预警服务网络，强化风险管理领域的科技支撑，打造风险管理工具间的协同联动机制，从而全面提升农业保险的服务品质。同时，还需着手建立反应迅速、执行高效的农业自然灾害应急响应机制，以提升农业的灾害抵御与恢复能力。其次，建立健全农业风险与产业安全的防控体系，加快推进农业现代化。深化全社会对农业安全是国家安全基石这一根本认识，大力推进农业产

---

① 于法稳：《气候韧性农业：内涵特征、理论阐释及推进策略》，《中国特色社会主义研究》2024 年第 6 期。

业安全与能力的现代化建设，全面提升风险预防与应对的效能和水平，为农业的稳健发展和国家的长治久安奠定坚实基础。①

参考文献

陈志钢、胡霜：《气候变化对全球粮食安全的影响与应对策略》，《农业经济问题》2024 年第 10 期。

代明慧、于法稳：《气候变化背景下农业绿色发展能力提升研究》，《中州学刊》2024 年第 4 期。

高江波、刘路路、郭灵辉等：《气候变化和物候变动对东北黑土区农业生产的协同作用及未来粮食生产风险》，《地理学报》（英文版）2023 年第 1 期。

刘东、陈景帅、冯晓龙等：《气候变化对农户农地流转行为的影响——来自全国农村固定观察点的证据》，《中国农村经济》2024 年第 5 期。

刘东、冯晓龙、司伟：《中国粮食生产的气候变化适应水平及其机制研究》，《经济学》（季刊）2024 年第 5 期。

许吟隆、赵明月、李阔等：《农业适应气候变化研究进展回顾与展望》，《中国生态农业学报》（中英文）2023 年第 8 期。

于法稳：《农业领域新质生产力的生态内涵及发展方式》，《人民论坛·学术前沿》2024 年第 10 期。

于法稳：《气候韧性农业：内涵特征、理论阐释及推进策略》，《中国特色社会主义研究》2024 年第 6 期。

张哲晰、金书秦：《提升农业产业韧性　助力农业强国建设》，《经济参考报》2023 年 3 月 28 日。

---

① 于法稳：《气候韧性农业：内涵特征、理论阐释及推进策略》，《中国特色社会主义研究》2024 年第 6 期。

G.13
建立农村低收入人口分层分类帮扶制度的主要挑战与对策建议

于元赫*

摘　要： 建立农村低收入人口分层分类帮扶制度是巩固拓展脱贫攻坚成果、推进乡村全面振兴和实现共同富裕的关键举措。过渡期以来，农村低收入人口监测范围不断扩大，各地配套政策陆续出台，帮扶措施不断完善。然而，由于农村低收入人口覆盖范围广、规模大、需求多样，目前，农村低收入人口分层分类帮扶工作仍然面临精准识别难度大、部门协作不流畅、监测体系不完善、保障与发展功能未充分发挥以及社会力量参与不足等现实挑战。为此，应注重数字赋能，提高农村低收入人口的动态监测能力；同时，加强行业部门协同合作，构建部门协同推进机制，并统筹做好兜底保障和开发式帮扶的有机结合，积极引导多方力量参与，构建多元帮扶新格局，推进过渡期后农村低收入人口分层分类帮扶向常态化、制度化转型。

关键词： 农村低收入人口　分层分类帮扶　常态化帮扶

农村低收入人口的帮扶和发展问题，是推进共同富裕的突出短板。2020年，《中共中央　国务院关于实现巩固拓展脱贫攻坚成果同乡村振兴有效衔接的意见》正式提出设立巩固拓展脱贫攻坚成果同乡村振兴有效衔接五年过渡期，明确"健全农村低收入人口常态化帮扶机制"并"分层分类实施社会救助"。2021～2025年中央一号文件相继提出"加强农村低收入人口常

---

* 于元赫，经济学博士，中国社会科学院农村发展研究所助理研究员，研究方向为减贫与福祉。

态化帮扶""研究过渡期后农村低收入人口和欠发达地区常态化帮扶机制""推动防止返贫帮扶政策和农村低收入人口常态化帮扶政策衔接并轨""统筹建立农村防止返贫致贫机制和低收入人口、欠发达地区分层分类帮扶制度"等重大议题。党的二十届三中全会明确提出,要"完善覆盖农村人口的常态化防止返贫致贫机制,建立农村低收入人口和欠发达地区分层分类帮扶制度"。《乡村全面振兴规划(2024—2027年)》明确要求到2027年,农村低收入人口和欠发达地区分层分类帮扶制度基本建立。可见,农村低收入人口分层分类帮扶工作是持续巩固拓展脱贫攻坚成果和推进乡村振兴进程中的关键环节,将是一项长期任务。目前,全国低收入人口动态监测工作已取得积极进展,共识别出六大类8000多万低收入人口,其中,大部分集中在农村地区。因此,本报告以农村低收入人口为研究对象,梳理现阶段农村低收入人口分层分类帮扶的理论与实践进展,总结分层分类帮扶面临的主要现实挑战,进而提出相应的对策建议。

一 农村低收入人口分层分类帮扶的内涵与理论探索

分层分类帮扶作为精准治理的一种具体表现形式,是实现常态化帮扶中精准识别与精准施策的有效途径。当前,学术界已围绕农村低收入人口分层分类帮扶开展了一系列理论分析,为研究制定农村低收入人口界定标准、精准识别农村低收入群体奠定了坚实的理论基础。

(一)分层分类帮扶的内涵特征

分层分类帮扶是指在综合考虑农村低收入人口的困难程度、致困原因、个体需求和发展能力等因素的基础上,将帮扶对象合理地划分层次,进而分类别给予差异化、精准化的帮扶。不同层次的帮扶对象所匹配的帮扶措施各有侧重,帮扶力度也有所区分,有效地避免了"悬崖效应",从而构建起科学合理的梯度帮扶格局。具体的,可以从分层管理和分类施策两方面理解。

一是帮扶对象分层管理。分层指的是按照困难程度和致困原因将农村低收入人口划分为不同圈层。第一圈层是特困人员和低保对象。特困人员指符合"三无"条件的老年人、残疾人和未成年人，低保对象指家庭人均收入不足当地最低生活保障标准的家庭成员，这部分对象困难程度最深，属于绝对困难群体。第二圈层是低保边缘家庭。这部分对象家庭人均收入虽然高于低保标准，但低于低保标准的1.5倍或2倍，属于相对困难群体。第三圈层是刚性支出困难家庭。这部分对象的家庭人均收入低于上一年当地居民人均可支配收入，且存在医疗、教育等高额刚性支出负担，也属于相对困难群体。此外，还有防止返贫监测对象和当地政府认定的其他困难人员。

二是帮扶对象分类施策。分类指的是对不同困难类型的农村低收入人口给予差异化、精准化帮扶。对于第一圈层的低保对象和特困人员，着重保障其基本生活，提供必要的基本生活救助，并根据具体需求给予专项救助。对于第二、第三圈层的低保边缘以及刚性支出困难家庭，秉持"缺什么补什么"的原则，在医疗、教育、住房、就业等领域提供专项救助，满足其特定方面的需求。对于因突发性、紧迫性或灾难性困难而导致基本生活难以为继的群体，及时提供临时救助以及专项救助。对于有一定劳动能力、有发展产业或务工就业意愿的防止返贫监测对象和其他类型低收入人口，要注重培养其可持续发展能力，重点实施开发式帮扶，即通过产业和就业帮扶增强其增收能力。

（二）农村低收入人口的界定标准与规模测算

科学合理地制定农村低收入人口界定标准，精准识别农村低收入群体，是实现分层分类帮扶的关键基础。国内不少学者对农村低收入人口标准和规模进行过测算，大多利用全国层面的社会调查数据、全国防止返贫监测系统数据或国家统计局公布的居民收入五等分数据。然而，目前尚未形成统一的识别标准和测算方法，不同口径测算的结果各异。部分研究结果如表1所示。

表1 农村低收入人口界定标准和规模测算的部分研究

单位：亿人

代表性研究	数据来源	界定标准	农村低收入人口规模
林万龙等（2024）	2023年全国防止返贫监测系统数据	全国居民收入中位数的40%	0.64
		全国居民收入中位数的50%	1.12
		全国居民收入中位数的60%	1.41
李实等（2023）	CHIP2018	人均家庭收入低于世界人口收入中位数的67%	5.36
		国家统计局低收入家庭标准（三口之家年收入低于10万元）	
谭清香等（2023）		国家统计局低收入家庭标准（三口之家年收入低于10万元）	2.53
罗楚亮等（2022）		农村收入最低40%人群	—
沈扬扬等（2020）		全国居民收入中位数的40%	1.7
		全国居民收入中位数的50%	2.4
		全国居民收入中位数的60%	3.1
万广华等（2021）	2018年国家统计局居民五等分收入数据	全国居民收入/农村居民收入中位数的60%	3.25/1.36
高强等（2021）	2019年国家统计局居民五等分收入数据	农村低收入和中下收入组边界	1.08

资料来源：笔者根据相关文献中农村低收入人口界定标准和测算规模整理得出。

  总体而言，学者们对农村低收入人口界定标准大多采用相对贫困标准，即居民收入中位数的40%、50%、60%或67%，少数采用收入最低的20%、40%或中等收入下限作为界定标准。不同标准下测算的农村低收入人口规模差异悬殊，少则0.64亿人，多则5.36亿人。学者们的测算结果均有各自的合理性。综合学者研究结果，笔者建议，采用全国居民人均可支配收入中位数的40%作为农村低收入人口界定标准，此标准下的农村低收入人口规模大致为0.6亿~0.9亿人。

二 农村低收入人口分层分类帮扶的实践探索

农村低收入人口覆盖范围广、规模大、生计脆弱，相关帮扶工作无疑是一个长期且持续的过程。不同地区的农村低收入人口帮扶面临着不同的情况，为了更好地适应地方实际需求，各地方相继出台了低收入人口帮扶政策和实施意见，并对低收入人口的识别认定以及多元化、特色化的帮扶措施等方面开展了积极的实践探索。

（一）分层分类帮扶政策相继实施

2021 年 5 月，民政部出台《低收入人口动态监测和常态化救助帮扶工作指南（第一版）》（以下简称《指南》），明确了低收入人口界定范围，并规范了信息采集、动态监测预警流程及常态化救助帮扶机制的建设路径。2023 年 10 月，《国务院办公厅转发民政部等单位〈关于加强低收入人口动态监测做好分层分类社会救助工作的意见〉的通知》（以下简称"39 号文件"），就科学划定低收入人口认定标准和范围、强化动态监测预警体系建设以及推进分层分类救助帮扶工作作出具体部署。各地民政部门高度重视低收入人口分层分类帮扶工作，陆续颁布了配套政策、推进措施和实施方案，确保低收入人口分层分类帮扶工作有序开展、取得实效（见表 2）。

总体而言，部分省份的政策文件着重从四方面作出部署。首先，科学界定低收入人口范围。通过健全完善认定标准、办法及程序，有序推进低收入群体的精准识别工作。其次，强化动态监测机制建设。着力构建涵盖监测指标体系、功能模块设计、数据采集机制、部门信息共享及分类监测处置的监测网络，持续优化低收入人口动态监测信息平台及数据库建设。再次，构建分层分类救助帮扶体系。依据困难群体的困难程度、类型及急难需求，分层分类实施救助帮扶措施，形成"梯次缓坡"。最后，构建低收入人口分层分类帮扶的组织保障机制。强调不仅要强化组织领导、落实部门责任，还要加强部门间分工协作和监督管理。

表 2　部分省份低收入人口分层分类救助帮扶政策文件

省份	政策文件	颁布时间
甘 肃	《关于加强低收入人口动态监测做好分层分类社会救助工作的实施意见》	2023 年 11 月
内蒙古	《关于加强低收入人口动态监测做好分层分类社会救助工作的具体措施》	2024 年 1 月
安 徽	《关于加强低收入人口动态监测做好分层分类社会救助工作的实施意见》	2024 年 2 月
江 西	《关于落实低收入人口动态监测做好分层分类社会救助工作的实施意见》	2024 年 4 月
海 南	《关于切实做好低收入人口动态监测和分层分类社会救助工作十三条措施》	2024 年 5 月
山 东	《关于加强低收入人口动态监测做好分层分类社会救助工作的通知》	2024 年 5 月
青 海	《关于加强低收入人口动态监测做好分层分类社会救助工作构建多元参与"大救助"格局实施意见》	2024 年 5 月
辽 宁	《关于加强低收入人口动态监测做好分层分类社会救助工作的实施意见》	2024 年 10 月
重 庆	《关于加强低收入人口动态监测做好分层分类社会救助工作的通知》	2024 年 10 月
四 川	《关于加强低收入人口动态监测做好分层分类社会救助工作的实施方案》	2024 年 10 月
天 津	《关于加强低收入人口动态监测做好分层分类社会救助工作的实施意见》	2024 年 11 月
广 东	《关于改革创新体制机制健全社会救助体系的若干措施》	2024 年 12 月
江 苏	《关于健全分层分类社会救助体系加强低收入人口救助帮扶的实施意见》	2024 年 12 月

资料来源：部分省份民政部门网站公开发布的政策文件。

（二）低收入人口标准和范围差异化

当前，各地在实践操作层面对低收入人口的识别主要采取"实体性"办法。2021 年，《指南》中的低收入人口包括低保对象、特困人员、低保边缘等易返贫致贫人口、支出型困难人口和其他低收入人口等五类成员。2023年，39 号文件中进一步扩展了低收入人口范围，涵盖了低保对象、特困人员、防止返贫监测对象、低保边缘家庭成员、刚性支出困难家庭成员以及其他困难人员六类成员。可以说，目前低收入人口基本涵盖了各类社会救助对象和有潜在生活困难或风险的人员。从实践角度来看，这种识别方式在操作中具备便利性，能够解决各部门的实际问题。

总体来看，各地低收入人口范围基本遵循 39 号文件的框架，但在具体实践中表现出差异化特征（见表3）。首先，部分省份拓展低收入人口监测覆盖面，将更多潜在困难群体纳入动态监测体系。例如，浙江把低收入农户认定标准线与低保边缘户认定标准线"两线合一"，并将高于低保标准2~3倍的帮扶家庭成员纳入；海南将不符合低保、特困条件的申请对象，退出低保、特困供养不满两年的对象全部纳入；上海将近两年内申请临时救助的对象以及申请特困供养、低保、低保边缘、刚性支出困难家庭等未通过或终止救助的对象等统一纳入。其次，低保边缘家庭认定标准不一。江苏、新疆等地区把收入低于低保标准的1.5~2倍作为界定标准，浙江、广西和吉林则界定为2倍。最后，刚性支出困难家庭认定标准不一。刚性支出困难家庭的认定要考量家庭收入及财产状况，并明确教育、医疗等刚性支出占家庭总收入的比例要求。安徽、吉林、江苏、陕西、天津和云南等地区要求其占家庭总收入比例超过60%，新疆要求超过50%，广西、海南等地区要求收支相抵后收入低于当地低保标准的2倍，江西则要求占家庭总收入比例超过60%或收支相抵后收入低于当地低保标准的1.5倍。

表3 部分省份相关文件中对低收入人口的识别和范围

单位：元/月

省份	低收入人口识别和范围		2023年农村低保标准
	相同	差异	
江苏	低保对象、特困人员	低保边缘家庭(1.5~2倍)、刚性支出困难家庭(60%)、其他困难人员	794
浙江		低保边缘家庭(2倍)、帮扶家庭成员(2~3倍)、刚性支出困难家庭、其他困难人员	1149
天津		低保边缘家庭(1.5倍)、刚性支出困难家庭(60%)	1010
甘肃		防止返贫监测对象、低保边缘家庭(1.5倍)、刚性支出困难家庭(2倍)、其他困难人员	465
江西		防止返贫监测对象、低保边缘人口(1.5倍)、刚性支出困难家庭(60%或1.5倍)、其他困难人员	440
海南		低保边缘家庭、刚性支出困难家庭(2倍)、防止返贫监测对象;不符合低保、特困条件的申请对象,退出低保、特困供养不满两年的对象、其他困难人员	640

续表

| 省份 | 低收入人口识别和范围 | | 2023 年农村低保标准 |
	相同	差异	
广西	低保对象、特困人员	防止返贫监测对象、低保边缘家庭（2 倍）、刚性支出困难家庭（2 倍）、其他困难人员	566.7
吉林		防止返贫监测对象、低保边缘家庭（2 倍）、刚性支出困难家庭（60%）、其他困难人员	410
新疆		防止返贫监测对象、低保边缘家庭（1.5～2 倍）、支出型困难家庭（50%）、其他低收入人口	507
陕西		防止返贫监测对象、低保边缘家庭成员（1.5 倍）、刚性支出困难家庭成员（60%）	492

资料来源：部分省份民政部门网站公开发布的政策文件。

（三）帮扶措施的多元化、特色化

针对不同类型的低收入人口，根据其致贫缘由和个体需求提供多元化的帮扶措施是实现精准帮扶、高效帮扶的必然举措。39 号文件中对低收入人口如何分层、按什么标准分层以及如何分类实施救助作出了明确解释。从部分省份颁布的政策文件来看，在延续了 39 号文件中的六类帮扶措施外，一些地区结合实际情况提出了特色化的帮扶措施（见表4）。总体来看，多元化的帮扶措施主要有基本生活救助、专项社会救助、急难社会救助、服务类社会救助、其他救助帮扶和慈善帮扶。不同类型的低收入人口帮扶措施，应注重灵活搭配与组合。此外，辽宁省对农村有劳动能力、有发展产业或务工就业意愿的低收入人口，要求落实开发式帮扶措施；浙江省对低收入农户实施"一户一策"集成帮扶计划；安徽省提出充分发挥群众互助作用；重庆、广东和内蒙古提出推进防止返贫帮扶政策和社会救助政策衔接。综合来看，当前基本形成了以基本生活救助为基础，以医疗、教育、住房、就业、受灾等专项社会救助为支撑，以急难社会救助为辅助，以服务类和慈善救助为补充的综合性、多层次帮扶体系。

表4　部分省份相关文件中低收入人口帮扶措施

省份	多元化帮扶措施	特色化帮扶措施
江　苏	基本生活救助、专项社会救助、急难社会救助、服务类社会救助、其他救助帮扶、慈善帮扶	—
陕　西		—
山　东		—
广　东		推进防止返贫帮扶与社会救助政策有效衔接
重　庆		推进低收入人口常态化帮扶和防止返贫帮扶衔接
广　西		政府救助和社会慈善帮扶衔接
江　西		社保资助参保
安　徽		充分发挥群众互助作用
辽　宁		开发式帮扶
内蒙古		推进防止返贫监测帮扶与社会救助有效衔接

资料来源：部分省份民政部门网站公开发布的政策文件。

三　农村低收入人口分层分类帮扶面临的主要挑战

2025年是五年过渡期的关键之年，受复杂严峻的国际经济形势和多变易变的自然环境影响，农村低收入群体的返贫致贫风险呈现多样化、动态化特征，传统阶段性帮扶与精准治理需求之间的矛盾日益凸显。当前，中国农村低收入人口帮扶工作正处于从"政策兜底"向"发展赋能"转型的关键时期，建立农村低收入人口分层分类帮扶制度面临诸多现实问题与挑战。

（一）精准识别难度大，认定标准和认定办法有待完善

开展农村低收入人口分层分类帮扶工作，首先要明确帮扶对象。农村低收入人口的识别需要对其致困缘由和困难程度进行精准评估，这是实现分层分类帮扶的基础和前提。在地方实践操作过程中，精准识别农村低收入人口仍存在较大难度。

一是重要指标核算困难。收入是认定低收入人口的重要指标，但对于农村居民而言，其收入核算比城镇居民更加困难。一方面，农村居民收入来源

比较复杂，涵盖经营净收入、工资性收入、财产净收入和转移净收入等，工资性收入是主要增收来源。但因部分外出务工人员的工作时间不稳定、工资发放不及时等，难以进行精确统计。另一方面，农业生产经营极易受自然灾害、市场价格波动等因素影响，在收入核算过程中，难以实时、准确地反映这些动态变化。

二是重要指标认定标准不够清晰。民政部门和农业农村（乡村振兴）部门对于共同生活家庭成员、刚性支出、房产和车辆等家庭财产以及家庭纯收入等指标的认定标准存在一定差异，部分地区尚未制定可行的、更具针对性的认定办法。例如，农业农村（乡村振兴）部门认定的防止返贫监测对象人均纯收入包含农村基本养老金和家庭理赔，没有明确具体豁免项目和扣减内容；而民政部门对低收入人口的认定明确了多项豁免条件，对扣减有具体项目和标准。

三是对住房和饮水安全作为核心指标的考量不同。农业农村（乡村振兴）部门认为依靠自身力量难以解决住房和饮水问题的，被视为存在返贫致贫风险，均要纳入防止返贫监测对象；而民政部门对存在住房和饮水安全的困难家庭，会先认定为专项救助对象，然后再给予专项救助帮扶。

（二）部门协同机制不健全，资源共享和整合存在困难

农村低收入人口帮扶工作涉及民政、教育、人力资源社会保障等多个部门，在实际帮扶工作中，各部门存在信息流通不畅、工作碎片化等问题。部门协同机制尚不健全，是制约分层分类帮扶工作精准、高效、常态化开展的关键因素。

一是部门责任与目标分散。在当前的社会救助与帮扶体系中，各部门职责分工明确。民政部门主管低收入人口的认定、监测及常态化救助帮扶工作，具体涵盖低保、特困和临时救助；农业农村（乡村振兴）部门则着力完善防止返贫动态监测机制以及产业、金融惠农帮扶；教育、人力资源社会保障、住房城乡建设、医保等部门分别负责各自领域内的专项救助工作。然而，这种多部门分头实施帮扶的模式也存在不足。一方面，政策资源碎片化

现象较为突出，缺乏有效的整合与协同，降低了整体的执行效率。另一方面，各部门沟通不畅，难以形成最大合力，导致基层工作者在实际操作中面临诸多困难，不仅需要熟悉和掌握不同部门的政策要求，还要在协调过程中耗费大量时间和精力。

二是信息资源分散。缺乏跨部门的数据共享和协同合作，致使信息资源分散。过渡期内不同部门的信息系统保持各自独立，数据实时共享环节衔接不流畅。以民政部门和农业农村（乡村振兴）部门为例，两个部门各自都建立了特定的信息平台（低收入人口动态监测平台和防止返贫动态监测信息系统），两套系统的监测指标、数据格式、技术标准等均不同，导致难以实现部门间信息资源共享。

三是缺乏统一的协调工作机制。目前，对于农村低收入人口分层分类帮扶工作仍缺乏强有力的统一协调机制。尽管 39 号文件中要求相关部门各司其职、主动作为，协同配合、齐抓共管，但当前部门间协同配合的长效机制尚不健全，信息共享和政策衔接存在障碍。若缺乏强有力的高位推动以及绩效考核的要求，部门间可能会出现推诿扯皮等问题。这些潜在问题可能会进一步阻碍各部门协同推进，进而削弱帮扶工作的整体成效。

（三）动态监测体系不完善，数字化、智能化能力不足

动态监测是农村低收入人口帮扶的关键环节，其精准性和时效性直接关系到帮扶政策的有效落实和巩固拓展脱贫攻坚成果的可持续性。因为各地低收入人口的认定标准、预警指标、数据共享等存在差异，往往服务于当地需求。部分城市先行探索，在当地搭建了低收入人口动态监测平台，但目前仍存在动态监测体系不完善，数字化、智能化能力不足等问题。

一是动态监测信息平台不完善。尽管国家层面的低收入人口动态监测平台已初步建成，但很多地区的动态监测信息平台仍处于搭建过程中。一方面，民政部门和农业农村（乡村振兴）部门的两大信息系统连接终端尚未建立，有的地区还未将防返贫监测对象全部录入低收入人口动态监测平台；另一方面，一些地区省、市、县级的监测平台未按照统一标准建设使用，涉

及多部门间的数据交换通道尚未完全打通，实际运行过程中存在与省级数据连接终端对接困难、部门数据衔接不流畅等问题。

二是数字化、智能化应用能力有待提高。欠发达的农村地区数字化基础设施建设相对薄弱，限制了数字化监测工具的应用。一方面，许多基层工作人员对数字化监测平台操作还不熟悉，缺乏相关技能培训，一些年龄较大的农户不会使用智能手机，自主申报能力弱，数据采集仍依赖基层干部入户走访，效率低且容易出现误差。另一方面，一些地区因资金不足、技术不成熟，尚未开发多维度、智能化的动态预警监测功能和模型，主动发现"潜在"困难对象的"事前预防"能力不足，紧急处置预警能力较弱。

（四）保障与发展功能整合不足，低收入农户增收压力较大

辽宁、重庆、内蒙古等地区出台的政策文件中关注到政策功能的统筹衔接，使兜底保障和开发式帮扶等政策针对包括防止返贫监测对象在内的低收入人口进行分层治理、分类施策，然而在政策统筹实施中，对于保障和发展功能的整合和发挥未给予充分重视。

一是保障与发展功能不均衡。在政策实施与资源分配上，大量资源集中于保障低收入人口的基本生活需求，如提供低保、特困救助等兜底保障措施，满足最基本的生活需求。民政部数据显示，截至2024年6月，全国农村低保人数达3388.5万人，农村低保平均标准为567.2元/月，特困人员471.9万人。然而，大部分地区未明确发展性帮扶的政策举措，致使部分农村低收入人口发展需求被忽略。低保、特困人员等群体需要兜底保障以维持生活，也需要发展性帮扶以发展；对于有劳动能力的低收入农户在落实开发式帮扶外，也需要保障性帮扶以稳固基础。

二是产业帮扶效能不足。基层政府是产业帮扶的主体，预测市场并承担市场风险能力较弱，也欠缺较强的经营管理能力。部分地区引进的产业项目与当地资源不匹配，或者项目难度过大，联农带农机制不健全，低收入农户难以参与，影响了产业帮扶效果的可持续性，造成了大量的闲置资产。

三是低收入农户增收压力大。目前，衔接资金的使用范围有明确要求和

限制，包括中央、省级帮扶政策和衔接资金，只覆盖了防止返贫监测对象和脱贫户。而对于有劳动能力、有发展产业或务工就业意愿的其他类型农村低收入人口也需要通过产业、就业帮扶实现自身造血摆脱困境。一些地区低收入人口的增收有考核指标，比如杭州市要求每年增收10%，而低收入人口中90%以上为农村人口，考核压力较大。农村居民收入稳定性差，促进低收入农户增收主要是在有限产业基础上建立更紧密的利益联结机制，但效果并不突出。

（五）财政资金面临较大压力，多元力量协同参与不足

在农村低收入人口分层分类帮扶制度的构建与完善进程中，财政资金的持续稳定投入与多元力量协同参与是两大关键支撑点。随着低收入人口覆盖范围扩大、帮扶标准提高以及帮扶对象需求多样化，分层分类帮扶面临着财政资金压力大与社会力量参与不足的双重困境。

一是财政资金负担沉重。过渡期后要建立的是应对农村低收入人口问题的常态化帮扶机制，为了保持政策的稳定性与延续性，各级财政面临着较大压力。首先，在基本生活保障方面，如低保、特困人员等，需要按时足额发放救助金，随着救助标准逐步提高和物价上涨等，财政支出不断增加。其次，在教育、医疗、住房、受灾等专项救助和特色型的服务类救助领域，同样需要大量资金支持。近几年不少省份的财政状况处于紧平衡状态，尤其区县一级面临更大的财政负担。

二是多元力量协同机制缺失。政府主导、多元主体有机协同是推进分层分类帮扶体系常态化、可持续发展的根本保证。农村低收入人口帮扶工作需要政府、非政府组织、社会工作机构、企业和社区等多元力量协同合作，但目前存在救助资源供需不匹配、救助力量参与不充分等问题。首先，一些社会组织虽有专业的帮扶项目和资源，但缺乏与政府救助的衔接合作机制，信息不对称，难以精准匹配对接农村低收入人口的实际需求。其次，部分企业有意愿通过产业投资、就业帮扶、捐赠等方式参与帮扶，但缺乏清晰的政策引导和对接平台，难以有效开展帮扶行动。最后，社会力量参与帮扶的激励

机制不完善。从政策层面来看，虽然国家出台了一些税收优惠政策鼓励企业和社会组织参与帮扶，但政策力度相对有限，对企业和社会组织的吸引力不大。

四 建立农村低收入人口分层分类 帮扶制度的对策建议

建立农村低收入人口分层分类帮扶制度，既是守牢不发生规模性返贫底线的现实需要，也是推进乡村全面振兴和实现共同富裕的必然要求。针对目前所面临的一些问题和挑战，本报告进一步提出相应的对策建议，以推动过渡期后农村低收入人口分层分类帮扶体系向常态化、规范化、制度化转型。

（一）注重数字赋能，提高低收入人口动态监测能力

各省份依据各地实际需求，正在推进全国防止返贫监测系统和低收入人口动态监测信息平台两大信息系统的衔接并轨，扩展低收入人口动态监测信息平台的功能。以海量信息为载体的数字技术的发展，为分层分类精准帮扶提供了技术支撑。在此背景下，需要进一步深化数字化改革，迭代升级省级低收入人口动态监测平台信息系统，推动各省份与国家社会救助信息系统有效对接，为快速预警、精准识别、高效救助、综合帮扶提供支撑。

一是建立健全低收入人口精准识别机制。精准识别低收入人口的前提是构建一套可量化、可操作且科学的多维指标体系，该体系应综合低收入人口的收入认定标准与致贫返贫风险因素。各地要立足于本地实际情况，因地制宜地设定低收入人口收入监测基线，并结合潜在的返贫致贫风险，从教育、住房、医疗、财产等维度分别制定核算标准，科学构建农村低收入人口的识别认定体系。

二是完善低收入人口动态监测和预警机制。结合农村低收入人口的特点和返贫致贫风险，运用大数据、人工智能、机器学习等技术，科学设置多维度、全方位的预警指标，建立分级分类预警体系。对于超过阈值的监测指标

要建立预警信息快速响应与处置机制，并对处置情况进行跟踪和反馈，及时将救助帮扶信息反馈给民政部门。同时，通过智能化监测系统对帮扶效果进行跟踪评估和动态监管，根据评估结果及时调整帮扶策略。通过数字化监督加强帮扶对象信息的数据核查比对和动态管理，推进帮扶对象的动态调整和及时更新。

三是拓展低收入人口动态监测平台功能。首先，将各部门涉及农村低收入人口的相关数据统一口径，整合到监测平台，并建立数据共享交换机制，明确数据共享的内容、方式、更新频次和安全责任等。其次，开发决策支持模块，基于人工智能、云计算等数据分析结果，为政府部门提供政策调整、资源分配等方面的决策建议。最后，开发手机软件或微信小程序等移动端应用，方便农村低收入人口随时随地查询自己的信息、申请救助、反馈需求、提供个性化的服务功能等。

（二）构建部门协作推进机制，统筹优化各类帮扶资源

农村低收入人口分层分类帮扶涉及十几个部门，部门之间协调配合是否密切，关系到帮扶政策的贯彻落实效果。当前存在信息孤岛、政策碎片化等问题，需要进一步完善各部门的协调工作机制，避免权责不明、推诿扯皮现象。

一是加快建立部门协作推进机制。健全完善党委领导、政府负责、民政牵头、部门协同的工作机制。在省、市、县层面成立各级农村低收入人口分层分类帮扶工作专班，由省、市、县主要领导担任组长，民政部门和农业农村（乡村振兴）部门负责人为副组长，其他有关部门负责人为专班成员，统筹推进帮扶政策体系衔接。在具体工作中，民政部门负责农村低收入人口认定、监测以及社会救助帮扶工作，农业农村（乡村振兴）部门负责完善防止返贫动态监测和产业帮扶工作，人社部门负责就业帮扶工作，其他部门各司其职，形成上下联动、齐抓共管的合力推进机制，确保分层分类帮扶政策落地落实。

二是完善部门联席会议制度。部门联席会议制度是充分发挥工作专班领

导小组协调作用的重要保障。首先，定期召开部门联席会议，各部门汇报工作进展、存在问题以及需要协调解决的事项，共同商讨解决方案，制定下一步工作计划。其次，完善部门间密切配合、相互协作、信息共享、齐抓共管的联动机制，打破部门壁垒，及时研究商讨解决改革过程中的重大问题，进一步强化工作力量、资源和政策方面的统筹协调。

三是统筹优化各类帮扶资源。对人力、财力和信息资源进行统筹优化是提高分层分类帮扶效率的重要基础。首先，统筹优化人力资源。在基层实践中，推动建立镇级低收入人口综合救助服务中心，并将镇、村级的乡村振兴专干与民政社会救助协理员进行职能整合，统一为低收入人口帮扶专干，以此实现基层网格员"二网合一"。其次，统筹优化资金资源。为缓解中央和省级财政衔接资金使用范围的局限性，可以设立防止返贫帮扶和农村低收入人口常态化帮扶"两项政策"的衔接并轨专项资金，并适当扩大资金使用范围。最后，统筹优化信息资源。在数据采集阶段，推动农户信息"一张表"全覆盖，并对数据格式、编码、单位、字段定义等进行统一规定，明确数据存储、管理、使用和共享要求，确保多源数据准确对接和融合，实现防止返贫监测对象和其他类型低收入人口数据"两库合一"。

（三）统筹兜底保障与开发式帮扶，促进双重功能有机结合

兜底保障是分层分类帮扶体系的基础性功能，是守住不发生规模性返贫致贫底线的根本任务。实施脱贫攻坚以来，兜底保障对消除绝对贫困贡献巨大，但对于解决新发展阶段的相对贫困问题捉襟见肘。对于不同类型的农村低收入群体，要坚持分层分类、精准帮扶的原则，统筹做好兜底保障和开发式帮扶工作，将守底线、促发展的双重功能有机结合起来。

一是健全社会保障机制，兜住基本生活。对于能力不足或无劳动能力的老弱病残群体，以及存在返贫致贫风险和遭遇突发严重困难的重点群体，应扎实开展常态化防止返贫致贫监测帮扶工作。首先，做好重点群体的持续跟踪，借助监测平台和大数据技术，动态评估和预警其风险状况，将潜在风险

解决在萌芽阶段。其次，统筹发挥低保、特困救助、医疗保险、养老保险的兜底保障作用，将符合条件的全部纳入农村低保或特困救助范围，并按照风险成因及时给予专项救助、临时救助和服务类救助等。最后，结合经济发展和居民收入消费水平，稳步有序提高低保标准，动态调整救助"底线"，进一步发挥社会保障"稳定器"作用。

二是完善产业帮扶体系。一方面，结合农村低收入人口家庭特征、乡村空间资源、特色产业资源和文化资源，因地制宜发展适合家庭经营的产业项目，如庭院经济、林下经济、民宿经济，并提供信贷资金和技术支持，促进农村一二三产业融合发展。另一方面，建立农产品产销对接和利益联结机制，通过电商平台、网络直播、政府购买等渠道加大消费帮扶力度，确保低收入人口共享产业发展成果。例如，杭州市建成戴村"映山红"、运河"奶奶工坊"、凤联"桃农直播"等"幸福增收基地"近百家，帮助1000户低收入家庭增收2000余万元。

三是完善就业创业服务体系。建立和完善农村低收入人口的就业创业支持与保障制度，进一步破除户籍、行业和职业壁垒。对于有劳动能力、有就业意愿且处于失业状态的低收入家庭成员，在劳务输出和创造就近就业机会等方面要予以倾斜。一方面，利用区域劳务协作、交通补助、创业补助等工作机制稳定劳务输出规模；另一方面，完善帮扶车间、以工代赈和公益性岗位，优先吸纳当地低收入人口，并适当提高补助标准、延长补贴期限，着力提升其就业质量和工资水平。

四是强化人力资本投入。提高人力资本是增强农户发展能力和内生动力的重要机制。一方面，继续加大对农村人力资本的投资力度，加大对农村儿童的营养支持力度，全面普惠学前教育，持续推动高中阶段免费教育，加大"雨露计划+"和国家助学金支持力度，稳步提高农村低收入人口受教育水平。另一方面，加强劳动力技能培训，包括订单培训、定岗培训、实用技术培训等，适应产业升级对劳动力技能的需求，提高技能培训的针对性和时效性，激发低收入劳动力内生发展动力。

（四）积极引导多方力量参与，构建多元帮扶新格局

政府主导、多元力量协同参与是推动社会救助帮扶体系高质量、可持续发展的重要保障。过渡期后，农村低收入人口分层分类帮扶由"阶段性"向"规范化""制度化"转型，需要积极引导多方力量参与，在慈善救助和政府购买的服务救助中充分发挥作用，从而构建稳定、有效、常态化的多元支持体系。

一是厘清各主体责任。首先，明确帮扶过程中各主体责任边界。政府作为农村低收入人口帮扶的主导力量，在资金投入上要给予充分保障，进一步优化资金分配结构，将资金重点投向产业发展、就业扶持、社会保障等关键领域。其次，制定针对社会力量的优惠政策。例如，对于社会组织，加大政府购买服务的力度，将部分适合社会组织承担的帮扶项目委托给他们实施，并给予相应的资金支持。最后，充分发挥各主体自身优势。例如，企业和非政府组织在就业和资金等方面具有优势，应承担提供就业机会、专业化服务、募集资金和整合资源等职责。社会机构应发挥专业特长，负责帮扶项目的实施和具体运作。

二是搭建社会帮扶信息平台。搭建社会帮扶信息平台是促进社会力量参与的重要手段。一方面，政府要建立本地区帮扶资源项目清单，完善帮扶对象需求摸排、帮扶服务联络、帮扶结果评价等工作机制，增强社会救助服务供给能力。另一方面，完善社会资源与政府平台对接机制，社会力量可以根据平台信息，选择适合自己的帮扶对象和项目进行对接，提高帮扶的精准度和效率。

三是规范管理社会力量。为保障社会帮扶工作规范有序开展，要加强对社会帮扶力量的规范管理和监督评估。首先，建立社会帮扶组织和个人的登记备案制度，对参与帮扶的主体进行资格审查。其次，制定帮扶项目的实施标准和流程规范，要求帮扶主体按照标准开展帮扶活动。最后，定期对帮扶项目的实施情况进行监督检查，及时发现问题并督促整改，保障社会帮扶的质量和效果。

参考文献

林万龙、张莉琴、朱雅琼：《以共同富裕为导向的农村低收入人口标准制定：国际经验及政策取向》，《延边大学学报》（社会科学版）2024 年第 6 期。

王小林、金冉：《以共同富裕为导向的分层分类帮扶制度设计：基于精准治理视角》，《延边大学学报》（社会科学版）2024 年第 6 期。

张浩淼：《乡村振兴背景下统筹防止返贫和低收入人口帮扶政策：逻辑因应与实现路径》，《贵州社会科学》2024 年第 5 期。

林闽钢：《低收入人口常态化帮扶的整体性治理——基于"两项政策"衔接并轨突破口选取的考察》，《行政论坛》2024 年第 4 期。

谭清香、檀学文、左茜：《共同富裕视角下低收入人口界定、测算及特征分析》，《农业经济问题》2023 年第 10 期。

李实、史新杰、陶彦君等：《以农村低收入人口增收为抓手促进共同富裕：重点、难点与政策建议》，《农业经济问题》2023 年第 2 期。

罗楚亮、梁晓慧：《农村低收入群体的收入增长与共同富裕》，《金融经济学研究》2022 年第 1 期。

高强、曾恒源：《中国农村低收入人口衡量标准、规模估算及思考建议》，《新疆师范大学学报》（哲学社会科学版）2021 年第 4 期。

万广华、胡晓珊：《中国相对贫困线的设计：转移性支出的视角》，《财政研究》2021 年第 6 期。

沈扬扬、李实：《如何确定相对贫困标准？——兼论"城乡统筹"相对贫困的可行方案》，《华南师范大学学报》（社会科学版）2020 年第 2 期。

G.14
乡村数字经济的发展成效、
挑战与对策建议

李 艳*

摘 要： 发展乡村数字经济对提升农业全要素生产率、促进乡村产业转型和农民增收意义重大，是推动乡村全面振兴和发展农业新质生产力的关键路径。近年来，中国乡村数字经济相关政策体系不断完善，乡村信息基础设施向数字化加速升级，乡村数字经济规模持续扩大，乡村数字经济模式不断创新。当前乡村数字经济发展仍然面临数字基础设施覆盖不均与配套薄弱、产业融合浅层化与应用场景创新不足、乡村数字人才短缺叠加农民数字素养不足、数据孤岛与要素流通梗阻等挑战。进一步推动乡村数字经济发展应强化数字基建普惠覆盖，夯实乡村数字经济发展根基；推进乡村产业的深度融合与数字化转型，释放数字经济乘数效应；加强乡村数字化人才的"引"和"育"，破解人力资本瓶颈；打通数据要素流通堵点，构建全域协同生态。

关键词： 乡村数字经济 产业融合 智慧农业 农村电商

随着数字技术的不断创新及其在农业农村的应用，乡村数字经济应运而生并迅速发展，成为乡村振兴战略的重要引擎。2023年12月，国家发展改革委和国家数据局印发《数字经济促进共同富裕实施方案》，明确指出深入

---

* 李艳，管理学博士，中国社会科学院农村发展研究所助理研究员，主要研究方向为农业农村信息化、农村电子商务。

发展"数商兴农"，数字经济在促进共同富裕方面具有积极作用，是推动实现共同富裕的重要力量。中共中央、国务院印发《乡村全面振兴规划（2024—2027年）》，提出加快数字乡村建设。2025年中央一号文件，再次强调将实施数字乡村强农惠农富农专项行动作为拓宽农民增收渠道以及壮大县域富民产业的重要内容。发展乡村数字经济是破解传统农业发展困境、加速城乡资源要素流动、推进农业农村现代化的重要路径，也是发展农业新质生产力和推动乡村全面振兴的战略选择。本报告主要分析了乡村数字经济的发展成效以及乡村数字经济发展中面临的挑战，并基于此提出进一步推动乡村数字经济发展的总体思路和对策建议。

一　乡村数字经济的发展成效

近年来，在政策支持与技术赋能下，乡村数字经济正加速融入农业农村发展全局，相关政策体系不断完善，数字基础设施建设加速升级，农村电商、智慧农业、数字化服务等乡村数字经济规模持续扩大，创新模式不断涌现，为乡村振兴注入新动能。

（一）乡村数字经济相关政策体系化建设与精准度提升并进

中国乡村数字经济的顶层设计不断完善，针对乡村数字经济重点领域的专门政策相继出台。以往涉及乡村数字经济的相关内容，如数字农业、乡村信息化，大多作为中央一号文件或乡村振兴战略部署中的一部分出现。2019年以来，《数字乡村发展战略纲要》《数字乡村标准体系建设指南》等纲领性文件明确了数字基建、智慧农业等重点方向，政策精准度显著提升。2023年12月，国家发展改革委、国家数据局发布《数字经济促进共同富裕实施方案》，提出加快乡村产业数字化转型步伐。在重点领域，2024年，关于乡村数字经济的政策文件频出，政策体系加快完善。伴随"数商兴农"工程的推进，2024年3月，商务部等九部门出台《关于推动农村电商高质量发展的实施意见》，推动直播电商规范化发展，促进高效农村电商生态圈构建。4月，中央

网信办等六部门发布《数字乡村建设指南2.0》，7月公布第二批国家数字乡村试点地区名单，目前已公布两批共68个试点。6月，文化和旅游部推出"乡村旅游数字化提升行动"。10月农业农村部发布《全国智慧农业行动计划（2024—2028年）》，引导物联网、区块链技术应用于智慧农业领域。

表1 2020年以来中国乡村数字经济的相关代表性政策梳理

发布时间	发布部门	文件名称	相关内容
综合性政策			
2024年2月	中共中央、国务院	《关于学习运用"千村示范、万村整治"工程经验有力有效推进乡村全面振兴的意见》	实施农村电商高质量发展工程。持续实施数字乡村发展行动，发展智慧农业。加强涉农信息协同共享
2023年12月	国家发展改革委、国家数据局	《数字经济促进共同富裕实施方案》	加快乡村产业数字化转型步伐。深入实施数字乡村发展行动，以数字化赋能乡村振兴。深入发展"数商兴农"
2022年2月	国务院	《"十四五"推进农业农村现代化规划》	发展乡村新产业新业态，加快农村电子商务发展。加快数字乡村建设，发展智慧农业
2022年2月	中共中央、国务院	《关于做好2022年全面推进乡村振兴重点工作的意见》	实施"数商兴农"工程，推进电子商务进乡村。促进农副产品直播带货规范健康发展
2020年1月	中共中央、国务院	《关于抓好"三农"领域重点工作确保如期实现全面小康的意见》	加快现代信息技术在农业领域的应用。开展国家数字乡村试点。扩大电子商务进农村覆盖面
数字乡村相关政策			
2024年4月	中央网信办、农业农村部等六部门	《数字乡村建设指南2.0》	加快乡村信息基础设施延伸拓展，协同推进传统基础设施数字化升级。促进农村电商高质量发展，大力发展农村数字普惠金融
2022年8月	中央网信办等四部门	《数字乡村标准体系建设指南》	乡村产业数字化标准建设，主要包括农村电子商务、乡村智慧旅游、农村数字金融等标准
2022年1月	中央网信办等十部门	《数字乡村发展行动计划（2022—2025年）》	数字基础设施升级行动，智慧农业创新发展行动，新业态新模式发展行动，网络帮扶拓展深化行动

发布时间	发布部门	文件名称	相关内容
数字乡村相关政策			
2020 年 5 月	中央网信办等四部门	《2020 年数字乡村发展工作要点》	推动乡村数字经济发展
数字农业、智慧农业相关政策			
2024 年 10 月	农业农村部	《全国智慧农业行动计划(2024—2028 年)》	实施智慧农业公共服务能力提升行动,全面启动智慧农业公共服务能力提升、智慧农业重点领域应用拓展、智慧农业示范带动
2023 年 6 月	农业农村部等四部门	《全国现代设施农业建设规划(2023—2030 年)》	引入人工智能、机器学习等新一代信息技术和工业智能装备,开展跨学科协同攻关一批前瞻性、引领性技术,解决制约设施种植业发展的重大关键和共性技术问题
2021 年 12 月	农业农村部	《"十四五"全国农业农村科技发展规划》	发展智慧农业,推动全产业链数字化,夯实大数据基础,建设数字乡村,缩小城乡数字鸿沟
2019 年 12 月	农业农村部、中央网信办	《数字农业农村发展规划(2019—2025 年)》	加快生产经营数字化改造,实施"互联网+"农产品出村进城工程,推动人工智能、大数据赋能农村实体店,全面打通农产品线上线下营销通道
数字商务、农村电子商务相关政策			
2024 年 4 月	商务部	《数字商务三年行动计划(2024—2026 年)》	实施农村电商高质量发展工程,培育一批农村电商直播基地和县域数字流通龙头企业,推动农产品产业链数字化转型。培育一批区域特色网络品牌
2024 年 3 月	商务部等九部门	《关于推动农村电商高质量发展的实施意见》	搭建多层次农村电商综合服务平台,培育多元化新型农村电商主体,提高农村电商产业化发展水平
数据建设相关政策			
2023 年 12 月	国家数据局等十七部门	《"数据要素×"三年行动计划(2024—2026 年)》	加快打造以数据和模型为支撑的农业生产数智化场景,实现精准种植、精准养殖、精准捕捞等智慧农业作业方式
数字基建相关政策			
2023 年 12 月	工业和信息化部等十三部门	《关于加快"宽带边疆"建设的通知》	加强乡村宽带网络建设。加快农村人口聚居区宽带网络升级,有序推进生产作业区宽带网络覆盖

（二）乡村信息基础设施数字化建设从"广覆盖"向"深应用"加速升级

乡村信息基础设施正从"广覆盖"向"深应用"转变，同时加速向数字化基础设施升级。在信息基础设施方面，截至2024年，中国已实现100%的乡镇、90%以上的行政村通5G[①]，基本实现县县通千兆、乡乡通5G。截至2024年12月，中国农村网民规模达3.13亿人，占网民整体的28.2%，农村地区互联网普及率为67.4%，同比提升0.9个百分点[②]；全国农村宽带用户总数达2亿户，全年净增790.5万户。在数据建设方面，2023年10月成立农业农村部数据标准化技术委员会，构建统一的农业农村数据标准体系，为涉农数据共享交换提供遵循。截至2024年9月，农业农村部大数据发展中心初步形成大数据"资源池"，汇聚了海量涉农数据，包括全国约11.07亿块农村承包地、96万个农村集体经济组织、9亿成员、400万家庭农场等数据，"全农码"累计赋码22.76亿个[③]。推动通用数据产品陆续在省市县落地，"农事直通"App服务主体达106万个。在配套设施方面，目前全国设立3000个县级电商公共服务中心、物流配送中心，15.8万个村级电商服务站点。此外，《数字乡村建设指南2.0》《全国智慧农业行动计划（2024—2028年）》等一系列政策的发布和落地，将进一步推动5G在农业农村领域应用，以及IPv6在乡村信息基础设施中的部署与应用。协同推进传统基础设施数字化升级，为深入实施智慧农业，促进跨域数据共享，加速农业与文旅、电商等产业的融合提供有力支撑，形成"数据+特色资源"的新型增长极。未来乡村数字基础设施将不仅是技术载体，更成为激活土地、

---

① 中华人民共和国工业和信息化部：《加速通信网络建设，弥合农村地区"数字鸿沟"——工业和信息化部高质量办理代表建议》，https：//wap.miit.gov.cn/xwfb/mtbd/wzbd/art/2024/art_ c201630dc5c44ab8adbb2631d4f8e4d4.html，2024年12月9日。

② 中国互联网络信息中心：第55次《中国互联网络发展状况统计报告》，2025年1月17日。

③ 《第二批"数据要素×"典型案例之一 | 打造农业农村大数据平台 有效支撑农业强国和乡村振兴建设》，http：//www.scs.moa.gov.cn/gzdt/202409/t20240911_ 6462374.htm，2024年9月11日。

劳动力、资本等传统要素的"连接器"，通过数据资产的规模化运营，推动乡村经济从"流量红利"迈向"价值红利"。

（三）数字经济量质齐升，助推乡村产业增长

乡村数字经济规模在政策赋能与市场驱动的叠加效应下快速增长，智慧农业、农村电商、数字文旅等核心领域形成规模扩张与技术迭代的双向互促，持续释放农业农村现代化发展的增量空间。

1. 智慧农业正步入高速增长期，成为驱动乡村数字经济发展的重要引擎

智慧农业增长迅速，2022 年中国农业生产信息化率达到 27.6%，2020~2024 年，智慧农业企业数量从不足 2.1 万家激增至 8.3 万家，年复合增长率达 37.5%。2024 年新增企业 1.9 万家，同比增长 29.3%，市场规模突破 924 亿元，同比增长 11.86%①。农业农村部启动实施《全国智慧农业行动计划（2024—2028 年）》，聚焦技术应用、数据整合与生态构建三大行动，加速产业升级。

2. 农村电商稳步发展，直播电商模式增长强劲

农村电商通过模式创新与业态升级，已成为驱动乡村数字经济增长的核心动力。商务部数据显示，中国农村网络零售额从 2015 年的 0.35 万亿元跃升至 2023 年的 2.49 万亿元，2024 年同比增长 6.4%（见图 1），其中农产品网络零售额增速达 15.8%②。直播电商成为关键增量引擎，例如陕西岚皋县，通过直播带货展示地域文化和特色产品，2024 年 1~11 月实现线上销售额 4.26 亿元、网络交易额 7.25 亿元，间接带动超过 2500 名农户增收。③ 2023 年 9 月

---

① 《2024 年我国智慧农业相关企业突破 8.3 万家》，《农民日报》2025 年 2 月 15 日，https：//szb. farmer. com. cn/nmrb/html/2025/20250215/20250215_ 4/nmrb_ 20250215_ 12935_ 4_ 1890524774226038857. html。

② 中华人民共和国商务部新闻办公室：《商务部消费促进司负责人谈 2024 年 12 月我国消费市场情况》，https：//www. mofcom. gov. cn/xwfb/sjfzrfb/art/2025/art_ 7cbe60243e0c486191d459b73dadb32a. html，2025 年 1 月 23 日。

③ 《陕西岚皋：搭乘"电商快车"农产品火热"云"销》，新华网，2025 年 1 月 8 日，http：//sn. news. cn/20250108/c4b1d71571494fcb9a1f36ab0084eca9/c. html。

至 2024 年 9 月，抖音平台直播间农特产商品讲解总时长达 3825 万小时，货架场景带动农特产商品销量同比增长 60%①。农村电商正从"流量驱动"向"价值驱动"转型，成为乡村振兴的关键增长极。"数商兴农"工程推动基础设施下沉与生态构建，促进县域数字乡村平台整合产供销数据，形成差异化竞争格局。

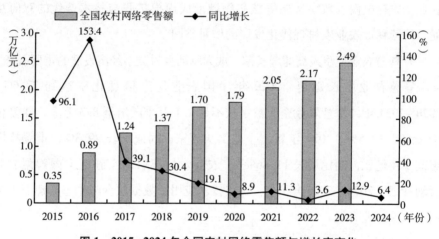

图 1　2015~2024 年全国农村网络零售额与增长率变化

资料来源：中华人民共和国商务部。

3. 数字化服务跨界融合，激活乡村旅游与普惠金融新动能

数字化技术赋能乡村旅游和普惠金融，成为激活乡村资源价值的重要路径。在文旅领域，"数字化+乡村旅游"成为数字技术与乡村资源融合的新业态。2023 年，"美好乡村等你来"数字提升行动覆盖全国 1138 个县域超 2 万个乡村文旅经营主体，累计交易额超 45 亿元，直接带来的乡村游客数量近 2000 万人次。AR、VR、元宇宙等技术与乡村生态资源深度融合，推动传统旅游业向沉浸式体验升级。例如，河南栾川县重渡沟景区通过数字化改造，打造"云上栾川"智慧文旅平台，游客可通过 AR 导航实时获取生态导

---

① 《抖音电商发布助农数据：日均发出 1740 万个农特产快递包裹》，中国日报中文网，2024 年 9 月 13 日，https://cn.chinadaily.com.cn/a/202409/13/WS66e40990a310a792b3abc145.html。

览信息，2023 年游客量增长 35%，旅游收入突破 12 亿元①。

在普惠金融领域，数字技术正重塑农村金融供给模式。《2024 年数字乡村发展工作要点》明确推动"金融科技+农业产业链"协同，数字技术通过大数据分析和人工智能算法，显著提升了金融服务的效率和精准度。例如，句容农商银行依托金融科技与大数据技术，开发了"数字乡村"平台，为乡村治理和普惠金融提供支持②。河南汝州农商银行通过线上贷款平台，实现一次扫码、自助申请、随用随贷、自助还款，截至 2024 年 11 月底，该行线上小额贷款累计授信 4.46 万笔，授信金额 30.39 亿元③。数字技术也在涉农贷款风险管理中发挥了重要作用，例如，阳光财险通过"牛脸识别"技术，解决了传统养殖业保险中标的识别的难点④。此外，农村金融机构通过与科技公司、电商平台、农业科技公司等合作，构建开放的金融生态系统，为乡村经济注入可持续的增长动力。

（四）数字技术赋能乡村经济模式持续创新

乡村数字经济模式正从单一业态向生态化和虚实融合方向发展，推动产业链价值重构与要素整合。共享经济与数据要素市场化成为创新方向，例如，浙江安吉县推出"数字认养茶园"，消费者通过 App 实时查看茶树生长状态，带动亩均收益增长 200%，形成"生产—消费"的共享农业模式⑤。数字技术与实体经济的融合催生新业态、新模式，例如，浙江省德清县通过

---

① 《河南移动："数智清泉"助力智慧栾川亮丽多彩》，https：//www. hntv. tv/rhh-5426573312/ article/1/1727592403460513794，河南新闻广播，2023 年 11 月 23 日。
② 《句容农商银行：实招促实效　助力数字金融驶入快车道》，《江苏经济报》2025 年 3 月 6 日，http：//jsjjb. xhby. net/pc/con/202503/06/content_ 1426626. html。
③ 《免抵押　线上化无纸化：汝州农商银行推动数字金融让服务惠民更便民》，《河南日报》（农村版）2025 年 1 月 2 日，https：//newpaper. dahe. cn/hnrbncb/html/2025-01/02/content_ 445_ 1713912. htm。
④ 《金融"活水"润泽沃野田畴（财经眼）》，《人民日报》2024 年 12 月 9 日，http：// paper. people. com. cn/rmrb/pc/content/202412/09/content_ 30033700. html。
⑤ 《浙江省推出智慧农业十大模式》，中国食品报网，2023 年 6 月 29 日，http：//www. cnfood. cn/article? id=1674258635683893249。

"数字乡村一张图"和智能化平台，实现了农村电商、数字农业园区和产业数据汇集的融合发展。全流程数字化与产业链数字生态化发展，例如，拼多多通过"农地云拼"和"多多丰收馆"模式，实现了农产品从产地源头到消费者手中的全流程数字化，极大地提升了农产品的品质和消费者体验，还通过大数据分析和智能匹配，优化了农产品供应链。这些创新不仅重构了传统产业链，更通过技术赋能与生态协同，推动乡村经济从"工具性应用"向"系统性变革"升级。

二　乡村数字经济发展面临的挑战

乡村数字经济呈现良好的发展态势，但仍然面临数字基础设施覆盖不均、产业融合浅层化、数字人才短缺等方面的挑战。

（一）数字基础设施覆盖不均与配套薄弱，制约乡村经济底层支撑

相比于城市地区，农村地区的数字基础设施质量仍有很大提升空间。首先，从网络覆盖的区域分布与技术适配性来看，中国偏远农村地区通信网络基础设施建设相对滞后，数字基础设施覆盖不均衡、质量有待提升的问题依然制约乡村数字经济的发展。尽管全国行政村已实现宽带全覆盖，但网络接入的"最后一公里"落地仍面临多重挑战。根据中国乡村振兴综合调查2024年数据，各行政村的农户平均宽带接入率为66%。偏远地区虽实现行政村通宽带，但部分地区网速慢、信号弱，难以满足智慧农业、农村直播电商等对高速网络的需求。例如，四川芦山县"户户用"尚未完全落实，适老化、适农化智能终端普及率不足，导致技术普惠性打折扣。一些位于深山里的村庄，由于网络信号弱，村民想要通过电商平台销售自家农产品时，直播过程中经常出现卡顿、掉线的情况，影响了农村电商的发展。此外，乡村数字经济的加速发展和升级，对信息基础设施的性能、覆盖范围和稳定性提出更高要求，当前5G网络虽然在乡级实现全覆盖，但在村级的覆盖面仍有待扩大、信号质量仍有待提升。

其次，配套的冷链与物流等设施结构性短缺。农村地区的冷链设施建设滞后、分布不均衡，产地"最先一公里"存在明显短板。许多农村地区缺乏专业的冷藏库、冷柜等冷链设备，冷链仓储能力有限，特别是在农产品收获季节，仓储设施的不足影响农产品的保鲜和品质，导致农产品损失和浪费。农村地区冷链物流的信息化水平较低，缺乏高效的冷链物流信息管理系统，难以实现对冷链物流的实时监控和管理。

（二）产业融合浅层化与应用场景创新不足，限制了乡村数字经济价值释放

中国乡村数字经济在产业融合和应用场景创新方面仍面临挑战。一方面，乡村数字经济产业融合程度较低，制约其价值释放。2023年中国第一产业数字经济渗透率仅为10.78%，远低于第二产业的25.03%和第三产业的45.63%[1]。根据中国乡村振兴综合调查2024年数据，72.25%的行政村没有开展数字化项目。数字技术在农业领域的应用多集中在生产阶段，而对农产品加工、销售等阶段的赋能不足，产业链协同优化亟待加强。同时，农业数字化转型仍以初级技术应用为主，主要集中在种植规划、生产管理和病虫害防治等基础环节。技术应用分层特征明显，当前中国村庄无人机普及率达60.38%，GPS导航农机覆盖38.18%的村庄，无人机和GPS导航成为基础应用主力；但无人车、机器人等高端设备渗透率不足1%，传感器与遥感技术应用占比约10%，表明高附加值技术仍处于推广初期。

另一方面，乡村数字经济的应用场景有限，乡村对传统产业优化升级的创新意识有待提升，乡村数据资源的价值挖掘和利用程度不够。乡村数字经济的应用场景多集中于农村电商以及基础信息查询，对农业生产、乡村旅游、农村金融等领域的深度赋能不足。人工智能技术深度赋能乡村数字经济不足，如智慧物流在乡村的覆盖率低，制约农产品从田间到餐桌的高效流

---

[1] 《雷刘功：以数字化赋能现代农业发展》，中国农村网，2025年2月26日，https://www.moa.gov.cn/ztzl/zhnyzxd/xydt/202502/t20250226_6470565.htm。

通；智能农业设备普及率低，乡村未能形成规模化、智能化生产体系。AR、VR 等技术应用多停留在展示层面，缺乏与农耕文化、非遗资源的深度结合，游客沉浸式体验场景覆盖不足。

（三）乡村数字人才短缺叠加农民数字素养不足，阻碍技术应用与创新

乡村数字经济发展需要大量既懂农业又懂数字技术的复合型人才，而实际上发展中存在数字人才瓶颈。第一，城市对高素质人才的"虹吸效应"导致乡村青年劳动力外流，青年劳动力外流与乡村人口结构老龄化形成"人才真空"。中国乡村振兴综合调查 2024 年的数据显示，当前农村 60 岁以上人口占本村常住人口比重达 37.3%，在被调查的 5447 名村民中，有 41.5% 的村民使用 4G、5G 手机存在困难或基本仅用于打电话而不上网。农村存在的大量"信息贫困户"也成为影响乡村数字经济发展的重要因素。农村居民互联网应用多集中于网购、娱乐等基础层面，对智慧农业、远程医疗等高级功能认知有限。数据显示，农村居民使用手机多用于社交娱乐，每天平均 3.5 个小时，仅有不到一半（41.4%）的农村居民能够快速适应手机新软件和新功能。

第二，农村地区由于地理位置相对偏远、工作生活条件相对较差、薪资待遇水平较低等因素，难以吸引外部数字技术人才流入。这使乡村数字经济在高端技术应用、复杂数字项目建设等方面缺乏专业人才的引领。尽管智慧农业、农村电商等业态快速扩张，但既懂数字技术又熟悉农业生产或电商直播销售的复合型人才不足。例如，无人机在农业生产中的使用，操作依赖外部技术服务，本土化应用能力薄弱，导致技术推广成本高、持续性差。有的村庄虽配备了直播室等场地，但无人能播，这种"工具闲置"现象不仅浪费数字基建投入，更阻碍了技术迭代与乡村数字经济模式创新。

（四）数据壁垒与要素流通梗阻，削弱乡村经济协同效能

当前乡村数据共享开放不足，信息孤岛、数据壁垒与资源碎片化问题凸

显，制约了数据要素价值释放。在数据获取层面，农业农村数据共享体系建设滞后，缺乏统一的传感器技术标准和应用后台数据规范，不同农业传感器之间无法通用，不同物联网平台之间的对接存在困难，农业、气象、物流等核心领域数据整合不足。这使农业数据资源仍处于数据采集和粗加工的浅层面，数据要素的深度价值未得到充分挖掘。技术供给与实际需求脱节，中小农户因成本高、操作复杂而弃用智能设备，乡村数据来源受到限制。在数据制度层面，数据确权与交易规则缺失，公共数据授权运营推进缓慢。尽管2024年11月苏州建立了中国首个县域级数据产业公共服务平台，但目前建成的统一数据交易平台仍然较少。在数据协同与流通层面，数据共享机制不畅，各部门之间的数据标准不统一，使数据难以互联互通，形成"数据孤岛"。生产端与消费端之间存在明显信息不对称而难以实现有效联动。由于用户需求数据未能及时、准确地反馈至生产端，生产者无法根据市场需求调整生产策略，导致附加值提升受限。

三　进一步推动乡村数字经济发展的对策建议

为进一步推动乡村数字经济发展、释放数字红利、增强乡村产业发展活力，从总体思路和具体对策两方面，聚焦数字技术应用、要素流通优化、产业生态培育等关键维度，系统构建促进乡村数字经济提质增效的内生机制。

（一）进一步推动乡村数字经济发展的总体思路

1. 坚持因地制宜，夯实基础

顺应乡村经济社会发展的内在规律，聚焦当前乡村数字经济发展中存在的突出问题和薄弱环节，为乡村数字经济发展奠定坚实基础。根据不同地区乡村数字基础设施的覆盖情况，强化农村数字基础设施建设，拓展网络覆盖广度与深度，确保乡村地区拥有畅通的网络服务。同时兼顾不同地区数字化设施的发展，加快农村地区5G网络覆盖，降低农村生产生活中的用网成本。强化差异化发展路径，结合地方资源禀赋培育特色数字业态。

农村绿皮书

2. 坚持技术引领，创新驱动

加强关键核心技术研发，发挥新一代信息技术在农业农村发展中的作用，注重数字技术在农业农村各领域的广泛应用，推动数字技术与乡村种养加工、乡村旅游等一二三产全链条深度融合。以乡村重点领域丰富的应用场景优势带动新一代数字技术落地，形成示范引领作用，催生乡村数字经济新模式、新路径，持续激发乡村产业数字化内生动力。同步构建开放协同的创新生态体系，形成技术演进与产业升级互促共进的可持续发展格局，系统释放数字技术对传统生产要素的重组效能与乘数效应。

3. 坚持数据赋能，激活要素

发展乡村数字经济需强化数据要素的重要赋能作用，着力构建涉农数据资源整合共享机制，提高数据要素的利用效率。通过建立数据要素市场化配置体系，激活土地、资本、技术等传统要素，培育数据驱动的精准决策和智能服务能力。重点完善数据标准与交易规则、数据流通与应用等基础制度，构建安全可信的数据流通环境，促进城乡要素双向流动和价值释放，推动农业生产、流通、消费全链条数字化贯通，形成数据赋能产业升级、服务民生改善、助力治理优化的可持续发展格局。

（二）进一步推动乡村数字经济发展的对策

1. 强化数字基建普惠覆盖，夯实乡村数字经济发展根基

进一步推动乡村数字经济发展需以普惠性数字基础设施建设为先导，从区域均衡布局与技术适配性改造双向发力，加快构建覆盖广泛、高效协同的数字化底座。一方面，注重区域均衡布局，确保关键数字基础设施建设服务半径的全域覆盖。一是设立乡村数字基建专项基金，确保每年有稳定的资金用于网络基站建设、宽带铺设等数字化基建项目。对于偏远山区的乡村，给予更高比例的资金支持，以降低其建设成本压力。二是出台优惠政策，充分调动市场力量，吸引电信运营商、互联网企业等社会资本投入乡村数字基建。如给予税收减免、土地使用优惠等，鼓励企业参与建设和运营。拓展网络覆盖广度与应用深度，弥合地区间数字鸿沟。另一方面，推进技术适配性

276

改造，结合乡村实际需求，推广卫星通信、微波传输等混合组网模式，提升网络的稳定性和适应性。同时，设立专项基金支持中西部地区建设区域性冷链物流中心，并配套智能温控设备，完善农产品的仓储和运输设施设备，为乡村产业数字化转型提供有力保障。

2. 推进乡村产业的深度融合与数字化转型，释放数字经济乘数效应

将数字技术嵌入农业生产、流通、营销环节，丰富乡村数字经济新业态。第一，利用物联网、大数据、区块链、大模型等新一代信息技术创新提升农业生产的精准度与效率，加快农业产业的数字化转型。发展智慧农业，构建农产品溯源体系，从生产环节的智能监测、精准施肥灌溉，到农产品加工、物流配送的智能化管理，全面提升农业产业效率和质量。拓展数字化应用场景，打造一批示范性强、带动性广的数字化应用场景，推动农村电商高质量发展，促进农产品直接对接消费市场。

第二，推动农村电商与乡村旅游、文化等产业的融合发展，释放涉农数据要素的乘数效应。优化乡村产业要素配置，打破资源壁垒，整合生产要素，提升生产效率，推动乡村一二三产业的深度融合，为数字化转型创造更大空间。一是利用数字技术和数据要素改造传统乡村产业，建立虚拟产业集群，形成规模化、绿色化、标准化的现代乡村产业体系。通过打造数字平台，实现从生产到销售的全链条数字化转型，提升产业链的协同效率和整体竞争力。二是催生一系列具有鲜明特色和市场前景的新业态、新模式，提升价值链整体水平。通过打造中央厨房、智慧康养等新业态，"农业+数智化"融合创新模式，构建农产品精深加工与三产融合的价值链体系。以数字技术为纽带搭建城乡要素协同平台，运用大数据提升劳动力、资本、技术等要素配置效率，同步推进远程医疗、在线教育等数字化公共服务向乡村延伸，形成产业升级与民生改善相互促进的发展闭环。

3. 加强乡村数字人才的"引"和"育"，破解人力资本瓶颈

构建"内育外引、梯次衔接"的协同机制，通过数字技能普及教育夯实本土人才基础、定向引进专业技术团队强化智力支持、完善创新创业生态激活人才效能，为农业农村数字化转型提供核心动能。第一，强化本地人才

培养，通过多渠道、多层次的数字技能培训，提升农村居民的整体数字素养。一是建立数字化人才实训基地，或依托现代农业产业园建立"数字技能孵化中心"，定期开展面向"数字村民"的精准化培训；开展数字农业与商业培训，利用专家驻村指导、远程教育等多种方式，实现培训资源的广泛覆盖，提升农村居民的数字化认知和信息科技应用能力，培养既懂农业农村又懂数字技术的复合型人才。二是因材施教实行带头人引领与群体素养提升的分层培养机制。对于"头雁"推行"双导师制"精英培养模式，配备"技术导师+产业导师"，高校专家提供前沿技术指导（如区块链溯源技术应用），龙头企业高管传授市场运营经验。对于"群雁"实施"数字扫盲—技能认证—终身学习"阶段性培养，提升其整体数字素养。同时，鼓励带头人与群体结对形成联动，营造良好的创新创业与协同共进氛围。

第二，积极引进外部人才，为乡村数字经济建设注入新力量。鼓励返乡创业人员运用专业技能带领村民实践，为返乡创业的"新农人"提供低息贷款、税收减免等配套扶持。推行"数字专员驻村"制度，每村配备1~2名技术指导员，提供设备运维与技能培训。建立乡村数字人才职称评定体系，对服务满五年的技术骨干给予编制优先、住房补贴等倾斜政策，提升职业吸引力。

第三，"才尽其用"，要用好乡村数字人才。一是加大政策宣传力度，利用微信公众号、抖音、微博等新媒体平台宣传优秀乡村数字人才的事迹，引导农村居民树立正确的数字观念，提高数字人才的归属感和认同感。二是强化岗位精准对接，激活人才效能，避免乡村数字"引而不用""育而不活"。通过建立"需求—供给"双向匹配机制，推行"产业+人才"定制化培养，确保人才资源得到有效配置。

4.打通乡村数据要素流通堵点，构建全域协同生态

加强数据标准体系建设，制定统一的农业数据标准和共享机制，推动农业数据的收集、整合和共享，提高数据要素的利用效率。一是通过建设县域统一的农业农村大数据平台，归集土地确权、人口流动、环境监测等基础数据，通过农业生产、农产品追溯等典型场景，促进多源涉农数据整合与应

用。二是鼓励涉农龙头企业和互联网平台企业等市场主体在保障数据安全的前提下开放相关数据，促进涉农数据跨行业、跨领域的互通共享，促进重要农产品全产业链大数据建设。三是健全乡村数据资源价值评估服务体系，发展第三方专业服务机构，培育数据经纪、数据咨询服务机构，提升数据资产评估、质量评价、风险评估等服务能力。鼓励地方政府建设乡村数据特色园区，推动数据商和第三方专业服务机构协同发展，培育乡村数据要素市场。四是加强乡村公共数据治理，推进"一数一源"，扩大数据资源供给，推动乡村数据基础设施的互联互通，构建泛在可及、智能敏捷的基础设施服务能力，支持涉农企业结合应用场景建设和应用安全可信的数据基础设施。强化涉农数据的安全保障，完善相关数据分类分级保护制度，落实网络安全等级保护等要求，避免数据泄露风险。

参考文献

崔凯、冯献：《数字乡村建设视角下乡村数字经济指标体系设计研究》，《农业现代化研究》2020 年第 6 期。

李林玥：《数字经济发展助力农村居民增收：作用机制与实证检验》，《改革》2024 年第 11 期。

徐旭初、杨威、吴彬：《乡村数字经济赋能农业全要素生产率提升的多元路径——基于浙江省县级数据的组态分析》，《中国农村经济》2024 年第 10 期。

张世贵、许玉久、秦国伟：《农业农村数字化畅通城乡经济循环：作用机理与政策建议》，《改革》2023 年第 7 期。

赵路犇、林海：《数字乡村发展政策实施能否推动革命老区农业新业态创业活动》，《中国农村经济》2024 年第 7 期。

G.15
健全推进乡村全面振兴长效机制的
思路和路径

李昊 马太超*

摘 要： 健全推进乡村全面振兴长效机制是推进中国式现代化的必然要求。在国家的大力支持下，中国的乡村振兴取得了一系列显著成效，但也存在政策的系统性与灵活性不够、投融资机制不完善、政府与市场的协同作用发挥不充分、运营管护机制和部门协作机制不健全、乡村治理内生动力不足等问题。在新形势下，亟须锚定中国式现代化两个阶段发展目标，以建立系统规划机制、创新资金筹措机制、优化要素配置机制、完善运行管护机制、健全组织保障机制为主要内容，加快健全推进乡村全面振兴的长效机制。为保障乡村全面振兴长效机制的有效构建，需要落实完善乡村全面振兴的政策配套体系、强化科技与改革双轮驱动、以试点促进体制机制的创新与推广等。

关键词： 乡村全面振兴 中国式现代化 投融资机制

全面建设社会主义现代化国家，实现中华民族伟大复兴，最艰巨最繁重的任务依然在农村，最广泛最深厚的基础依然在农村。实施乡村振兴战略是关系全面建设社会主义现代化国家的全局性、历史性任务。党的二十届三中全会提出，要运用"千万工程"经验，健全推动乡村全面振兴长效机制。

---
* 李昊，经济学博士，中国社会科学院农村发展研究所助理研究员，主要研究方向为城乡劳动力流动与就业、人口老龄化和农村养老问题；马太超，经济学博士，中国社会科学院农村发展研究所《中国农村经济》编辑部学术编辑，主要研究方向为农村经济社会组织、农业农村发展。

长效机制是指能够保证某一制度或事物在长期稳定运行并取得预期效果的长期管用的制度体系。长效机制并不侧重于短期效应，也不是针对某件事物的一次性的、一劳永逸的解决方案，而是随着时间、内外部环境等的变化而不断调整和完善的动态的制度体系。乡村振兴是一项涉及多个领域、多个层面的系统性工程，需要政府、市场、社会等多方力量的共同参与和协同推进。在城乡二元结构的影响下，乡村发展滞后于城市①，几十年的城乡二元结构使乡村发展存在较多"欠账"。补齐乡村发展"短板"，也远非一朝一夕能够实现的。乡村全面振兴的长效机制是指通过一系列长期性、系统性、可持续的制度设计和政策安排，建立一套既相对稳定又长期管用的制度体系，解决乡村全面振兴过程中面临的一系列问题，从而推动乡村在产业、人才、文化、生态和组织等领域的全面振兴，确保乡村振兴成果能够长期巩固、动态优化。

一　乡村全面振兴过程中的一些突出问题

自党的十九大提出乡村振兴战略以来，在各项政策的支持下，中国乡村振兴取得了显著成效，为推进中国式现代化奠定了坚实基础。然而，乡村全面振兴过程中仍存在一些突出问题。由于很多问题是长期存在的，短期内难以解决。因此，必须建立乡村全面振兴的长效机制，在动态变化的过程中通过体制机制调整逐步解决相关问题，为乡村全面振兴扫除障碍。具体而言，乡村全面振兴过程中存在的突出问题包括以下五个方面。

（一）政策系统性、灵活性有待加强

乡村全面振兴要提高乡村发展的整体效能和可持续性②，相关政策的统筹实施、政策的细化和政策的灵活性对乡村全面振兴至关重要。然而，上述

---

① 蔡昉：《以劳动生产率为抓手推进农业农村现代化》，《中国农村经济》2024 年第 7 期。
② 匡远配、彭云、李姗姗：《新时代中国农业农村现代化的多重逻辑、基本特征及实现路径》，《中国农村经济》2024 年第 12 期。

方面长期以来存在的问题不仅影响乡村资源的合理配置，也不利于乡村振兴相关政策的精准落地和动态优化。

第一，在统筹实施方面，规划的系统性和协调性不足是乡村振兴面临的突出问题。在乡村几十年的发展历程中，部分地区往往以单一的经济增长为目标，在城乡规划方面缺乏系统思维，忽视了乡村社会、文化、生态等的协调发展。例如，一些地方在改革开放初期过度依赖对自然资源的开发，注重短期经济效益，使生态环境遭到极大破坏、自然资源也消耗严重。此外，在长期存在的城乡二元结构下，城乡之间资源分配的统筹性不强，乡村地区的教育、医疗、卫生等公共服务资源的供给水平仍长期低于城市。这种缺乏系统性统筹的发展模式经过多年的积累，不利于在乡村内部形成可持续的内生发展动力。

第二，在政策细化方面，政策实施的"一刀切"现象长期未能得到有效缓解。从历史经验来看，不同乡村在资源禀赋、经济基础、文化传统等方面存在显著差异，这意味着，不同地区乡村振兴的具体模式和路径也必然有所不同。然而，部分地区制定的政策并未充分结合当地实际情况，导致政策效果大打折扣。例如，一些发达地区的乡村发展模式在过去几十年中被简单复制到欠发达地区，忽视了后者的资源禀赋条件和实际需求，使资源浪费和发展失衡问题长期存在。此外，针对原贫困村、传统村落、特色产业村等不同类型乡村的差异化支持政策尚未完全建立，部分乡村难以找到适合自身的发展路径。政策是发展的支撑，如果任由政策细化不足的问题继续发展，会在较长时期内制约乡村的总体发展。

第三，在政策灵活性方面，政策执行缺乏动态调整机制的问题由来已久。乡村全面振兴是一个动态过程，受外部环境、市场需求、技术进步等多种因素的共同影响，随时可能出现一些新的问题和现象，而这些问题必须在动态中予以解决。然而，部分政策在实施过程中缺乏动态监测和评估机制，难以及时发现新出现的问题并作出适应性调整。例如，一些产业扶持政策在实施初期效果显著，但随着市场环境的变化或相关资源的枯竭，未能及时转型或退出，结果使政策实施地区后期发展乏力。此外，部分地区在政策执行过程中过于注重短期成效，忽视了长期可持续发展，乡村发展后劲不足现象多年未能得到根本改善。在缺乏灵活性的政策执行模式下，乡村发展将难以应对外部环境尤其是突发状况的变化，乡村全面振兴也会受到不利影响。

（二）乡村振兴投融资机制有待完善

资金投入是乡村振兴的关键。乡村全面振兴所需资金规模大、回报周期长，这对财政投入的持续增长提出了严峻考验。

第一，在财政投入增长方面，尽管国家对乡村发展的财政支持力度逐年加大，但投入的持续性和均衡性稍显不足。一方面，政府需要平衡各领域资金需求，确保对"三农"领域的投入不减少，这需要建立长期稳定的财政增长机制。另一方面，资金统筹整合机制尚不完善，重复投入与低效使用问题依然存在，影响了财政投入的使用效率。而且，在部分地区，财政投入往往集中在时间短、见效快的项目上，对乡村基础设施、公共服务等长期性、基础性领域的支持相对不足。

第二，在社会资本参与方面，乡村长期以来面临社会资本参与不足的问题。尽管国家多次出台相关政策鼓励社会资本进入乡村，但乡村投资回报周期长、风险高的特点使社会资本投资乡村的积极性始终未被充分调动。实践中，一些企业在乡村投资后，往往因市场波动、政策变化等因素而面临较大风险，投资意愿有所下降。此外，乡村基础设施和公共服务领域市场化程度较低，社会资本进入门槛高，进一步限制了其参与度。

第三，在金融创新方面，乡村金融服务的供给长期不足，难以满足乡村振兴的多样化需求。总体而言，传统金融机构在乡村的覆盖率不高，金融服务产品种类较少，难以适应乡村经济发展的新需求。许多乡村缺乏适合农业生产的金融产品，农民和农业企业难以获得低成本、长期限的融资支持。此外，金融科技在乡村的应用仍处于起步阶段，数字金融服务的普及率较低，进一步限制了金融资源的有效配置。

（三）政府与市场的协同作用发挥不充分

乡村振兴虽然是政府提出的发展目标，但离不开市场力量的支持，必须充分发挥政府和市场二者的作用。当前时期，政府和市场在促进乡村振兴方面的作用仍有进一步提升空间。

第一，在政府引导方面，政府在乡村振兴中发挥了重要作用，服务能力仍可进一步提高。

第二，在市场主导方面，与城市相比，乡村经济的市场化程度长期偏低，市场机制的作用未能充分发挥。乡村市场主体的活力和竞争力不足。例如，许多乡村地区产业结构单一，农产品附加值低、缺乏市场竞争力，导致农民收入增长缓慢。此外，部分乡村市场体系不健全，信息流通渠道不畅，信息不对称问题突出，进一步限制了市场机制在乡村地区的有效运行。

乡村全面振兴要靠政府和市场的共同发力，要在政府的引导下充分发挥市场在资源配置过程中的决定性作用。

（四）运营管护机制、部门协作机制不健全

随着国家对乡村投入的人力、物力、财力等资源的增加，乡村形成了大量包括基础设施在内的资产，这些资产的持续运营离不开不同部门和各类主体的合作。然而，资产运营管护机制和部门协作机制的不健全以及利益联结机制的不完善制约了乡村全面振兴的进程。

第一，在运营管护方面，乡村发展中"重建设、轻管护"的现象长期存在，相关设施建立后的运营和维护机制并不健全，造成了一定的资源浪费。为了推进乡村振兴，国家投入了大量资金，乡村基础设施水平明显提高。但是，由于缺乏对相关设施的长效运营管护机制，许多设施建成后往往面临无人管理、维护不到位的问题。例如，一些乡村的灌溉设施、村庄道路、污水处理系统等在建成初期运行良好，大大改善了农村居民的生活。但是，随着时间的推移，由于缺乏专业维护人员和维护资金的支持，乡村逐渐出现了设施损坏甚至被废弃的情况。这种运营管护不足的问题，

并非在短期内形成的，而是由于长期以来人们对设施建成后的管理与维护的忽视。建立了设施，但在使用过程中缺乏管理更缺乏维护，会使乡村基础设施的可持续性难以保障。运营管护机制的重要性在于，它是确保乡村各类设施长期发挥作用的关键。只有建立完善的运营管护机制，才能在节约资源的同时确保乡村各类基础设施和公共服务的可持续性，进而为乡村全面振兴提供坚实保障。

第二，在部门协作方面，乡村发展长期存在部门之间协调不畅、资源整合不足的现象。从过去的实践看，乡村振兴涉及农业、教育、医疗、交通等多个领域的全面发展，但是，由于部门之间职责划分不清、沟通机制不健全等问题，乡村振兴各项具体政策在执行中常常出现部门之间各自为政的情况。例如，一些地区在推进乡村产业项目时，由农业部门负责产业方面的技术指导，由财政部门负责相关的资金支持，但是，两个部门之间缺乏有效的衔接，导致项目推进缓慢甚至停滞。

第三，在利益联结方面，乡村发展中的利益分配机制尚不完善，各类主体之间仍存在松散联结问题。乡村振兴涉及政府、企业、农民等多方主体，但是，由于不同主体的目标函数并不完全一致，加之利益分配机制的不健全，各方之间的合作往往难以持续。例如，在一些农业产业化项目中，企业与农民之间利益分配不均，导致农民参与合作的积极性较低。此外，乡村集体经济组织的作用未能充分发挥，部分村集体缺乏对农民的组织动员能力，农民与村集体之间的利益联结较为薄弱，多方之间难以形成合力。如果无法在各方主体之间建立紧密的利益联结机制，乡村必将缺乏发展活力，既难以形成多方共赢的局面，也难以推进乡村全面振兴。

（五）乡村治理内生动力不足

"治理有效"是乡村振兴的重要标志之一。如果缺乏有效的治理，乡村振兴将是不完全的，也是不可持续的。当前阶段，乡村治理内生动力不足，主要表现在以下三个方面。

第一，在基层党建方面，部分乡村党组织的组织带动作用未能充分发

挥，党建引领乡村振兴的能力有待提升。实践中，一些乡村的基层党组织存在组织涣散、功能弱化的问题，党员的先锋模范作用和党组织的战斗堡垒作用未能有效发挥。例如，部分乡村的党组织在推动产业发展、改善民生等方面引领作用不足，乡村振兴缺乏明确的方向和动力。此外，部分基层党组织与群众之间的联系不够紧密，群众参与乡村振兴的积极性未能充分调动。这种基层党建薄弱的问题使乡村振兴的组织保障能力不足①，难以形成强大的凝聚力和推动力。

第二，在乡村治理方面，乡村治理体系和治理能力现代化水平长期滞后于城市，难以适应乡村振兴的新要求。从历史经验来看，乡村治理长期依赖传统的行政手段，村民自治机制未能充分发挥作用。例如，一些地方的村民委员会在决策过程中缺乏透明度和参与度，村民的知情权、参与权和监督权未能得到有效保障②。此外，乡村治理的法治化、规范化水平较低，一些社会问题长期得不到解决，矛盾纠纷化解机制也有待进一步完善。治理能力不足的局面如果长期存在，既不利于乡村社会的和谐稳定，也将制约乡村全面振兴的深入推进。

第三，在监督体系方面，部分乡村治理过程中的监督机制并不完善，资源分配和项目实施等的透明度不足。从过去的情况来看，一些地方在乡村项目建设中存在资金使用不规范、工程质量不达标等问题，但由于监督机制不健全，这些问题未能得到及时纠正。例如，部分乡村基础设施项目在实施过程中缺乏有效的监督和评估，导致资源浪费和效率低下。此外，部分乡村群众监督和社会监督的渠道不畅，村民对乡村事务的监督作用未能充分发挥，乡村发展中的廉政风险和效率问题难以有效遏制。

从以上五个方面的分析可以发现，乡村全面振兴既是一项系统性工程，也是一场"持久战"。在很多问题短期内无法得到有效解决的现实约束下，

---

① 曾薇：《在地化调适：党建引领乡村产业发展的实践创新》，《中国农村观察》2023 年第 6 期。

② 徐超、周彩、吴一平：《设立村务监督委员会能否改善村庄治理绩效——基于"千村调查"数据的实证分析》，《中国农村经济》2023 年第 11 期。

顺利推进乡村全面振兴，必须建立一整套完整的、长期管用的制度安排，通过乡村全面振兴的长效机制，逐一破除相关体制机制障碍，推动乡村在产业、人才、文化、生态、组织等领域的全面振兴，为推进中国式现代化奠定坚实基础。

二 构建乡村全面振兴长效机制的路径选择

推进乡村全面振兴是一项系统性工程，不仅要消除当前乡村全面振兴面临的基础性制度障碍，更需要构建推进乡村全面振兴的长效机制，通过一系列长期性、系统性、可持续的制度设计和政策安排，确保乡村振兴成果能够长期巩固、动态优化，避免短期化、运动式发展。其核心在于构建一套能够适应乡村发展规律、激发内生动力、保障资源投入、协调多元主体利益的有效运行体系。

（一）建立系统规划机制：科学统筹、分类施策、动态调整

系统规划机制是乡村全面振兴的顶层设计核心，需通过科学统筹与动态调整实现目标导向与因地制宜的结合。受条块分割管理体制的影响，农村改革呈现部门化、碎片化的倾向，一些关键领域的重点改革进展缓慢，各项改革的整体性和协调性不够，相关改革的配套性较差①。中国已进入全面建设社会主义现代化国家新征程，乡村全面振兴不宜再采取零敲碎打的办法，而必须采取综合配套、整体推进的方式。

一是坚持科学统筹。制定多规合一的乡村全面振兴总体规划（如土地利用、产业发展、生态保护等），确保规划的前瞻性和可操作性。特别是要确保总体规划统筹产业、人才、文化、生态、组织"五大振兴"目标，避免碎片化政策落地。例如，云南省通过立法形式规定"省负总责、市县乡抓落实"的工作机制，细化部门职责与资源整合方向。二是坚持分类施策。

---

① 魏后凯：《"十四五"时期中国农村发展若干重大问题》，《中国农村经济》2020 年第 1 期。

根据区域资源禀赋差异，制定差异化乡村全面振兴路径。例如，粮食主产区聚焦稳产增产，通过高标准农田建设与种业创新提升单产；生态脆弱区则以绿色转型为核心，发展生态循环农业。同时，建立试点推广机制，通过"先行先试—经验总结—全域推广"模式降低政策风险。三是坚持动态调整。建立全周期评估与反馈机制，引入"规划—执行—监测—优化"动态监测评估体系，定期跟踪乡村发展指标（如人口、产业、基础设施等），结合大数据与实地调研，及时优化政策。例如，财政涉农资金需实施绩效管理，将评价结果作为预算调整依据，确保资金精准投放。

（二）创新资金筹措机制：财政优先、社会参与、金融创新

资金筹措是乡村全面振兴的重要保障，需构建"财政优先、社会参与、金融创新"的多元投入体系。有力有效推进乡村全面振兴需要真金白银的支持，亟待健全乡村全面振兴的投融资机制，为实现农业农村现代化提供资金保障。

一是确保财政投入稳定增长。在推进乡村全面振兴的进程中，所需资金投入呈现投资规模大、回报周期长以及收益回收缓慢等显著特征。鉴于此，必须充分发挥政府资金投入具有的关键作用，由政府来主导并托底，确保中央财政持续加大对"三农"领域的投入。一方面，要完善资金统筹整合机制，避免重复投入与低效使用。例如，四川省通过省级农业投资企业统筹重大项目，形成政策合力。另一方面，要规范资金使用管理，解决资金闲置沉淀等问题。二是鼓励社会资本参与。当前，社会资本投入农业农村领域的动力尚未得到充分释放。一方面，要进一步优化制度安排，全力打造良好的农村营商环境和完善的基本公共服务体系，通过分类引导与有效保护，激发社会资本投入乡村振兴的热情。另一方面，健全社会资本投入风险防范机制，明确社会资本进入农业农村领域的"负面清单"，确定其相应的社会责任，为社会资本下乡设定明确的底线和红线，切实保障农村集体产权和农民利益。三是推动金融创新。为满足乡村全面振兴多样化的金融需求，需要持续优化涉农金融供给机制，规避过度、不当竞争。一方面，建设农业投融资信

用服务平台，提升信用评估准确性与透明度，降低融资成本，实现金融机构与农业经营主体需求的更好匹配。另一方面，完善政策性农业担保体系，分担金融机构农业贷款风险，提高其放贷积极性，缓解农业经营主体贷款难题。

（三）优化要素配置机制：市场主导、政府引导、创新融合

加快农村要素市场化配置改革、着力提高要素配置效率是实现乡村全面振兴的关键。在这一过程中，有为政府是不可或缺的，同时也要充分发挥有效市场的重要作用，持续完善城乡要素市场化配置的长效机制，以实现资源的高效利用与合理分配。

一是坚持市场主导。牢固树立市场观念，强化需求导向，充分发挥市场在城乡要素资源配置中的决定性作用，提高城乡要素协同配置效率。同时，还要构建完善的要素激励与收益分配长效机制，确立劳动、土地、知识、技术、管理、数据等生产要素按市场评价贡献、按贡献决定报酬的机制，拓展要素市场化配置范畴。此外，鼓励市场主体和社会机构提供多样化、个性化的优质公共服务，以更好地满足城乡居民对高品质公共服务的需求。二是坚持政府引导。发挥政府在公共资源供给和市场监管方面的作用，明确市场与政府在要素配置中的边界。重点是加快建立支持农业农村优先发展的政策保障体系，完善财政投入、用地保障、人才保障等机制。同时，加大政府在基础设施和基本公共服务领域补短板的力度，吸引社会资本参与基础设施和基本公共服务建设，推动资源要素向农业农村倾斜。三是坚持创新融合。构建创新生态系统，强调科技创新与全要素资源融合，特别是利用科技创新激活农村要素资源，引导各类生产要素跨界聚集和深度融合，改变农村资源要素价值被低估、配置效率低下的状况，推动农村优质资源和外部技术、资金等要素有机衔接，催生新产业、新业态，进而激发农业农村发展的内生动力。

（四）完善运行管护机制：部门协作、利益联结、科技赋能

乡村全面振兴需要统筹项目建设与运行管护，实现短期成效与长期可持

续并重，特别是要确保项目建设与后续管护并重，避免"重建轻管"①。完善乡村全面振兴的运行管护机制，加强全过程、全生命周期管理，可以确保乡村各类项目和设施在建成后能够持续稳定地发挥效益，避免资源浪费和重复建设，促进乡村经济社会的长期繁荣与稳定。

一是强调部门协作。部门间协调配合紧密与否，直接关系到乡村全面振兴的实施效果，须防止责任不清、推诿扯皮②。要加快建立健全乡村全面振兴的部门协作机制，充分调动各部门、各单位的积极性，明确责任分工，加强沟通协调，实现规划、项目、资金、管护等各方面的有效衔接，形成上下联动、齐抓共管的工作格局，确保乡村全面振兴战略及其配套政策能够达到预期目标。此外，建立长效管护项目清单公示制度，清晰界定地方政府、职责部门以及运行管理单位之间的权责分工。二是构建利益联结。建立农村多元主体利益共享机制。当前在农村下乡工商资本、新型经营主体与小农户并存，应积极探索在政府引导下，让各方主体积极参与乡村公共基础设施建设和管护工作。探索构建工商资本与村集体合作共赢模式，促使工商资本、新型经营主体与小农户形成紧密关联，进而充分利用多元主体提供的资金和资源，促进"集体共同受益"目标的实现，特别是让村民"参与即可受益"，激发村民的主体意识，提升村民参与乡村建设和运行管护的动力。三是运用科技赋能。采用科学化的管理与维护方法。针对生活污水治理、公路养护等技术含量较高的管护项目，更多地采用市场化运作模式，积极引导专业管护团队及专业技术人员投身其中，并定期对镇村管护人员以及第三方管护机构进行培训与指导。此外，运用数字化技术支撑，例如昆山市"大数据+网格化+铁脚板"农村公路管护模式，充分发挥了数字技术的优势，推动数字化与村庄清洁、农村人居环境整治、生活垃圾分类、公厕管理等管护工作深度融合，有效实现了乡村数智化建设与管理。

---

① 刘长全：《构建长效机制推进乡村全面振兴》，《经济日报》2025年2月10日。
② 魏后凯、刘金凤、年猛：《面向中国式现代化的城乡融合发展：障碍、目标与长效机制》，《财贸经济》2025年第1期。

（五）健全组织保障机制：党建引领、治理提效、监督考核

健全组织保障机制是推进乡村全面振兴的固本之举。乡村全面振兴离不开统筹协作，而实现这种统筹协作，必须依靠一种能够代表广大农民群众根本利益，实实在在为农民服务，并能够把广大农民团结凝聚起来的组织力量。乡村全面振兴需要强化基层组织与监督体系，确保政策落地生根。

一是强化党建引领。一方面，要强化农村党员队伍建设，提升党员素质与能力。完善干部人才管理机制，实施"头雁工程"，选拔优秀村党组织书记，探索村干部"能上能下"机制，持续培育后备力量。另一方面，要织密农村基层党组织体系，将党的组织链条延伸至农村生产生活的各个领域，把基层党组织的政治优势、组织优势转化为推动群众创业致富、促进乡村产业振兴的发展优势。比如，一些产业基础较好的地区，探索构建了"党支部+村集体经济组织+专业合作社+农户"的模式，将党支部或党小组建在产业链上，有效推动了乡村产业振兴。二是提升治理效能。构建多元化的基层治理体系，通过自治激发群众参与基层治理的积极性，以德治引导村风民俗向新风貌转变，以法治确保乡村的平安与稳定，以智治提供高效的运行机制支撑，夯实乡村基层治理的基础。例如，浙江省桐乡市高桥街道越丰村成立了百姓议事会、乡贤参事会、法律服务团和道德评判团等组织，并建立了乡约，形成了"一约两会三团"的治理模式。这种自治、法治、德治相融合的治理模式，不仅提升了乡村治理的效能，还为新时代"枫桥经验"提供了实践创新的范例。三是完善监督考核。一方面，要整合考核制度，进一步完善综合考核体系，切实落实乡村全面振兴战略的分类考核激励办法，将抓党建促乡村振兴纳入镇党委书记抓基层党建述职评议考核的重要内容，并提高其在党建考核中的分值比重，以此来倒逼责任和任务的落实。另一方面，要通过常态化的督促指导来夯实基层基础，各级党组织应注重加强日常考核，强化对乡村全面振兴推进过程的日常督促和调度，确保整个周期的管理到位。

三　健全推进乡村全面振兴长效机制的政策保障

乡村全面振兴是系统性、长期性工程，需通过制度创新突破深层矛盾，以长效机制保障政策连续性。基于新阶段的特征和关键问题，健全推进乡村全面振兴的长效机制，需要实施加快完善乡村全面振兴的政策配套体系、强化科技与改革双轮驱动、以试点促进体制机制的创新与推广等重点举措。

（一）加强顶层设计：完善政策配套

加强顶层设计，制定和完善与乡村全面振兴相关的财政政策、金融政策、产业政策、人才政策等，形成系统完备、科学规范、运行有效的政策配套体系，确保乡村全面振兴各项政策措施落到实处。第一，建立城乡要素平等交换机制。围绕"人地钱"等关键要素，进一步完善体制机制，促进城乡间生产要素双向流动。首先，稳步推进户籍制度改革攻坚。推行由常住地登记户口提供基本公共服务制度，完善"人地钱挂钩"政策，推动城镇基本公共服务覆盖全部常住人口。其次，完善农村权益流转和退出机制。探索建立自愿有偿退出的办法，降低农村权益对农民进城落户的拉力，支持农业转移人口"带资进城"。再次，完善城乡建设用地统筹利用机制。构建城乡统一的建设用地市场，推动城乡土地资源的统筹利用。最后，加强财政支持和金融创新。重点加强劳动力培训和就业、集聚搬迁、基本公共服务和住房保障等领域的资金支持①。第二，推动乡村全面振兴法治化建设。《中华人民共和国乡村振兴促进法》已出台，未来需要对政策和法律进行进一步细化和完善，明确各方职责和协作机制②。加快《中华人民共和国乡村振兴促

---

① 苏红键：《统筹新型城镇化和乡村全面振兴的关键问题与推进思路》，《中国软科学》2024年第 11 期。

② 张琦、李顺强：《对有力推进乡村全面振兴的思考》，《西北大学学报》（哲学社会科学版）2024 年第 5 期。

进法》配套法规制定，如农村集体经济组织法、农村土地承包法、农村金融服务法等，为乡村全面振兴提供坚实的法律基础。此外，法律法规应明确乡村全面振兴的各项制度安排，如农村集体经济组织的法律地位、农村土地承包经营权的保护、农村金融服务的规范等，保障乡村全面振兴的各项政策措施能够依法依规推进。第三，构建乡村全面振兴执行评估体系。全面推进乡村振兴，不仅需要扎实推进各项政策的有效实施，还需对实施进程和成果进行科学评估。在构建乡村全面振兴的评估体系时，应充分考虑不同村落间地理环境、资源禀赋的差异性以及发展阶段的层次性。各地需结合自身实际情况，制定细化且可操作的评估指标体系，该指标体系应明确产业发展、人才引进、公共服务供给等可量化的具体目标，以确保评估结果的科学性和适用性。

（二）激活内在动力：强化科技和改革双轮驱动

强化科技和改革双轮驱动，能够更有效地激发乡村各类要素的潜能，充分调动广大农民的积极性、主动性和创造性，为推进乡村全面振兴和农业农村现代化提供持续而强大的动力。第一，加强体系化科技研发。一是聚焦农业科技需求，加快实现高水平农业科技自立自强。特别是在种源和农机装备研发等领域，开展基础性和战略性的科技攻关，着力解决育种技术和农机装备薄弱等问题，逐步构建完善的农业农村科技创新体系。二是加快产学研合作，提升农业科技创新体系的整体效能。重点是完善联合研发和应用协作机制，推动建立"企业+高校+研究机构+农村合作社"的长效合作机制，鼓励跨学科、跨领域、跨行业的联合科研。第二，加大改革力度和深度。一是聚焦改革的重点领域和关键环节，例如农村集体产权制度、农业经营制度创新、农业支持保护制度、城乡融合发展体制机制和农村社会治理效能提升等，激发农村资源要素活力。二是注重改革的成效，力争通过改革促进城乡发展更加协调、农业经营制度更好完善、农民财产权利更好实现，实现土地产出率、资源利用率和劳动生产率的同步提升。第三，协同推进的双轮驱动。强化科技与改革的紧密配合，找准结合点和着力点，让改革为科技扫清

约束，让科技为改革提质增效，共同促进农业现代化发展。重点是要建立科技与改革协同推进机制，持续完善领导体制、推进机制和监督机制，引导农民个体、农村集体以及社会多元力量形成合力，确保任务到岗、责任到人，实施精准化考核监督。

（三）发挥引领带动作用：以试点促进创新与推广

选择试点先行，是推进乡村全面振兴的重要抓手。优先选择区位优势明显、产业发展基础好、人口聚集度高的地区，通过"连线成片、整合资源、聚焦发力"的方式，建设乡村全面振兴示范带，有利于集聚资源优势，集中资金、技术、人才等各类要素投入，形成规模效应，通过发挥引领带动作用，辐射带动全域实现乡村全面振兴。第一，因地制宜设立试点，进行分类探索。当前，在新型城镇化、乡村振兴、城乡融合发展领域，已经设置了一些试点，取得了较多的成功经验。推进乡村全面振兴，各地要依据自身经济发展水平、人口集聚程度、生态环境情况等因地制宜地分类选择设立试点进行探索，这样才能更符合当地实际，试点效果更有针对性。第二，鼓励地方创新，调动地方首创精神。以问题为导向在试点区探寻突破口和改革路径，充分调动基层的首创精神，鼓励基层大胆创新。通过科学设定容错界限、明确免责事项，为基层干部减轻负担、解除束缚，从而形成可持续的改革动力。同时，通过建立合理的乡村全面振兴工作考核激励机制，激发干部的工作热情，营造鼓励基层干部勇于创新、敢于担当的改革氛围。第三，总结成功经验，逐步进行推广。在试点基础上，各地要结合本地实际及时总结成效与经验，特别是各地在城乡建设用地统筹利用与村庄集聚搬迁、返乡创业就业、农村基本公共服务体系建设等方面探索出的创新举措。对各地方好的经验做法进行提炼升华，并将其吸纳到相关制度和政策文件中，分批次在更大范围内逐步推广。

参考文献

蔡昉：《以劳动生产率为抓手推进农业农村现代化》，《中国农村经济》2024 年第 7 期。

匡远配、彭云、李姗姗：《新时代中国农业农村现代化的多重逻辑、基本特征及实现路径》，《中国农村经济》2024 年第 12 期。

刘长全：《构建长效机制推进乡村全面振兴》，《经济日报》2025 年 2 月 10 日。

苏红键：《统筹新型城镇化和乡村全面振兴的关键问题与推进思路》，《中国软科学》2024 年第 11 期。

徐超、周彩、吴一平：《设立村务监督委员会能否改善村庄治理绩效——基于"千村调查"数据的实证分析》，《中国农村经济》2023 年第 11 期。

魏后凯：《"十四五"时期中国农村发展若干重大问题》，《中国农村经济》2020 年第 1 期。

魏后凯、刘金凤、年猛：《面向中国式现代化的城乡融合发展：障碍、目标与长效机制》，《财贸经济》2025 年第 1 期。

曾薇：《在地化调适：党建引领乡村产业发展的实践创新》，《中国农村观察》2023 年第 6 期。

张琦、李顺强：《对有力推进乡村全面振兴的思考》，《西北大学学报》（哲学社会科学版）2024 年第 5 期。

Abstract

In 2024, China's agriculture and rural economy maintained a generally stable and positive development trend, providing strong support for high-quality economic and social development in the country. The value added for the primary industry reached 9. 1414 trillion Yuan, a real increase of 3. 50% over the previous year. It accounted for 6. 8% of GDP and contributed 5. 3% to the real GDP growth, pulling the real GDP growth by 0. 27%. China's agriculture and rural economy continued high-quality development, with fixed assets investment in agriculture, forestry, animal husbandry, and fishery increasing by 6. 4% over the previous year. The investment in fixed assets in the agricultural and sideline food processing industry and that in the food manufacturing industry increased by 18. 0% and 22. 9%, respectively. The total retail sales of consumer goods in rural areas increased by 4. 3% compared with that in the previous year, and its share in the total retail sales of consumer goods rose to 13. 7%.

In 2024, the total grain output reached 706. 499 million tons, an increase of 1. 6% over the previous year, surpassing the 700 million-ton milestone for the first time. The sown area of grain crops was 119. 319 million hectares, an increase of 0. 3%, marking the fifth consecutive year of growth. The yield per unit area of grain reached 5921. 1 kilograms per hectare, an increase of 1. 3%. Among them, wheat and corn saw the largest increase in output, with growth rate of 2. 6% and 2. 1%, respectively. Affected by the decrease in sown area, soybean production declined by 0. 9% compared with that in the previous year. The contribution of yield increase to grain production continued to rise. In 2024, the production of meat, poultry, eggs, and milk was basically stable. The regulation of hog production capacity achieved positive results, with the number of hogs slaughtered decreasing by 3.3% compared with that in the previous year. In 2024, the breeding of beef and dairy cattle went through a difficult period in the industry. Joint efforts from multiple parties helped stabilize the production capacity of beef and milk. Beef production was 7.79 million tons, an increase of 3.5%. Milk production was 40.79 million tons, a decrease of 2.8%. Other important agricultural products were in sufficient supply.

In 2024, the trade deficit in agricultural products narrowed, and the structure of imported agricultural products underwent significant changes. The trade deficit in agricultural products was 112.15 billion U.S. dollars, a decrease of 16.7% compared with that in the previous year. Corn imports dropped significantly to 13.64 million tons, a decrease of 49.7%. Rice imports were 1.66 million tons, down by 37.1%. Wheat imports were 11.18 million tons, down by 7.6%. Soybean imports exceeded 100 million tons, reaching 105.03 million tons, an increase of 6.5% over the previous year, setting a new historical record for annual imports. Barley imports were 14.24 million tons, an increase of 25.8%, being the grain variety with the highest import volume. Sorghum imports increased by 66.0%.

In 2024, the prices of agricultural products and food underwent structural changes. The producer prices of agricultural products fell by 0.9%. Except for hogs, vegetables and sugar, the producer prices of most agricultural products dropped to varying degrees. Among grain crops, corn, wheat and soybeans saw relatively large price declines. In terms of livestock products, live cattle, live sheep and dairy products experienced significant price drops. Amid the decline in the prices of most agricultural products, the rebound in hog producer prices played a supporting role in keeping the overall stability of agricultural producer prices throughout the year. In 2024, the Engel's coefficients for urban and rural residents were 28.8% and 32.3%, respectively.

In 2024, the growth rate of agriculture-related industries was fully restored. The main driving forces for the growth of agriculture-related industries were the recovery of exports and the accelerated growth rate of fixed assets investment. In 2024, the total logistics volume of agricultural products was 5.5 trillion Yuan, an increase of 4.0%. The total volume of cold chain logistics reached 365 million

tons, an increase of 4. 3%. In 2024, catering revenue was 5. 5718 trillion Yuan, an increase of 5. 3%, but per capita catering consumption decreased, and the profit margin of the catering industry narrowed. In 2024, both the number of visitors and revenue of the rural tourism market reached new historical high.

In 2024, the various types of rural residents' incomes grew steadily. The per capita disposable income of rural residents was 23119 Yuan, with a real increase of 6. 3%, among which the per capita disposable income of rural residents in the counties lifted out of poverty was 17522 Yuan, with a real increase of 6. 5%. The income ratio between urban and rural residents decreased to 2. 34, down by 0. 05 compared with that in the previous year. However, the absolute gap in the per capita disposable income between urban and rural residents continued to widen. All types of incomes of rural residents increased, among which the growth rate of net business income was the lowest, and its proportion in the total income decreased to 33. 9%. In 2024, the total number of rural migrant workers was 299. 73 million, an increase of 0. 7% compared with that in the previous year. The average monthly income of rural migrant workers was 4961 Yuan, an increase of 3. 8%. The trend of rural migrant workers seeking nearby employment opportunities within the same province remained significant. In 2024, the per capita consumption expenditure of rural residents was 19280 Yuan, a real increase of 5. 8%, which was 1. 3 percentage point higher than that of urban residents.

It is projected that in 2025, the international environment will remain complex and severe, and the macroeconomic development will face many uncertain and unpredictable factors. The role of agriculture and rural economy in supporting the high-quality development of the national economy will be further highlighted. The year 2025 marks the concluding year of the 14th Five-Year Plan and the beginning of further comprehensive deepening of reforms. The reform of the support system for strengthening agriculture as well as benefiting and enriching farmers in rural areas will be accelerated. The financial support for agriculture will continue to increase. The support of agricultural science and technology as well as equipment will be further enhanced. The agricultural subsidy policy system will be continuously optimized, and the process of improving mechanism for ensuring the income of grain farmers will be accelerated. It is expected that China's agriculture and rural economy will maintain stable development. Grain production will continue to achieve stable and bountiful harvests, with grain output reaching around 700 million tons. The livestock industry will maintain stable and positive development, and the supply of important agricultural products will be sufficient. It is expected that the number of hogs slaughtered will slightly decrease, and the losses in beef and dairy cattle breeding will be somewhat alleviated. The structure of agricultural product imports will be further adjusted, with overall grain imports remaining at a low level and a decline in corn and beef imports. Affected by changes in the U. S. trade policies, soybean imports will face significant uncertainties. It is expected that the prices of important agricultural products and food will remain basically stable. Corn prices will slightly rebound, while wheat and rice prices will remain stable, and soybean prices will slightly decline. Pork prices will slightly drop, while beef and mutton prices will stabilize and rebound. Fresh milk prices are expected to bottom out and rebound in the second half of the year. The development of agriculture-related industries will enter a stage of quality improvement and efficiency enhancement. The growth rate of agriculture-related industries is expected to reach around 5%, and the market concentration and chain operation level of agriculture-related service industries will be improved. With the expansion of employment channels for rural migrant workers, the implementation of policies for strengthening agriculture as well as benefiting and enriching farmers in rural areas, the trend of increasing rural residents' income will be further consolidated. It is expected that the per capita disposable income of rural residents will likely increase to around 24000 Yuan, and the income ratio between urban and rural residents will further decline to around 2. 30.

Keywords: Agricultural Economy; Rural Economy; Income of Rural Resident; Food Security; Comprehensive Rural Revitalization

Contents

Ⅰ General Report

Abstract: In 2024, which was crucial for attaining the objectives of the 14th
Five-Year Plan, China's agriculture and rural economy have demonstrated stability
and positive momentum, reinforcing high-quality economic and social
development. The value added for the primary industry reached 9. 1414 trillion
yuan, with a real growth of 3. 5%, accounting for 6. 8% of the GDP and
contributing 5. 3% to overall GDP growth. The investment in fixed assets in the
agricultural and sideline food processing industry and that in the food manufacturing
industry increased by 18. 0% and 22. 9%, respectively. The retail sales of
consumer goods in rural areas reached 6. 6729 trillion yuan, a growth of 4. 3%.
The total output of grain reached 706. 5 million tons, an increase of 1. 6%
compared with that in the previous year, stepped up to the 700 million-ton
threshold for the first time; the outputs of wheat and corn increased by 2. 6% and
2. 1%, respectively. The production capacity of the hog industry was orderly
regulated and achieved good results, with a total of 702. 56 million hogs being
slaughtered or brought to the market throughout the year, representing a decrease
of 3. 3%. The production of cattle, sheep, and poultry remained generally stable,
and the supply of other essential agricultural products was sufficient. Soybean

imports reached 105. 03 million tons, setting a new historical record for annual imports. The prices of corn, wheat, soybeans, cattle, and sheep decreased to varying degrees, while the significant rebound in hog prices played a supporting role in the overall stability of agricultural product prices. The value added for agriculture-related industries increased by 4%, and the agricultural product circulation system became more high-quality and efficient. Catering revenue exceeded 5. 5 trillion yuan, and both the number of visitors and revenue in the rural tourism market reached new historical highs. The per capita disposable income of rural residents throughout the year was 23119 yuan, with a real growth of 6. 3%, and the income ratio between urban and rural residents narrowed to 2. 34. The consumption structure of rural residents continued to be optimized. It is projected that in 2025, with the further deepening of rural reforms, the comprehensive revitalization of rural areas will be steadily advanced, and the support system for strengthening agriculture, benefiting and enriching farmers in rural areas will be further improved. China's agriculture and rural economy are expected to sustain steady progress. It is projected that grain production will maintain stable yield and achieve bumper harvests, the livestock sector will demonstrate steady improvement, the prices of essential agricultural products and food will remain basically stable, the structure of agricultural imports will continue to be optimized, agriculture-related industries will enter a stage of quality-driven transformation to enhance efficiency, and the income ratio between urban and rural residents is expected to decline to approximately 2. 30.

Keywords: Agriculture and Rural Economy; Agricultural Production; Food Price; Farmer's Income; Agricultural Trade

Ⅱ   Special Reports

G . 2   The Income and Expenditure of Rural Residents in 2024

Peng Liquan / 046

Abstract: In 2024, China's economy maintained a steady progress. The

efforts to ensure and improve people's livelihood continued to be intensified. All regions made solid progress in comprehensively revitalizing rural areas, promoting the integration of urban and rural development and coordinated regional development, as well as continuously consolidating and expanding the achievements in poverty alleviation. The vitality of the rural economy was further enhanced. The income of rural residents across the country maintained a steady growth. The per capita disposable income of rural residents reached 23119 yuan, a real increase of 6. 3% compared with that in the previous year after deducting price factors. The per capita disposable income of rural residents in the counties lifted out of poverty grew faster than that of the national rural average. The income growth of rural residents outpaced that of urban residents. The relative income gap between urban and rural areas and among different regions continued to narrow. All categories of consumption expenditures of rural residents increased comprehensively. The per capita consumption expenditure of rural residents was 19280 yuan, a real increase of 5. 8% compared with that in the previous year after deducting price factors. The consumption structure was further optimized, and the proportion of service consumption expenditure in consumption expenditure increased by 0. 9 percentage points compared with that in the previous year.

Keywords: Income of Rural Resident; Consumption Expenditure; Service Consumption Expenditure

G . 3 An Analysis of Agricultural Production and Prices in 2024

Meng Xiaoxian, Zhang Qian / 055

Abstract: In 2024, China's agricultural production maintained a stable and positive trend. Grain production achieved another bumper harvest, with the annual grain output reaching a new milestone of 1. 4 trillion jin (approximately 700 million tons) . Economic crops such as cotton, oil crops, and sugar crops also achieved stable growth. The livestock industry developed steadily, with hog slaughter numbers falling from a high level, while the production of cattle, sheep and poultry remained generally stable. The supply of agricultural products in the market was abundant, and the prices of major agricultural products remained stable, with a general trend of decline.

Keywords: Agricultural Production; Grain Output; Pig Production; Agricultural Product Price

**G.4   The Development of the Farming Industry in 2024
and Prospects for 2025**   *Zhang Ruijuan, Yu Chenhao* / 072

Abstract: In 2024, the total sown area of grain crops across the country continued to increase, with grain output reaching a new record high. Grain production achieved a 21-year consecutive bumper harvest, surpassing 700 million tons for the first time after maintaining the 650 million tons level for 9 consecutive years. The increase in yield per unit area was the main reason for the rise in grain output, with the national grain crop yield rising by 1.3%. The price of grain remained relatively stable, while the price of soybeans generally showed a downward trend. Economic crops such as cotton, oil crops, and sugar crops saw a dual increase in both area and output. The prices of cotton and oil crops remained stable, and the price of sugar crops moved in tandem with international sugar price fluctuations. The imports of soybeans, oil crops, sugar crops and cotton all increased, while grain imports saw a significant decline. It is projected that in 2025, the output of grain crops will continue to increase. The production of soybeans and oil crops are expected to maintain a slight growth, while the output of sugar crops will remain stable with a slight decline. The markets for rice and wheat are anticipated to remain stable, while the soybean and corn markets will likely show clear signs of recovery. The trends in the markets for oil crops and sugar crops remain to be observed, and there is an objective pressure on imports in the crop sector.

Keywords: Grain Crop; Cash Crop; Farming Industry

农村绿皮书

G.5 The Development of the Forestry Industry in 2024

and Prospects for 2025 *Zhao Hailan* / 095

Abstract: In 2024, China's forestry investment scale increased significantly, and the afforestation area across the country increased. The total output value of the forestry and grassland industry for the year was 10.17 trillion yuan, a year-on-year increase of 9.60%. Domestic timber production was 137.4 million cubic meters, an increase of 8.20% compared with that in the previous year. The import and export trade volume of wooden forest products reached 123.531 billion US dollars. Among them, the imports of wooden forest products mainly consisted of logs, sawn timber, paper products and wood pulp, with imports of wood pulp, logs and paper products decreasing, and the import volume of sawn timber decreasing but its import value increasing. The exports of wooden forest products mainly consisted of paper products and wooden furniture, with the export volume of paper products increasing but its export value decreasing, and the exports of wooden furniture increasing. The forest products market has recovered to some extent, but it remained in a state of contraction for the whole year. It is projected that in 2025, the afforestation area will basically remain the same as the previous year, and the proportion of the forestry tertiary industry will increase. The imports and exports trade of forest products will slightly decrease, and the export situation will tend to be stable. The domestic forest products market will welcome opportunities, with an increase in the prices of wood products.

Keywords: Forestry Production; Forest Products Market; Forest Products Trade

G.6 The Development of the Livestock Industry in 2024

and Prospects for 2025 *Luo Qianfeng, Dong Zequn* / 115

Abstract: In 2024, the livestock production showed signs of differentiation.

In terms of output, beef, poultry meat, and poultry eggs achieved stable growth, while pork, mutton and milk showed a downward trend. The overall import market weakened, with imports of poultry meat, pork and mutton decreasing by 40.7%, 30.8%, and 15.5%, respectively. Dairy imports decreased by 9%, while only beef imports maintained a 5% increase. Market prices moved in different directions. Pork prices rose significantly due to production capacity adjustments, while beef and mutton prices continued to decline. Chicken and fresh milk prices maintained a downward trend, and the fluctuation of poultry egg prices intensified. In terms of breeding benefits, hog breeding has turned losses into profits, but dairy cattle breeding remained relatively difficult. It is projected that in 2025, the livestock industry will continue to promote high-quality development. It is expected that the supply of pork will remain abundant, and its market price may decline year-on-year. The beef and mutton markets are expected to recover with improved business situations. Poultry meat and poultry eggs will be in abundant supply, and market prices may be under pressure. The fresh dairy market is expected to adjust, and the industry's profitability is likely to improve.

Keywords: Livestock Production; Livestock Product; High-quality Development

Abstract: In 2024, China's fishery economy developed steadily. Thanks to the stable operation of the macroeconomy, policy support and incentives, as well as the continuous development of breeding techniques, both the output value and output volume of fisheries increased. The output volume of aquatic products reached 73.66 million tons, with an increase of about 3.5%. The ratio of aquaculture to capture further improved to 82.30:17.70, and the total value of output is projected to rise to between 3.4 trillion and 3.5 trillion yuan. The average price of aquatic products was 29.30 yuan per kilogram, a slight decrease

compared with that in the previous year. The upgrading of aquatic product consumption slowed down, and the quality and safety situation needed attention. The rebound of the international market in the second half of the year led to faster export growth, driving the total trade volume to 10. 94 million tons, a year-on-year increase of 5. 86%. However, the trade value decreased by 1. 58% to 41. 857 billion US dollars, and the trade deficit narrowed to 1. 578 billion US dollars. Fishmeal experienced a recovery in growth, with import volume reaching 1. 92 million tons. Excluding fishmeal imports, the trade surplus of aquatic products was 1. 597 billion US dollars. It is expected that in 2025, there will be a higher possibility of dual increase in the output volume and output value of aquatic products, market prices will stabilize and rebound, and some varieties are expected to see a significant price increase. International trade is expected to remain stable with a slight increase, and the scale of the trade deficit will likely expand.

Keywords: Fishery Economy; Output of Aquatic Product; Recreational Fishery; Aquatic Products Market; Aquatic Products Trade

G. 8　The Opening-up and Foreign Trade of China's Agriculture in 2024 and Prospects for 2025

Zhai Tianchang , Hu Bingchuan / 156

Abstract: In 2024, the export value of China's agricultural products exceeded 100 billion US dollars for the first time. Amid the general decline in international agricultural product prices caused by increased global agricultural production and the decrease in domestic demand, the trade deficit has dropped significantly. It is projected that in 2025, as global agricultural output continues to rise, the downward trend in international agricultural product prices will continue in the context of a sluggish global economy and weak demand. For China, with the steady increase in agricultural output levels and further promotion of high-level opening-up strategies, the resilience of agricultural trade against risks will be more effectively ensured, and risks in the international agricultural market are not expected to have a significant impact on agricultural trade and domestic supply.

Keywords: Agricultural Product Trade; Agricultural Product Market; Agricultural Opening-up

Ⅲ   Key Issues

G.9   Directions and Strategic Measures for Tapping the Potential of

Grain and Important Agricultural Product Increases in China

Li Tingting / 173

Abstract: China's demand for grain and important agricultural products continues to grow rigidly. The domestic circulation system faces the core bottleneck of intensified constraints on water and land resources, while the external circulation system bears the dual risks of increased import dependence and intensified international conflicts. There is an urgent need to take multiple measures to explore the production potential of grain and important agricultural products. Future supply of grain and important agricultural products should focus on two core tasks of "adjusting structure" and "improving quality". On the one hand, by optimizing the grain and feed supply system, the contradiction of resource competition between food grains and feed grains can be alleviated. On the other hand, by developing green and ecological agriculture, the quality of agricultural products can be comprehensively improved to meet the growing demand for high-quality consumption among urban and rural residents. In response to the dual constraints faced by both domestic and external circulation systems, the completion of the two tasks should focus on the key issue of efficient utilization of existing arable land resources and creative implementation of the "three conversions" strategy. By increasing the intensity of land use to achieve "increasing output through existing resources", the efficiency of land use can be improved. By optimizing the structure and layout of food grains and feed grains to achieve

"increasing output through structural adjustments", the efficiency of resource allocation can be enhanced. By strengthening agricultural technological innovation and its application to achieve "increasing output through technology", the marginal efficiency of technology can be improved. By systematically advancing the "three conversions" strategy, efforts should be made to achieve the coordinated development goals of enhancing supply capacity, optimizing structure, and upgrading quality.

Keywords: Grain; Agricultural Product; Potential of Production Increase; Structural Adjustment; Quality Improvement

G. 10 Current Development, Constraints and Policy Recommendations for Agricultural Enterprises in China

Zhang Yanlong, Wang Mingzhe and Feng Wei / 198

Abstract: Agricultural enterprises play a key role in China's agricultural modernization. They not only undertake the main functions of agricultural product production and supply but also act as important engines for agricultural technological innovation, increasing farmers' incomes, and an integrated development of rural industries. In recent years, driven by both policy support and market demand, the overall scale of agricultural enterprises has continued to expand. The number of leading enterprises in agricultural industrialization has grown steadily, and the agglomeration effect of characteristic industries in different regions has started to emerge. However, the development of agricultural enterprises still faces many challenges, including insufficient and unevenly distributed investment in scientific and technological research and development, a single industrial structure leading to low added value of agricultural products, limited financing channels affecting the enterprises' expansion capabilities, imbalanced talent structures and inadequate incentive mechanisms, as well as underdeveloped brand-building strategies. These constraints not only hinder high-quality development of agricultural enterprises but also affect overall improvement of agricultural modernization. In response to those challenges, agricultural enterprises should take measures from multiple aspects to promote high-quality development. These measures include comprehensive efforts in scientific and technological innovation, industrial upgrading, diversification of financing channels, talent management, and brand building. Through multidimensional reforms, agricultural enterprises are expected to play a greater role in the implementation of the rural revitalization strategy, further contributing to China's agricultural modernization, and promoting the comprehensive development of China's rural economy and society.

Keywords: Agricultural Enterprise; Agricultural Modernization; High-quality Development

G.11 The Management of Rural Collective Funds, Assets and Resources: Challenges and Countermeasures

Lu Qianwen, Yu Jialin / 215

Abstract: With the continuous and rapid expansion of the scale of rural collective funds, assets and resources (i. e., rural collective "three assets"), local regions have been promoting the reform of the rural collective property rights system and exploring institutional mechanisms to strengthen the standardized management of rural collective "three assets" as an important measure. Although the management mechanism for rural collective "three assets" has been gradually improved, there is still a tendency for problems to occur frequently, and some hidden issues have become particularly challenging. To improve the management mechanism for rural collective "three assets" and establish a long-term management system, it is necessary to make efforts from multiple dimensions such as standardized management, supervision and restraint, capacity building of personnel, and "warning education", in order to improve the standardized management as well as

supervision and restraint mechanisms that are adapted to the development of new type rural collective economy, and to create favorable conditions for its healthy and sustainable development.

Keywords: Rural Collective "Three Assets"; Rural Collective Economy; Poverty Alleviation Asset Management

G . 12 Key Pathways and Policy Recommendations for Comprehensively Enhancing Agricultural Climate Resilience

Yu Fawen, Lin Shan and Sun Hanxiaoxue / 231

Abstract: Agricultural climate resilience, as the capacity of agriculture to cope with climate change, encompasses characteristics such as adaptability, resistance, stability, sustainability, and low-carbon orientation. Enhancing agricultural climate resilience in a comprehensive manner not only helps to ensure national food security and promote the sustainable development of agriculture but also contributes to improving the welfare level of farmer households and fostering coordinated economic and social development. To this end, based on a systematic planning of agricultural layout, efforts should be made to enhance agricultural climate resilience through key pathways such as improving farmland infrastructure, strengthening science and technology innovation, adjusting crop planting structures, and focusing on meteorological monitoring and early warning. To ensure that the above-mentioned key pathways achieve practical results and maintain sustainability, it would be necessary to establish "five major systems", namely, an innovation research and development investment system, a talent training system, a technology extension system, an emergency management system, and a sound policy support system.

Keywords: Agricultural Climate Resilience; Climate Change; Climate Risk; Food Security

G.13 Key Challenges and Countermeasures in Establishing a
Tiered and Categorized Assistance System
for Low-income Rural Populations   *Yu Yuanhe* / 245

Abstract: Establishing a tiered and categorized assistance system for low-income rural populations is a key measure to consolidate and expand the achievements of poverty alleviation, comprehensively revitalize rural areas, and achieve common prosperity. Since the post-poverty alleviation transition period began, the monitoring scope for low-income rural populations has been continuously expanded, supporting policies have been successively introduced in various regions, and assistance measures have been constantly improved. However, due to the wide coverage, large scale, and diverse needs of low-income rural populations, there are still practical challenges such as difficulties in precise identification, unsmooth interdepartmental collaboration, inadequate monitoring systems, underutilization of security and development functions, and insufficient social participation. To address these challenges, it would be essential to focus on digital empowerment to enhance the dynamic monitoring capacity for low-income rural populations. At the same time, it should be necessary to strengthen interdepartmental collaboration, establish a coordinated promotion mechanism among departments and integrated coordination of bottom-line security and development-oriented assistance programs. Actively mobilizing multi-stakeholder participation and forming a new pattern of diversified assistance will promote the transformation of tiered and categorized assistance for low-income rural populations towards normalization and institutionalization in the post-transition period.

Keywords: Rural Low-income Population; Tiered and Categorized Assistance; Assistance Institutionalization

农村绿皮书

G.14   The Development of Rural Digital Economy: Achievements,
   Challenges and Policy Recommendations   *Li Yan* / 264

Abstract: The development of rural digital economy is of great significance for improving the total factor productivity of agriculture, promoting the transformation of rural industries, and increasing farmers' incomes. It is a key pathway to comprehensively promote rural vitalization and develop the new quality rural productive forces. In recent years, China's policy system for rural digital economy has been continuously improved. The information infrastructure in rural areas has been accelerating its upgrade towards digitalization. The scale of rural digital economy keeps expanding, and its models keep innovating. However, the development of rural digital economy still faces challenges such as uneven coverage and weak supporting facilities of digital infrastructure, superficial industrial integration and insufficient innovation of application scenarios, shortage of rural digital talents and insufficient digital literacy of farmers, and data islands and blockages in the circulation of factors. To further promote the development of rural digital economy, it is necessary to strengthen the inclusive coverage of digital infrastructure and consolidate the foundation for the development of rural digital economy. It is also important to promote the deep integration and digital transformation of rural industries to release the multiplier effect of digital economy, strengthen the introduction and cultivation of rural digital talents to break through the bottleneck of human capital, and unblock the blockages in the circulation of data factors to build a coordinated ecological environment in the whole area.

Keywords: Rural Digital Economy; Industrial Convergence; Smart Agriculture; Rural E-commerce

Abstract: Establishing sound long-term mechanisms for comprehensively revitalizing rural areas is an inevitable requirement for advancing Chinese-style modernization. With strong national support, China has achieved a series of significant results in rural revitalization. However, there are still challenges such as insufficient systematization and flexibility of policies, inadequate investment and financing mechanisms, insufficient synergy between government and market, incomplete operation, management, and departmental collaboration mechanisms, as well as insufficient internal driving force for rural governance. Under the new situation, it is urgent to anchor the two-stage development goals of Chinese-style modernization and accelerate the establishment of long-term mechanisms for comprehensively revitalizing rural areas. The main contents include establishing systematic planning mechanisms, innovating capital-raising mechanisms, optimizing the allocation of factors, improving operation and management mechanisms, and establishing organizational guarantee mechanisms. To ensure the effective construction of long-term mechanisms for comprehensively revitalizing rural areas, it would be necessary to implement and improve the policy support systems for rural revitalization, strengthen the dual driving forces of science and technology together with rural reforms, and promote the innovation of systems and mechanisms through pilot projects.

Keywords: Comprehensive Rural Revitalization; Chinese-style Modernization; Investment and Financing Mechanism

皮 书

智库成果出版与传播平台

❖ 皮书定义 ❖

皮书是对中国与世界发展状况和热点问题进行年度监测，以专业的角度、专家的视野和实证研究方法，针对某一领域或区域现状与发展态势展开分析和预测，具备前沿性、原创性、实证性、连续性、时效性等特点的公开出版物，由一系列权威研究报告组成。

❖ 皮书作者 ❖

皮书系列报告作者以国内外一流研究机构、知名高校等重点智库的研究人员为主，多为相关领域一流专家学者，他们的观点代表了当下学界对中国与世界的现实和未来最高水平的解读与分析。

❖ 皮书荣誉 ❖

皮书作为中国社会科学院基础理论研究与应用对策研究融合发展的代表性成果，不仅是哲学社会科学工作者服务中国特色社会主义现代化建设的重要成果，更是助力中国特色新型智库建设、构建中国特色哲学社会科学"三大体系"的重要平台。皮书系列先后被列入"十二五""十三五""十四五"时期国家重点出版物出版专项规划项目；自2013年起，重点皮书被列入中国社会科学院国家哲学社会科学创新工程项目。

皮书网

（网址：www.pishu.cn）

发布皮书研创资讯，传播皮书精彩内容
引领皮书出版潮流，打造皮书服务平台

栏目设置

◆ **关于皮书**
何谓皮书、皮书分类、皮书大事记、
皮书荣誉、皮书出版第一人、皮书编辑部

◆ **最新资讯**
通知公告、新闻动态、媒体聚焦、
网站专题、视频直播、下载专区

◆ **皮书研创**
皮书规范、皮书出版、
皮书研究、研创团队

◆ **皮书评奖评价**
指标体系、皮书评价、皮书评奖

所获荣誉

◆ 2008 年、2011 年、2014 年，皮书网均
在全国新闻出版业网站荣誉评选中获得
"最具商业价值网站"称号；
◆ 2012 年，获得"出版业网站百强"称号。

网库合一

2014 年，皮书网与皮书数据库端口合
一，实现资源共享，搭建智库成果融合创
新平台。

皮书网

"皮书说"
微信公众号

权威报告·连续出版·独家资源

皮书数据库
ANNUAL REPORT(YEARBOOK)
DATABASE

分析解读当下中国发展变迁的高端智库平台

所获荣誉

- 2022年，入选技术赋能"新闻+"推荐案例
- 2020年，入选全国新闻出版深度融合发展创新案例
- 2019年，入选国家新闻出版署数字出版精品遴选推荐计划
- 2016年，入选"十三五"国家重点电子出版物出版规划骨干工程
- 2013年，荣获"中国出版政府奖·网络出版物奖"提名奖

皮书数据库　　"社科数托邦"
　　　　　　　　微信公众号

成为用户

　　登录网址www.pishu.com.cn访问皮书数据库网站或下载皮书数据库APP，通过手机号码验证或邮箱验证即可成为皮书数据库用户。

用户福利

- 已注册用户购书后可免费获赠100元皮书数据库充值卡。刮开充值卡涂层获取充值密码，登录并进入"会员中心"—"在线充值"—"充值卡充值"，充值成功即可购买和查看数据库内容。
- 用户福利最终解释权归社会科学文献出版社所有。

社会科学文献出版社 皮书系列
SOCIAL SCIENCES ACADEMIC PRESS (CHINA)
卡号：196877839259
密码：

数据库服务热线：010-59367265
数据库服务QQ：2475522410
数据库服务邮箱：database@ssap.cn
图书销售热线：010-59367070/7028
图书服务QQ：1265056568
图书服务邮箱：duzhe@ssap.cn

基本子库
SUB DATABASE

中国社会发展数据库（下设 12 个专题子库）

紧扣人口、政治、外交、法律、教育、医疗卫生、资源环境等 12 个社会发展领域的前沿和热点，全面整合专业著作、智库报告、学术资讯、调研数据等类型资源，帮助用户追踪中国社会发展动态、研究社会发展战略与政策、了解社会热点问题、分析社会发展趋势。

中国经济发展数据库（下设 12 专题子库）

内容涵盖宏观经济、产业经济、工业经济、农业经济、财政金融、房地产经济、城市经济、商业贸易等 12 个重点经济领域，为把握经济运行态势、洞察经济发展规律、研判经济发展趋势、进行经济调控决策提供参考和依据。

中国行业发展数据库（下设 17 个专题子库）

以中国国民经济行业分类为依据，覆盖金融业、旅游业、交通运输业、能源矿产业、制造业等 100 多个行业，跟踪分析国民经济相关行业市场运行状况和政策导向，汇集行业发展前沿资讯，为投资、从业及各种经济决策提供理论支撑和实践指导。

中国区域发展数据库（下设 4 个专题子库）

对中国特定区域内的经济、社会、文化等领域现状与发展情况进行深度分析和预测，涉及省级行政区、城市群、城市、农村等不同维度，研究层级至县及县以下行政区，为学者研究地方经济社会宏观态势、经验模式、发展案例提供支撑，为地方政府决策提供参考。

中国文化传媒数据库（下设 18 个专题子库）

内容覆盖文化产业、新闻传播、电影娱乐、文学艺术、群众文化、图书情报等 18 个重点研究领域，聚焦文化传媒领域发展前沿、热点话题、行业实践，服务用户的教学科研、文化投资、企业规划等需要。

世界经济与国际关系数据库（下设 6 个专题子库）

整合世界经济、国际政治、世界文化与科技、全球性问题、国际组织与国际法、区域研究 6 大领域研究成果，对世界经济形势、国际形势进行连续性深度分析，对年度热点问题进行专题解读，为研判全球发展趋势提供事实和数据支持。

法律声明

"皮书系列"（含蓝皮书、绿皮书、黄皮书）之品牌由社会科学文献出版社最早使用并持续至今，现已被中国图书行业所熟知。"皮书系列"的相关商标已在国家商标管理部门商标局注册，包括但不限于LOGO（▨）、皮书、Pishu、经济蓝皮书、社会蓝皮书等。"皮书系列"图书的注册商标专用权及封面设计、版式设计的著作权均为社会科学文献出版社所有。未经社会科学文献出版社书面授权许可，任何使用与"皮书系列"图书注册商标、封面设计、版式设计相同或者近似的文字、图形或其组合的行为均系侵权行为。

经作者授权，本书的专有出版权及信息网络传播权等为社会科学文献出版社享有。未经社会科学文献出版社书面授权许可，任何就本书内容的复制、发行或以数字形式进行网络传播的行为均系侵权行为。

社会科学文献出版社将通过法律途径追究上述侵权行为的法律责任，维护自身合法权益。

欢迎社会各界人士对侵犯社会科学文献出版社上述权利的侵权行为进行举报。电话：010-59367121，电子邮箱：fawubu@ssap.cn。

社会科学文献出版社